천자문
인문학

천자문
인문학

한정주 지음

다산
호랑

『천자문』
인문과 고전의 세계로
들어가는 첫 관문

"『천자문』은 고전(古典)이다!"

우리는 보통 『천자문』하면, 한자와 한문이 사람들의 공부와 일
상생활을 지배하고 있던 시절에 사용된 어린아이용 한자 기초 학습
서로 알고 있습니다. 저 역시도 그랬습니다. 보통 사람들이 갖고 있
는 상식처럼 『천자문』 하면 '하늘 천, 땅 지, 검을 현, 누를 황'을 떠올
리며 어린아이 혹은 한자 초보자가 보는 매우 유치한(?) 수준의 책이
라는 상식을 당연하게 여겼습니다. 만일 당시에 누군가가 『천자문』
을 고전(古典)이라고 했다면, 필자는 코웃음을 쳤을 것입니다. 이러한
이미지 때문인지 『천자문』은 오늘날에도 한자를 공부해보겠다고 마
음먹은 사람들이 한자능력검정시험 교재와 더불어 가장 먼저 찾는
책 가운데 하나입니다.

하지만 『천자문』을 펼친 사람들 가운데 십중팔구는 『천자문』의

첫 네 글자를 넘기면 적지 않게 당황합니다. 그다음부터 나오는 한자들이 결코 쉬운 한자가 아니며, 내용 역시 쉽사리 이해되지 않기 때문입니다. 어린아이용 한자 학습서로 알았다가 큰코다친 셈이라고 할까요? 『천자문』을 통해 한자 공부를 해보겠다고 의욕적으로 도전한 사람치고 『천자문』을 완전히 독파한 사람을 필자는 아직 보지 못했습니다.

『천자문』을 제대로 공부하는 게 왜 이렇게 어려운 것일까요? 그것은 이 책을 한자 학습서라고 생각하고 접근했기 때문입니다. 『천자문』을 제대로 읽기 위해서는 이 책이 한자를 공부하는 교재라고 생각하는 잘못된 선입관을 버려야 합니다. 이 책을 동양의 신화·문명·역사의 뿌리를 이해하는 인문서(人文書), 즉 고전(古典)으로 읽어야 합니다. 여기에는 크게 두 가지 이유가 있습니다.

첫째로 『천자문』은 실제 한자를 공부하기 위한 학습서로 만들어지지 않았습니다. 『천자문』의 첫 네 글자를 예로 들어 말씀드리면 '하늘 천, 땅 지, 검을 현, 누를 황'은 각각의 한자로 이루어져 있는 것이 아니라 '天地玄黃', 즉 '하늘은 검고 땅은 누렇다'라는 네 글자의 한자(漢字)로 이루어진 하나의 문장입니다.

둘째는『천자문』의 내용이 중국의 신화와 역사 그리고 문명의 탄생과 발전을 보여주고 있기 때문입니다.『천자문』의 첫 여덟 글자를 가지고 예를 들어보겠습니다. '天地玄黃'이 네 글자의 문장으로 이루어져 있다는 것은 앞서 말씀드렸지요? 이 다음에 오는 네 글자의 문장은 '宇宙洪荒', '우주는 넓고도 거칠다'입니다. 이들 여덟 글자가 합쳐져서 완전한 하나의 문장, 즉 '天地玄黃하고 宇宙洪荒이라'가 만들어지는 것입니다.『천자문』의 이 첫 문장은 중국 신화 중 하늘과 땅, 우주가 열리는 창세기(創世記)에 해당한다고 할 수 있습니다. 또 마흔한 번째에서부터 마흔여덟 번째 한자인 '金生麗水하고 玉出崑岡이라'는 '금은 여수라는 지방에서 나오고, 옥은 곤륜산에서 나온다'는 뜻을 가진 문장으로 고대 중국의 중요한 보물산지를 기록한 내용입니다.『천자문』을 통해 고대 중국인들의 세계관과 당대의 중요한 지리 정보를 함께 파악할 수 있는 것입니다.

필자 역시 고전의 세계에 발을 들여놓으면서 비로소『천자문』을 온전히 접할 수 있었습니다. 그리고『천자문』이 단순한 한자 교습서가 아닌, 엄청난 수준의 지식을 담고 있는 인문서라는 사실을 깨닫고 적지 않은 충격에 빠지기도 했습니다. 『천자문』은 한자(漢字)를 익히는 것을 넘어서 한문(漢文)의 원리를 이해할 수 있고, 고대 동아시아 문명과 신화 그리고 중국 역사의 탄생 과정을 알 수 있는 대서사시였던 것입니다.

  "『천자문』은 1,000개의 한자를 외우는 책이 아니다!"
  이쯤 되면 웬만한 독자 분은 『천자문』이 단순히 1,000개의 한자를 외우는 책이 아님을 눈치채셨을 것입니다. 그렇습니다. 『천자문』은 1,000개의 한자(漢字)가 아닌 125개의 한문(漢文)으로 이루어진 대서사시입니다. 『천자문』을 만든 주흥사에 얽힌 이야기를 보더라도, 『천자문』이 처음부터 끝까지 철저하게 여덟 글자를 기본으로 한 '문장'으로 만들어졌다는 사실을 확인할 수 있습니다.
  실제 『천자문』의 글자 수도 1,000개가 아닙니다. 정확하게 따져 보면, 『천자문』에 실린 글자 수는 999개라고 합니다. 일흔일곱 번째 문장인 '九州禹跡이요 百郡秦幷이라'와 백열일곱 번째 문장인

'釋紛利俗하니 並皆佳妙라'에 쓰인 '병(幷, 아우를 병)' 자와 '병(並, 아우를 병)' 자가 겹쳐 사용되었기 때문입니다. 만약 『천자문』이 각각 독립된 1,000개의 한자로만 만들어졌다면 이와 같은 일은 발생하지 않았을 것입니다. 그러나 여덟 글자로 뜻과 의미를 가진 하나의 문장을 만들어야 했기 때문에 불가피하게 겹치는 글자가 나왔고, 이에 형상과 높낮이를 달리해 음운이 달라지도록 했던 것입니다.

또 다른 이야기는 『천자문』의 완성과 관련되어 있습니다. 주흥사는 하룻밤 동안 천신만고 끝에 992개의 한자로 124개의 문장을 만들었습니다. 그러나 마지막 남은 여덟 글자에 막혀 『천자문』을 완성시키지 못했습니다. 그때 꿈속에 나타난 도인이 일러준 것이 『천자문』의 마지막 문장인 '謂語助者는 焉哉乎也라'입니다.

이제 『천자문』이 1,000개의 한자가 아니고, 여덟 글자로 이루어진 125개의 문장으로 만들어졌다는 사실을 이해하시겠지요?

『천자문』은 한자 학습서로 보면 굉장히 어렵고 비효율적인 책입니다. 『천자문』에 실려 있는 한자 하나하나가 웬만한 한자 지식을 갖고 있지 않으면 익히기 어려운 글자들이기 때문입니다. 따라서 글자의 음독을 외우며 읽는 것보다는, 동양의 신화와 문명 그리고 역사가 얽혀 있는 흥미로운 책으로 읽어야 합니다. 그렇게 한다면, 옛사람들이 『천자문』을 한자 학습서가 아니라 인문과 고전의 세계로 들어가는 첫 관문으로 받아들였던 것처럼 125개 문장을 재미있는 주제로 끝까지 읽어낼 수 있을 것입니다.

필자는 과감하게 독자들에게 주장합니다.

"『천자문』은 1,000개의 글자를 외우는 책이 아닙니다. 125개 문장에 심어져 있는 동양의 신화와 문명 그리고 역사의 이야기를 새기십시오. 『천자문』 안에는 우주의 이치와 인간의 도리가 다 들어 있습니다!"

來하收와寒고宙
往하秋고收다
日月盈昃辰宿列張이라.
하고
宿이라.

제1강

천지를
창조하다

모든 신화는 창세기로 시작한다

天^천地^지玄^현黃^황하고 宇^우宙^주洪^홍荒^황이라.

"하늘은 검고 땅은 누러며, 우주는 넓고도 거칠다."

인간이 창조해낸 신화의 세계에는 일정한 법칙이 존재합니다. 그 중 제1법칙은, 신화는 반드시 '창세기' 즉 우주와 세계의 창조에서부터 시작한다는 것입니다. 인간이 자신의 세계에 대한 고민을 하는 순간부터 우주의 시작, 즉 생명의 시작에 대한 연구는 시작되었다고 볼 수 있겠지요. 『천자문』 역시 이 법칙에서 벗어나지 않습니다. 천자문의 첫 여덟 글자는 "하늘과 땅 그리고 우주는 도대체 어떻게 생겼을까?"라는 궁금증에서 시작합니다.

그런데 첫 문장에서 이야기하는 하늘과 땅에 대한 느낌은 검고 누렇습니다. 파란 하늘을 보면서 왜 검고 어둡다고 했을까요? 그것은 인간의 시선이 닿는 하늘은 파랗지만 그 시선 너머의 하늘은 알 수 없는 미지의 세계이기 때문입니다. 그것은 곧 암흑의 세계이고,

그래서 하늘은 검다고 했습니다. 그러면 땅은 왜 누런가요? 그것은 중국 대륙의 특징 때문에 그렇습니다. 중국 문명은 곧 황하(黃河) 문명입니다. 황하가 실어 나르는 흙은 누런 땅을 이루었고, 누런 땅은 생명이자 공포와 존경의 대상이 되었습니다. 중국의 세계관에서 누런색, 즉 황색(黃色)은 언제나 중심에 자리하고 있습니다. 따라서 세계의 중심인 중국을 상징하는 색은 황색이고, 또 중국을 지배하는 천자(天子)의 색 역시 황색입니다.

여기에서 말하는 우주(宇宙)는 요즈음 우리가 말하는 지구 밖의 세계(우주)와는 다른 뜻을 갖고 있습니다. 우(宇)는 위아래와 동서남북을 뜻하고, 주(宙)는 과거와 미래를 나타냅니다. 우주(宇宙)는 '시간과 공간'을 뜻하며, 천지(天地)를 비유하는 말입니다. 따라서 우(宇)가 넓다는 것은 천지의 공간이 끝도 없이 넓다는 뜻이고, 주(宙)가 거칠다는 것은 지나간 시간과 다가올 시간은 인간의 힘으로 어떻게 할 수 없는 거친 상태로 남는다는 뜻이라고 할 수 있습니다.

천자문의 첫 여덟 글자 '天地玄黃하고 宇宙洪荒이라'는, 세계와 우주는 인간의 탄생 이전에 존재했으며, 또한 인간의 힘이 닿지 않는 무한한 미지의 영역임을 보여준다고 하겠습니다. 이렇듯 『천자문』은 광활한 우주의 이야기에서 시작됩니다.

天 하늘 천	地 땅 지	玄 검을 현	黃 누를 황
宇 집 우	宙 집 주	洪 넓을 홍	荒 거칠 황

해와 달 그리고 별에 관한 신화

日^일月^월盈^영昃^측하고 辰^진宿^수列^렬張^장이라.

"해와 달은 차고 기울며, 별과 별자리들은 열을 이루어 펼쳐져 있다."

인간이 가장 자주 대하는 자연현상은 무엇일까요? 아마 해와 달이 뜨고 지는 것과 어두워지면 밤하늘에 무수히 떠오르는 별과 별자리일 것입니다. 그것은 가장 친근한 자연현상이면서 동시에 가장 경이로운 자연현상이기도 합니다. 그런데 여기에 신화의 제2법칙이 숨어 있습니다. 즉 인간이 창조해낸 신들은 인간에게 가장 친근하면서도 또한 가장 경이로운 존재라는 사실입니다. 따라서 모든 신화는 자연현상을 의인화 혹은 신격화한 이야기를 포함하고 있습니다.

그리스-로마 신화처럼 대부분의 신화에서 태양의 신은 남성이고, 달의 신은 여성입니다. 그런데 독특하게도 중국 신화에서 태양신은 희화(羲和)라는 여신입니다. 희화는 열 개의 태양을 아들로 낳았는데 이 열 개의 태양은 규칙에 따라 정해진 시간에 차례로 떠올랐습니다. 그러던 어느 날, 요(堯)임금이 통치하던 시기에 열 개의 태양이 동시에 떠올라 온 세상이 불바다로 변하는 불상사가 발생했습니다. 이에 희화의 남편인 동방의 신(神) 제준(帝俊)이 활의 명수인 예(羿)에게 아홉 개의 태양을 활로 쏘아 떨어뜨리게 함으로써 이 일은 마무리되었습니다. 이때부터 태양은 하나만 존재하게 되었지요.

달의 신 역시 상희(尙義)라는 여신입니다. 재미있는 사실은 달의 여신인 상희와 해의 여신인 희화의 남편이 똑같이 동방의 신 제준이라는 것입니다. 여하튼 태양의 여신인 희화가 열 명의 아들을 낳았듯이, 달의 여신인 상희도 열두 명의 딸을 낳았습니다. 이 열두 명의 딸은 희화가 낳은 열 명의 아들처럼 큰 말썽을 부리지는 않았는데 아마도 일 년의 열두 달을 사이좋게 나누어 가질 수 있었기 때문이 아닐까 추측해봅니다.

별에 관한 신화의 중심을 차지하고 있는 것은 북두칠성(北斗七星)입니다. 북두칠성은 인간의 생명을 다스리는 별로 숭배되었으며, 사람들은 죽으면 영혼이 북두칠성으로 돌아간다고 믿었습니다. 북두칠성의 정중앙에는 북두성군(北斗星君)이 살고 있다고도 전해집니다. 후대에 들어와 도교(道敎)가 태동하면서 사람들은 도교의 최고신인 옥황상제가 북두칠성에 궁궐을 짓고 산다고 여겼습니다.

日 날 일	月 달 월	盈 찰 영	昃 기울 측
辰 별 진	宿 별자리 수	列 벌일 렬	張 베풀 장

기후와 계절의 변화를 관장하는 신

寒^한來^래暑^서往^왕하고 秋^추收^수冬^동藏^장이라.

"추위가 오면 더위가 가고, 가을에는 수확하고 겨울에는 저장한다."

자연현상의 신격화는 해와 달, 별의 신 다음으로 기후와 계절의 변화를 주관하는 신을 만드는 것으로 계속됩니다. 잠깐 고대인의 세계 속으로 들어가 생각해보겠습니다. 농경(農耕)이 생활의 중심을 차지하고 있던 고대 중국인들에게 가장 큰 공포와 두려움 그리고 공경의 대상이 되었던 자연현상은 무엇이었을까요? 그것은 비, 바람, 홍수, 가뭄, 우박, 추위, 더위, 벼락과 같은 기후와 봄, 여름, 가을, 겨울과 같은 계절의 변화였을 것입니다. 고대인들에게 이 같은 자연현상은 인간의 힘과 능력으로는 도저히 통제할 수 없는 일이었겠지요.

따라서 인간의 힘과 능력을 초월하는 천상의 신이 조화를 부려 기후와 사계절의 변화가 이루어진다는 사고가 자연스럽게 생겨났습니다.

중국 고대 왕조사를 보면, 제왕(帝王)에서부터 백성에 이르기까지 기후나 계절의 이상(異常) 현상을 하늘의 신이 인간 세계에 보내는 경고나 징벌로 생각했습니다. 그만큼 기후와 사계절과 같은 자연현상은 인간에게 경외로운 존재였습니다.

그렇다면 중국 신화 속에 나타나는 기후와 계절을 주관하는 신은 누구일까요? 알기 쉽게 도표로 정리해보았습니다.

기후	계절
바람의 신 → 풍백(風伯) 비의 신 → 우사(雨師) 구름의 신 → 운사(雲師) 우레의 신 → 뇌신(雷神) 번개의 신 → 전모(電母) 가뭄의 신 → 발(魃)	봄의 신 → 구망(句芒) 여름의 신 → 축융(祝融) 가을의 신 → 욕수(蓐收) 겨울의 신 → 현명(玄冥)

寒 찰 한	來 올 래	暑 더울 서	往 갈 왕
秋 가을 추	收 거둘 수	冬 겨울 동	藏 감출 장

음악을 만들어 세상을 다스리다

윤 여 성 세　　　율 려 조 양
閏餘成歲하고 律呂調陽이라.

"윤달이 남아 해를 이루고,
율(律)과 여(呂)의 열두 가지 소리로 음양을 조화롭게 한다."

고대 중국인들은 1년을 366일로 하고, 윤달과 사계절을 정하여 한 해가 이루어진다고 여겼습니다. 그러나 시간과 일월(日月, 날짜)의 순서를 정한 법칙이라고 할 수 있는 역법(曆法)은 통일되어 있지 않았습니다. 잘 알려져 있는 사마천(司馬遷)의 역사서 『사기(史記)』 중 역법에 관해 기록한 「역서(曆書)」를 보면, 하(夏)·상(商)·주(周)로 불리는 중국 고대 3왕조 중 하나라는 한 해의 시작을 정월(正月)로, 상나라는 12월로, 주나라는 11월로 삼았다고 합니다.

율(律)과 여(呂)는 남성을 상징하는 여섯 가지 소리인 율(律)과 여성을 상징하는 여섯 가지 소리인 여(呂)를 말합니다. 이 열두 가지 소리로 음악이 만들어졌습니다. 그럼 중국 신화 속에서 음악은 어떻게 탄생했을까요?

전설에 따르면 중국 문화와 문명의 시조로 전해오는 황제(黃帝)는 어느 날 자신의 신하인 영륜(伶倫)이란 자를 시켜 소리를 짓게 했습니다. 그는 먼저 완유산 북쪽의 해계라는 골짜기로 가 그곳에서 자라는 대나무 중 구멍과 두께가 고른 것을 골랐습니다. 그리고 양쪽 마디를 잘라 세 치 아홉 푼이 되는 대나무 피리와 열두 개의 대나무 통을 만들어 완유산 아래로 갔습니다. 영륜은 그곳에서 봉황새의 울음소리를 듣고 소리를 만들었습니다. 그중 수컷의 울음소리를 여섯 가지로 나누어 율(律)로 하고, 암컷의 울음소리를 여섯 가지로 나누어 여(呂)로 삼았습니다. 이로써 고대 음악의 근간이 되는 율려(律呂), 즉 열두 가지 기본 소리가 만들어졌습니다.

　　현대인들에게 음악은 문화의 한 부분으로 이해되지만 고대 중국인들에게 음악은 국가와 백성을 다스리는 정치의 한 부분으로 이해되었습니다. 그들은 음악이 세상을 다스리는 근본 이치를 담고 있다고 여겼습니다. 아악(雅樂)과 같은 선(善)하고 좋은 음악을 연주하면 백성의 풍속이 단정해지고 질서가 있는 반면, 춘추시대의 정(鄭)나라나 위(衛)나라와 같이 음란한 음악을 즐기면 백성의 마음 또한 음란해진다고 생각한 것입니다. 그래서 음악을 듣고 정치 상황을 판단할 수 있을 뿐 아니라, 나라의 앞날까지도 내다볼 수 있다고 여겼습니다.

| 閏 윤달 윤 | 餘 남을 여 | 成 이룰 성 | 歲 해 세 |
| 律 가락 률 | 呂 음률 려 | 調 고를 조 | 陽 볕 양 |

구름과 비의 신,
운사_{雲師}와 우사_{雨師}

운 등 치 우   노 결 위 상

雲騰致雨하고 露結爲霜이라.

"구름이 올라 비가 되며, 이슬이 맺혀 서리가 된다."

    황하(黃河)라는 큰 강을 중심으로 하여 역사와 문명을 만든 고대 중국인들에게 홍수는 가장 큰 숙제거리였다고 할 수 있습니다. 황하의 범람은 그들을 지겹도록 끈질기게 괴롭힌 재앙의 뿌리였을 것입니다. 예를 들어 중국 고대 3왕조 중 하(夏)나라를 연 우(禹)임금은 홍수를 다스리는 치수(治水) 사업에서 큰 공을 세워 순(舜)임금으로부터 제왕의 자리를 물려받았습니다. 신하의 신분에서 일약 천자(天子)가 되는 벼락출세를 한 것입니다. 또 상(商)나라는 황하의 끊임없는 범람으로 인해 이곳저곳 도읍지를 옮겨 다녀야 했는데, 최초의 도읍지인 박읍(亳邑)에서 오읍(隞邑), 상읍(相邑), 비읍(庇邑), 엄읍(奄邑)으로 9대 임금을 거치는 동안 무려 네 차례나 도읍지를 옮겼습니다.

    따라서 비와 구름을 다스리는 신에 대해 고대 중국인들이 가진 경외의 감정은 매우 남달랐을 것으로 생각됩니다. 특히 황하의 범람으로 수차례 도읍지를 옮겨 다녀야 했던 상나라 시대에 비와 구름의 신은 큰 숭배의 대상이 되었습니다.

당시 여신(女神)인 우사첩(雨師妾)은 비를 다스리는 신으로, 제운(帝雲)은 구름을 다스리는 신으로 섬겨졌습니다. 특히 비를 만드는 구름의 신에게 '제(帝)' 자를 사용한 것으로 보아 자연계의 신들 중 상당한 공경과 숭배를 받았으리라 짐작됩니다.

雲 구름 운	騰 오를 등	致 이를 치	雨 비 우
露 이슬 로	結 맺을 결	爲 할 위	霜 서리 상

보물의 생산지, 여수와 곤륜산

금 생 려 수　　　　옥 출 곤 강
金生麗水하고 玉出崑岡이라.

"금은 여수라는 지방에서 나오고, 옥은 곤륜산에서 나온다."

　　고대 중국인들은 금(金)과 옥(玉)을 보물 가운데에서도 으뜸으로 여겼습니다. 중국 고전의 기록을 보면 형남(荊南)과 함께 사금(沙金)의 명산지로 자주 등장하는 곳이 여수(麗水)입니다. 여수는 현재 중국 남서부 운남성에 거주하는 소수민족인 여강납서족(麗江納西族)의 자치현으로 흐르는 북쪽 금사강(金沙江)을 가리킵니다. 속담에 "사람은 나면 서울로 보내고, 망아지는 나면 제주도로 보내라"라고 했듯이, '金生麗水', '금은 여수에서 나온다'가 여기에 실린 이유는 중국인들이 대륙의 여러 금 산지 중에서 이곳을 으뜸으로 생각했기 때문입니다.

　　금의 명산지가 여수라면 옥의 명산지는 단연 곤륜산(崑崙山)입니다. 현재 중국 강소성 강도현 서북쪽에 있는 곤륜산은 예로부터 황하(黃河)의 발원지라고 하여 성스러운 산으로 숭배되었습니다. 고대 그리스인들이 신들은 올림푸스 산에서 산다고 생각한 것처럼, 고대 중국인들은 곤륜산을 신들이 머무는 곳으로 생각했습니다. 그러나 곤륜산이 사람들을 끈 결정적인 이유는, 이곳이 값비싼 보옥(寶玉)의 명산지였기 때문입니다. 특히 곤륜산의 보옥과 관련해서는 '화씨지벽(和氏之璧)'이라는 재미있는 고사가 있습니다.

춘추전국시대, 중국 대륙 남쪽의 초(楚)나라에 변화(卞和)라는 사람이 곤륜산에서 옥 원석을 캐어 초나라 여왕(厲王)에게 바쳤습니다. 그런데 이 옥을 감정한 궁중의 옥공(玉工)들이 모두 "단지 평범한 돌에 불과하다"라고 하여, 변화는 임금을 속였다는 죄로 왼쪽 발목이 잘리는 형벌을 받았습니다. 여왕이 죽고 무왕(武王)이 즉위하자, 변화는 다시 옥을 바쳤습니다. 그러나 이번에도 궁중의 옥공들은 돌이라고 감정했습니다. 이로 인해 변화는 남은 오른쪽 발목까지 잘리게 되었습니다. 무왕 또한 죽고 문왕(文王)이 즉위하자, 변화는 우연한 기회를 얻어 다시 옥을 바쳤습니다. 문왕은 옥공들에게 옥을 감정하게 하는 대신 다듬게 했는데, 이렇게 하자 값비싸고 보배로운 구슬이 나왔습니다. 이때부터 이 구슬은 '화씨지벽'이라고 불리게 되었습니다. 이 구슬은 그 보배로운 값어치 때문에 훗날 조(趙)나라와 진(秦)나라 사이에 전쟁 위기를 불러오기도 했습니다.

金 쇠금	生 날생	麗 고울려	水 물수
玉 구슬옥	出 날출	崑 뫼곤	岡 뫼강

전설 속 최고의 검과 보배

<ruby>劍<rt>검</rt></ruby><ruby>號<rt>호</rt></ruby><ruby>巨<rt>거</rt></ruby><ruby>闕<rt>궐</rt></ruby>하고 <ruby>珠<rt>주</rt></ruby><ruby>稱<rt>칭</rt></ruby><ruby>夜<rt>야</rt></ruby><ruby>光<rt>광</rt></ruby>이라.

"검은 '거궐'을 으뜸으로 삼고, 구슬은 '야광'을 일컫는다."

거궐(巨闕)은 검(劍, 칼)의 이름입니다. 이 검은 '담로(湛盧), 승사(勝邪), 어장(魚腸), 순구(純鉤)'와 '간장(干將), 막야(莫耶)' 등과 함께 고대 중국 최고의 보검으로 불립니다. '거궐, 담로, 승사, 어장, 순구'라는 검은 춘추시대 월(越)나라의 명장인 구야자(歐冶子)가 만든 것이고, '간장, 막야'라는 검은 춘추시대 오(吳)나라의 명장 부부였던 간장(干將)과 막야(莫耶)가 만든 명검입니다.

특히 이 검들 가운데 거궐은 그 단단함과 예리함으로 큰 명성을 얻었습니다. 전해오는 말에 따르면, 거궐로 청동이나 쇠그릇을 찌르거나 베면 잘린 곳에 기장쌀만 한 구멍이 곳곳에 뚫렸다고 합니다. 검의 날이 워낙 예리하고 잘 들어 쇠붙이 속의 공기 거품이 눌리지 않고 그대로 잘려나가 구멍이 그대로 남아 있었다는 이야기입니다.

'거궐(巨闕)'이라는 검의 이름도 이 때문에 생겨났는데 풀이하자면 '속이 비어 크게 구멍이 났다'는 뜻입니다.

명검 이야기는 이쯤에서 정리하고 보물 이야기를 하겠습니다. 여기에서 '야광(夜光)'은 어두운 밤에도 빛을 발하는 구슬을 뜻합니다. 이때 구슬은 진주(眞珠) 혹은 옥(玉)을 말합니다. 곤륜산이 옥의 명산지라면, 강한(江漢, 양자강과 한수 유역)은 진주의 명산지입니다. 또 옥에 대한 '화씨지벽'이라는 고사가 있듯이, 진주와 관련해서는 '수후지주(隨侯之珠)'라는 고사가 있습니다.

춘추시대 수(隨)나라의 군주였던 수후(隨侯)는 어느 날 자신의 궁전에서 몹시 괴로워하고 있는 큰 뱀을 구해주었습니다. 그런데 그 뱀은 용의 아들로, 훗날 양자강(揚子江)에서 보옥을 물어다가 수후에게 은혜를 갚았습니다. 앞서 이야기했듯이 양자강은 진주의 명산지로, 그 보옥은 다름 아닌 진주 구슬이었습니다. 그것도 보통 진주가 아니라 밤에도 대낮처럼 환하게 빛을 발하는 보물 중의 보물, 야광주(夜光珠)였습니다. 이때부터 세상 사람들은 그 구슬을 '수후지주(隨侯之珠, 수후의 야광주)'라고 불렀습니다.

이 두 고사를 보면 중국인들은 옥이든 진주든 반드시 야광이어야만 진짜 보배라고 여겼던 듯합니다(화씨지벽 역시 야광주였습니다).

劍 칼 검	號 이름 호	巨 클 거	闕 대궐 궐
珠 구슬 주	稱 일컬을 칭	夜 밤 야	光 빛 광

중국인들이 귀중히 여긴 과일과 채소

果珍李柰하고 菜重芥薑이라.

"과일 중에서는 오얏과 사과를 귀하게 여기고,
채소 중에서는 겨자와 생강을 소중하게 여긴다."

중국인들이 오얏과 사과를 귀하게 여긴 이유는 무엇일까요?

'오얏'은 자두를 말합니다. 자두는 열매가 많이 열릴 뿐 아니라 식용과 건강에 좋습니다. 요즘에도 웰빙 식품 대접을 받고 있지요. 중국에서 오얏은 복숭아, 살구, 매실과 함께 봄철 군주께 바치는 진상품이었고, 또한 중국인들에게 복숭아꽃과 오얏꽃은 대표적인 봄의 꽃이었습니다. 춘추시대 진(晉)나라의 왕융(王戎)은 좋은 오얏 품종을 갖고 있었는데 다른 사람들이 이 종자를 널리 퍼뜨릴까 봐 두려워 그 씨에 구멍을 뚫어 표식을 해놓았을 정도로 귀하게 여겼다고 합니다. 오얏이 당시 중국인들에게 얼마나 귀한 과일이었는지를 알려주는 일화라고 하겠습니다.

'내(柰)'는 버찌 혹은 능금이라고 하는데 이해하기 쉽게 사과로 보면 되겠습니다. 단맛은 마름 열매와 같고, 말린 과자로도 만들어 먹었습니다. 예로부터 "아침 사과 한 알은 황금과도 같다"라고 하지 않았던가요? 사과는 고대부터 중국인들에게 그 맛과 뛰어난 건강 효과로 인해 진귀한 과일로 사랑받아왔습니다.

겨자와 생강은 식품의 맛을 돋우어주는 양념의 역할도 하지만 약용 식물로도 널리 쓰였습니다. 특히 겨자는 위장을 따뜻하게 해주고 사람의 기운을 원활하게 북돋아주는 효과가 있고, 생강은 정신을 맑게 해줄 뿐 아니라 몸의 나쁜 냄새나 몸속의 더러운 찌꺼기를 없애줍니다. 겨자와 생강은 쓰임새가 다양하고 또 그 약용 효과도 탁월해, 예로부터 중국인들은 수많은 채소 가운데에서도 이 두 가지를 특히 소중하게 여겼습니다.

果 과실 과	珍 보배 진	李 오얏 리	柰 능금 내
菜 나물 채	重 무거울 중	芥 겨자 개	薑 생강 강

반고의 피가 바다와 강을 탄생시키다

해 함 하 담　　인 잠 우 상
海鹹河淡하며 **鱗潛羽翔**이라.

"바다는 짜고 하천은 맑으며,
비늘 달린 고기는 물속에 잠기고 깃털 달린 새는 날아다닌다."

중국 신화에 따르면, 바다와 강의 탄생은 거인 반고와 깊은 관계를 맺고 있습니다. 하늘과 땅이 아직 둘로 갈라지지 않았던 태초, 우주는 어두운 한 덩어리의 큰 달걀과 같았습니다. 거인 반고는 이 큰 달걀 속에서 탄생했습니다. 그는 큰 도끼로 달걀과도 같은 우주를 힘껏 내리쳐 둘로 갈라놓았습니다. 이 도끼질로 우주는 하늘과 땅으로 갈라지게 된 것입니다.

그러나 반고는 하늘과 땅이 다시 하나로 붙을 것을 두려워하여, 하늘과 땅의 중간에 서서 머리로는 하늘을 바치고 다리로는 땅을 눌렀습니다. 둘로 갈라진 하늘은 날마다 3미터씩 높아지고, 땅은 또 날마다 3미터씩 내려앉았습니다. 반고의 키 역시 그 길이만큼 커졌습니다. 이렇게 1만 8,000년이라는 시간이 지나갔습니다. 반고의 키는

9만 길이나 자랐고, 하늘과 땅 사이의 거리 역시 그만큼 벌어졌습니다. 이제 하늘과 땅의 구조도 튼튼해져서 다시 하나로 합쳐질 염려가 없었지요. 나이를 먹어 쇠약해진 반고 역시 휴식이 필요했습니다. 어느 날 반고는 그 거대한 몸을 땅 위로 쓰러뜨리며 죽어갔습니다.

그런데 반고의 죽음과 함께 천지(天地) 간에 거대한 변화가 일어났습니다. 반고의 입에서 나온 숨결은 바람과 구름이 되었고, 목소리는 천둥소리로, 왼쪽 눈은 태양으로, 오른쪽 눈은 달로 변했습니다. 그의 손과 발은 명산(名山)이 되었고, 피는 강물과 바닷물이, 힘줄은 길이 되었으며, 살덩이는 논과 밭이 되었습니다. 또 머리카락과 수염은 별이 되었으며, 피부와 털은 화초와 나무로 변했습니다. 이와 뼈는 반짝이는 금속과 단단한 돌이 되었고, 골수는 아름다운 진주와 옥이, 땀은 빗물과 호수가 되었습니다.

그의 죽음과 함께 대지는 인간과 만물이 생장(生長)할 수 있는 조건, 즉 생명 탄생의 환경이 만들어지게 된 것입니다. 이렇듯 거인 반고의 죽음은 바다와 강을 탄생시켰고 대지의 생명체는 그 바다와 강을 무대로 하여 생겨나게 되었습니다.

海 바다 해	醎 짤 함	河 물 하	淡 맑을 담
鱗 비늘 린	潛 잠길 잠	羽 깃 우	翔 날 상

제1강 천지를 창조하다

'음독(音讀)', 즉 소리 내어 읽는 것은 오래 전부터 내려온 최고의 고전 읽기법입니다.
천자문을 소리 내어 읽으며 그 뜻과 의미를 다시 한 번 되새겨보시기 바랍니다.

천 지 현 황　　　우 주 홍 황

天地玄黃하고 宇宙洪荒이라.

"하늘은 검고 땅은 누러며, 우주는 넓고도 거칠다."

일 월 영 측　　　진 수 렬 장

日月盈昃하고 辰宿列張이라.

"해와 달은 차고 기울며, 별과 별자리들은 열을 이루어 펼쳐져 있다."

한 래 서 왕　　　추 수 동 장

寒來暑往하고 秋收冬藏이라.

"추위가 오면 더위가 가고, 가을에는 수확하고 겨울에는 저장한다."

윤 여 성 세　　　율 려 조 양

閏餘成歲하고 律呂調陽이라.

"윤달이 남아 해를 이루고,
율(律)과 여(呂)의 열두 가지 소리로 음양을 조화롭게 한다."

운 등 치 우　　　노 결 위 상

雲騰致雨하고 露結爲霜이라.

"구름이 올라 비가 되며, 이슬이 맺혀 서리가 된다."

금 생 려 수　　옥 출 곤 강
金生麗水하고 **玉出崑岡**이라.
"금은 여수라는 지방에서 나오고, 옥은 곤륜산에서 나온다."

검 호 거 궐　　주 칭 야 광
劍號巨闕하고 **珠稱夜光**이라.
"검은 '거궐'을 으뜸으로 삼고, 구슬은 '야광'을 일컫는다."

과 진 리 내　　채 중 개 강
果珍李柰하고 **菜重芥薑**이라.
"과일 중에서는 오얏과 사과를 귀하게 여기고,
채소 중에서는 겨자와 생강을 소중하게 여긴다."

해 함 하 담　　인 잠 우 상
海鹹河淡하며 **鱗潛羽翔**이라.
"바다는 짜고 하천은 맑으며,
비늘 달린 고기는 물속에 잠기고 깃털 달린 새는 날아다닌다."

문명이 탄생하고 역사가 시작되다

전설 속의 삼황과 오제

용　사　화　제　　　조　관　인　황
龍師火帝와 鳥官人皇이라.

"태호 복희씨는 용, 염제 신농씨는 불로 벼슬의 이름을 정하였고,
소호 금천씨는 새로 벼슬 이름을 정하고,
황제 헌원씨는 인간의 문화를 갖추었다."

우리나라 사람들이 단군왕검의 자손이라고 믿는 것처럼, 중국인
들도 자신들의 시조(始祖)로 추앙하는 전설 속의 고대 제왕이 있습니
다. 중국인들은 그들을 삼황오제(三皇五帝)라고 부릅니다. 삼황은 태
호(太昊) 복희씨, 염제(炎帝) 신농씨, 황제(黃帝) 헌원씨이고 오제는
소호(小昊), 전욱(顓頊), 제곡(帝嚳), 요(堯)임금, 순(舜)임금입니다.

이들은 중국 문명의 탄생에 커다란 역할을 한 것으로 묘사되고
있습니다. 예를 들어 태호는 동양 철학의 근본을 이루는 팔괘(八卦)
의 창조자이고, 염제는 농사 기술과 경작 방법을 창조한 농업의 신이
며, 황제는 중국 문명과 문화의 창조자입니다. 중국 신화 속에서, 이
들은 신(神) 중에서도 최고신으로 섬겨지고 있습니다. 태호는 동쪽을
다스리는 신으로 봄을 주관하는 구망(句芒)의 보좌를 받습니다. 염제

는 남쪽을 다스리는 신으로 여름을 주관하는 축융(祝融)의 보좌를 받습니다. 소호는 서쪽을 다스리는 신으로 가을을 주관하는 욕수(蓐收)를 거느리며, 전욱은 북쪽을 다스리는 신으로 겨울을 주관하는 현명(玄冥)을 거느립니다. 마지막으로 황제는 신 중의 신으로 중앙을 다스리는 신이며, 토지를 주관하는 후토(后土)의 보좌를 받습니다.

신화에 따르면, 태호는 용의 몸에 사람의 머리를 하고 있었다고 합니다. 태호의 아버지인 뇌신(雷神) 역시 용의 몸에 사람의 머리를 갖고 있었습니다. 이렇게 보면, 고대 중국인들은 태호를 용의 화신(化神)으로 여긴 듯합니다. 염제는 '염(炎, 불꽃)'이라는 한자가 뜻하는 대로, 불의 신입니다. 따라서 태호는 용으로, 또 염제는 불로 자신이 다스리는 곳의 벼슬 이름을 정했습니다. 소호는 황제의 아들로, 동쪽 바다 밖 먼 곳에 있는 그의 왕국은 신하와 관리들이 모두 새였습니다. 이곳에서는 제비, 까치, 봉황, 종달새, 비둘기, 수리, 뻐꾸기, 매 등 온갖 새들이 각각 나랏일을 맡아 다스렸습니다. 집비둘기는 교육을, 수리는 군사를, 뻐꾸기는 건축을, 매는 법률과 형벌을, 산비둘기는 언론을, 다섯 종류의 꿩은 목공·금속공·도공·피혁공·염색공을 맡았습니다. 인간의 문화를 창조했다는 황제에 대해서는 다음 이야기에서 자세히 살펴보도록 하겠습니다.

龍 용 룡	師 스승 사	火 불 화	帝 임금 제
鳥 새 조	官 벼슬 관	人 사람 인	皇 임금 황

황제, 인간의 문화를 창조하다

始制文字하고 乃服衣裳이라.
시 제 문 자　　　내 복 의 상

"비로소 문자를 만들고, 처음으로 옷과 치마를 입었다."

중국 신화 속에서 황제(黃帝)는 그리스-로마 신화의 제우스와 같은 존재입니다. 또한 그는 중국인의 주류라고 할 수 있는 한족(漢族)의 시조신(始祖神)이기도 합니다.

황제는 신들의 왕으로서 천상과 지상 모두를 지배했습니다. 그는 천상과 지상을 오가면서 천하를 다스렸는데, 지상에서는 신들의 산이라고 알려져 있는 곤륜산(崑崙山)에 주로 거처했습니다. 황제가 천상과 지상의 권력을 장악한 과정 역시 그리스-로마 신화의 제우스가 권력을 얻는 과정과 흡사합니다. 황제가 등장하기 이전에 신들의 세계를 지배하고 있던 신은 염제(炎帝) 신농씨였습니다. 그러나 황제가 염제와 싸워 승리하자, 염제는 남쪽으로 쫓겨 나 남방(南方)을 다스리는 신으로 전락하는 수모를 겪습니다. 그러나 황제의 권력은 그것만으로는 안정되지 못했습니다. 최대의 반란 세력인 전쟁의 신 치우(蚩尤)와 생사를 건 격전을 치러 승리한 후, 비로소 황제는 천상과 지상에 대한 자신의 지배 권력을 확고하게 다질 수 있었습니다. 이렇듯 우주와 천하를 장악한 황제는 그리스-로마 신화의 제우스처럼 천상의 신과 지상의 인간들에게 자신의 권력과 위엄을 과시할 때 번개(벼락)를 사용했다고 합니다.

이렇게 보면, 자신들을 중화(中華, 세계 문명의 중심)라고 하고 주변의 이민족들을 오랑캐로 보는 한족의 천하관에서는 그들의 시조신으로 섬기기에 황제만큼 적당한 경우도 없었을 것입니다. 그래서인지 예로부터 한족들은 중국 문명과 역사의 시작을 황제 시대로 보았습니다. 사마천(司馬遷)의 유명한 역사서인 『사기(史記)』 역시 황제의 이야기에서 시작하고 있으며, 고대 중국인들은 황제가 모든 문화와 문물의 창조자라고 생각했습니다. 그들은 황제가 의복, 선박, 수레, 집은 물론이고 음악, 악기, 12간지, 심지어 한자(漢字)까지 만들었다고 믿었지요.

중국 신화에 따르면 인간이 비로소 문자를 만들고, 처음으로 옷과 치마를 입을 수 있었던 것은 오로지 황제 덕분이라고 합니다.

| 始 비로소 시 | 制 지을 제 | 文 글월 문 | 字 글자 자 |
| 乃 이에 내 | 服 입을 복 | 衣 옷 의 | 裳 치마 상 |

태평성대를 일군 요임금과 순임금

推位讓國은 有虞陶唐이라.

"임금의 자리를 넘겨 나라를 물려준 이는, 유우씨와 도당씨이다."

태평성대(太平聖代)를 일러 '요순시대(堯舜時代)'라고 합니다. 또 멀고도 먼 옛날을 지칭할 때에도 '요순시대'라고 합니다. 그만큼 요 순시대, 즉 요임금과 순임금이 다스리던 시대는 동아시아인들에게 익숙한 개념입니다. '推位讓國은 有虞陶唐이라'에서 유우(有虞) 는 순임금을 말하고, 도당(陶唐)은 요임금을 가리킵니다.

요임금의 정식 호칭은 '제요(帝堯) 도당씨'입니다. 제요 도당씨는 도당(陶唐)이라는 나라를 다스린 요임금이라는 뜻입니다. 요임금은 황제(黃帝)의 증손자이고, 오제(五帝)의 한 사람인 제곡(帝嚳)의 아들 입니다. 요임금은 마음이 하늘처럼 어질고, 신과 같이 지혜로워 천하 의 모든 백성이 그를 사모하고 존경했다고 합니다. 특히 그의 궁전 은 띠풀로 지붕을 잇고, 추녀는 다듬지도 않아 너덜너덜하며, 계단은 흙벽돌로 쌓은 3층이었을 정도로 검소했다고 합니다. 그가 다스리던 시대가 얼마나 태평천하였는지를 노래한 시(詩)가 기록에 남아 있는 데요. 그 내용은 다음과 같습니다.

日出而作
日入而息
鑿井而飮
耕田而食
帝力何有於我哉

해가 뜨면 일하러 나가고
해가 지면 쉬러 오네.
우물을 파 물을 마시고
밭을 갈아 먹을 것을 얻으니
제왕의 힘이 나에게 무슨 소용이 있겠는가!

요임금은 죽으면서 자신의 아들이 아닌 신하들 중 가장 덕이 높고 현명한 사람인 중화(重華)에게 제왕의 자리를 물려주었습니다. 그가 바로 순임금입니다. 순임금의 정식 호칭은 '제순(帝舜) 유우씨'입니다. 제순 유우씨는 우(虞)라는 나라를 다스린 순임금이라는 뜻이지요.

순임금은 제왕이 되기 전, 자신을 죽이고자 한 아버지와 계모를 효(孝)로써 섬기고 이복동생 상(象)을 우애로 대해 크게 이름을 떨쳤습니다. 요임금은 순임금이 총명하고 어질 뿐만 아니라 덕이 높고 인자하다는 소문을 듣고 초야(草野)에서 발탁해 중용했습니다. 그에게 두 딸인 아황과 여영을 아내로 주기도 했지요. 요임금은 순임금에게 제왕의 자리까지 물려주었습니다.

제왕이 된 순임금은 요임금 못지않은 태평성대를 이루다가, 남쪽의 여러 나라를 순행하던 도중 창오(蒼梧)라는 들판에서 세상을 떠납니다. 순임금도 요임금과 마찬가지로 자신의 아들인 상균(商均)이 아닌, 신하들 가운데 가장 어질고 현명하며 재주가 뛰어난 우(禹)를 후계자로 삼아 제왕의 자리를 넘겨주었습니다. 순임금에게서 제왕의 자리를 물려받은 우임금은 중국사 최초의 고대 왕조인 하(夏)나라의 시조(始祖)가 되었습니다.

推 밀 퇴	位 자리 위	讓 사양할 양	國 나라 국
有 있을 유	虞 나라 우	陶 질그릇 도	唐 당나라 당

혁명을 일으켜 폭군을 벌하다

조 민 벌 죄   주 발 은 탕
弔民伐罪는 周發殷湯이라.

"백성을 불쌍히 여겨 죄지은 자를 정벌한 자는
주나라 무왕과 은나라(상나라) 탕왕이다."

    우임금이 세운 하(夏)나라는 걸왕(桀王)을 마지막으로 막을 내리
게 됩니다. 폭군 걸왕을 내쫓고 제왕의 자리를 차지한 사람은 탕왕
(湯王)인데 그는 하나라를 멸망시키고 상(商)나라를 세웁니다. 그가
세운 상나라는 은(殷)나라라고도 부릅니다. 그 이유는 제19대 반경
임금 때 도읍지를 은(殷) 땅으로 옮겼기 때문입니다.

    탕왕은 하나라 걸왕의 신하였습니다. 아무리 폭군일지라도 신하
가 섬기던 군주를 정벌한 행위는 일찍이 없었던 '일대 사건'이었습
니다. 따라서 탕왕은 걸왕 정벌에 필요한 군사 행동을 위해 절대적인
명분이 필요했습니다. 당시 탕왕이 내세운 명분은 '천명(天命)과 민
심(民心)'이었습니다. 탕왕은 자신의 행동을 반역이 아닌, 하늘의 뜻
과 백성의 마음을 좇아 폭군을 내쫓은 것이라고 정당화했습니다.

어쨌든 이 사건은 중국사 최초의 '역성혁명(易姓革命)'으로 기록됩니다. '역성(易姓)'이란 한 왕조가 다른 성씨의 왕조로 교체되는 것을 말하며, '혁명(革命)'이란 하늘의 뜻이 바뀐 것을 말합니다. 쉽게 말하자면 하늘의 뜻이 하나라에서 상나라로 바뀌었다는 것입니다.

탕왕이 세운 상나라는 제30대 임금인 주왕(紂王) 때까지 왕조를 유지합니다. 주왕은 탕왕이 정벌하여 내쫓은 걸왕 못지않은 폭군이었습니다. 중국 역사의 모든 기록과 문헌을 전부 뒤진다 하더라도, 주왕만큼 엽기적인 성(性) 행각과 잔혹한 형벌을 즐겼던 인물은 없습니다. 이러한 주왕을 정벌하기 위해 군사 행동에 나선 사람이 바로 무왕(武王)입니다. 무왕은 주왕을 주살해 상나라를 멸망시키고, 주(周)나라를 새롭게 세웁니다. 탕왕이 한때 걸왕의 신하였던 것처럼, 무왕 역시 주왕의 신하였습니다. 따라서 탕왕과 마찬가지로 무왕은 자신의 군사 행동을 잔혹한 정치로 하늘의 뜻과 백성의 마음을 배신한 폭군을 정벌하는 것이라고 정당화했습니다. 이 사건은 중국사에서 탕왕의 역성혁명에 이은 두 번째 역성혁명이었습니다.

그러므로 '弔民伐罪는 周發殷湯이라'에서 '죄(罪)지은 자'란 폭군 걸왕과 주왕을 말하는 것이고 '주발(周發)'은 주나라 무왕인 희발(姬發)을, '은탕(殷湯)'은 은나라 탕왕(湯王)을 일컫는 말입니다.

弔 불쌍히 여길 조	民 백성 민	伐 칠 벌	罪 허물 죄
周 주나라 주	發 필 발	殷 은나라 은	湯 끓을 탕

다스리려고 하지 않아도 다스려진다

좌 조 문 도 　 수 공 평 장
坐朝問道하고 垂拱平章이라.

"조정에 앉아서 도(道)를 묻고,
옷자락을 늘어뜨리고 팔짱만 끼고도 밝게 다스려진다."

무왕(武王)이 주(周)나라를 세운 지 450여 년이 지난 기원전 770년
경, 주나라는 이민족의 침입에 쫓겨 도읍지를 호경에서 동쪽의 낙읍
(洛邑, 낙양)으로 옮깁니다. 이를 계기로 중국에서는 춘추시대(春秋時
代)가 시작됩니다. 이 시기 천자국(天子國)인 주나라는 쇠약해질 대로
쇠약해져, 주나라 왕은 명목상 천자(天子)였을 뿐 실질적으로 권력을
행사하지 못했습니다. 이에 천하는 혼란과 분열의 늪에 빠졌고, 주나
라가 분봉(分封)한 제후국들은 영토 확장을 위해 침략과 전쟁을 일삼
게 됩니다. 한마디로 '난세(亂世)'가 시작된 것입니다.

그런데 '난세(亂世)는 영웅(英雄)을 낳는다'고 하지 않았습니까?
실제로 춘추시대는 수많은 영웅과 인재를 세상에 내놓았습니다. 특
히 난세를 다스리고 세상을 구하고자 하는 철학이 많이 나타났는데

그중 대표적인 것이 도가(道家), 유가(儒家), 묵가(墨家)입니다. 이 세 학파의 창시자는 노자(老子), 공자(孔子), 묵자(墨子)입니다.

이 이야기의 주인공인 노자는 공자와 묵자보다 앞선 시대의 인물입니다. 그가 창시한 '도가'를 떠올리면 무엇이 연상되나요? 일반적으로 도가는 세상의 풍속과 현실의 욕망을 멀리하는 은둔과 현실 도피의 철학쯤으로 알려져 있습니다. 과연 그럴까요?

'坐朝問道하고 垂拱平章이라'는 노자의 정치철학이라고 할 수 있습니다. 노자는 다스리려고 하지 않아도 다스려지는 '무위정치(無爲政治)'를 가장 이상적인 정치로 보았습니다. 이는 임금이 조정에 앉아서 정치의 도(道, 원칙과 기준)를 묻고 듣기만 할 뿐 스스로 도(道)를 세우지 않아도 신하와 백성이 잘 다스려지는 정치를 말합니다. 노자는 이 같은 정치철학을 통해 혼란과 분열, 침략과 전쟁으로 혼탁해진 춘추시대의 중국을 구제할 수 있다고 생각했습니다. 그의 시선으로 보면, 공자와 같은 유가들이 주장한 도(道, 인과 의)를 세워 백성을 교화하고자 이리 뛰고 저리 뛰어다니는 정치는 '쓸데없는 짓'에 불과할 뿐입니다. 어쨌든 노자는 공자보다 앞서 자신만의 정치철학을 구축한 '중국사 최초의 정치사상가'라고 불러도 손색이 없는 인물입니다.

坐 앉을좌	朝 아침조	問 물을문	道 길도
垂 드리울수	拱 팔짱낄공	平 평평할평	章 밝을장

백성을 아껴 기르고 오랑캐를 다스리다

애 육 려 수　　　　　신 복 융 강
愛育黎首하면 臣伏戎羌이라.

"백성을 아껴 기르면, 사방의 오랑캐들이 신하가 되어 복종한다."

　　'여수(黎首)'는 검은 머리라는 뜻으로, 논과 밭에서 일하느라 살 갖이 그을려 꺼멓게 된 백성을 상징하는 말입니다. 고대 중국에서는 소수의 귀족 계층을 제외한 일반 백성은 모두 농노와 노예 신분에서 벗어나지 못했습니다. 그들은 춘추시대 제후국들의 제후(諸侯)들이 추구한 부국(富國) 정책을 위해서 농업 생산에 매달려야 했고, 강병 (强兵) 정책을 위해서는 전쟁에 '화살받이'로 동원되었습니다.

　　어쨌든 춘추시대의 제후들에게 영토와 더불어 인구는 침략과 정 복 전쟁의 한복판에서 살아남을 수 있는 유일한 희망이었습니다. 많 은 영토와 많은 인구를 가진 제후일수록 농업 생산과 전쟁에서 우 위를 확보할 수 있기 때문입니다. 따라서 제후들은 영토와 함께 인 구를 늘릴 수 있는 방법을 찾는 데 혈안이 될 수밖에 없었습니다.

'愛育黎首', 즉 '백성을 아껴 기른다'라는 생각 역시 이러한 시대적
필요성 때문에 나오지 않았을까 추측해봅니다. 그러나 실제로 제후
들에게 일반 백성은 농업 생산과 정복 전쟁을 위해 필요한 존재였을
뿐이었습니다.

'융강(戎羌)'은 고대 중국 대륙의 서북쪽에 살았던 유목 민족인
융족(戎族)과 강족(羌族)을 말하는데 여기에서는 중국 주변의 모든
오랑캐를 상징하는 말입니다. 중국의 세계관은 잘 알다시피, 화이관
(華夷觀)입니다. 고대 중국이 생각한 세계란, 곧 세상의 중심을 지배
하는 한족(漢族)과 한족의 지배를 받아 복종하는 주변의 오랑캐들로
이루어져 있는 세계입니다.

이와 같은 세계관의 존재는 신화시대로까지 거슬러 올라가 확인
해볼 수 있습니다. 한족의 시조신(始祖神)인 황제(黃帝)는 신 중의 신
으로, 세상의 중심을 지배하는 중앙신(中央神)입니다. 그는 남방(南
方)의 신인 염제를 물리치고, 또 동쪽 오랑캐의 신인 치우(蚩尤)를 무
찔러 천상과 지상 모두를 지배하는 신으로 묘사되고 있습니다. 한족
의 신인 황제가 주변의 신들을 제압하고 세상을 지배한다는 신화는
철저하게 중국의 세계관과 닮아 있습니다.

중국사 특히 황하를 중심으로 발전한 한족의 역사는 예로부터 자
신들과 문화나 부족(민족)이 조금만 달라도 오랑캐로 취급해왔습니
다. 예를 들어 춘추전국시대 당시 황하에 위치한 중원의 제후국들은
(우리가 당연히 고대 중국의 일부라고 생각하고 있는) 진(秦)나라를 서쪽의

오랑캐로, 또 초(楚)나라를 남쪽의 오랑캐로 무시해왔습니다. 그렇다면 진(秦)나라는 오랑캐로서 중국 대륙을 정복한 최초의 국가가 되는 셈입니다.

愛 사랑 애	育 기를 육	黎 검을 려	首 머리 수
臣 신하 신	伏 엎드릴 복	戎 오랑캐 융	羌 오랑캐 강

주나라 왕은 넓은 대륙을
어떻게 다스렸는가

하 이 일 체 　　　　 솔 빈 귀 왕
遐邇壹體하여 率賓歸王이라.

"먼 곳과 가까운 곳이 하나가 되어, 거느리고 와서 복종하여 천자를 받든다."

주(周)나라의 천자(天子)는 어떻게 중국을 다스렸을까요? 주나라 는 제2대 천자인 성왕(成王) 때 섭정을 맡은 주공(周公) 단(旦)의 지 휘 하에 '분봉제후제(分封諸侯制)'라는 국가 체제를 완성했습니다. '분봉제후제'는 영토를 각지의 제후들에게 나누어 다스리게 하는 제 도입니다. 이때 제후들이 분봉 받은 영토와 인구에 대한 지배권은 주 나라의 천자가 아니라 각지의 제후들이 행사하였습니다. 간단하게 말하자면, 천하와 만백성은 명목상 천자의 소유였지만 제후국들은 완전히 독립된 하나의 국가로서 각각의 제후들에 의해 다스려진 것 입니다. 천자는 주나라가 직접 관할하는 영토와 인구만을 다스렸을 뿐입니다. 그러나 천자의 영토와 제후들의 영토가 각각 독립적인 하 나의 나라처럼 다스려졌다고 해도, 그 관계는 지배와 복종 관계였습니다. 이러한 종속 관계는 영토의 범위와 인구, 군사력 그리고 천자에 대한 조공(朝貢)과 알현(謁見)을 통해 유지되었습니다.

먼저 천자와 제후들은 지배할 수 있는 영토의 범위에서 큰 차이가 납니다. 천자는 사방 1,000리의 영토를 가질 수 있지만, 제후들의 영토는 등급에 따라 공작과 후작은 사방 100리, 백작은 사방 70리, 자작과 남작은 사방 50리 이상을 소유할 수 없도록 엄격하게 제한되었습니다. 군사력에 있어서도 천자는 6군(7만 5,000명)을 보유하는 반면 공작과 후작은 3군(3만 7,500명), 백작은 2군(2만 5,000명), 자작과 남작은 1군(1만 2,500명)을 넘을 수 없었습니다. 또한 각지의 제후국들은 매년 반드시 도읍지인 호경(鎬京)의 천자를 찾아가, 조공을 하고 알현을 해야 했습니다. 만약 이를 지키지 않을 경우, 천자에 대한 반역 행위로 간주되어 징벌을 당했습니다. 주나라의 천자는 조공과 알현을 통해 각지 제후들의 충성을 확인하고, 그들의 반역 행위나 독립 의지를 꺾어놓았던 것입니다.

'遐邇壹體하여 率賓歸王이라'는 '먼 곳과 가까운 곳이 하나가 되어, 거느리고 와서 복종하여 천자를 받든다'는 뜻입니다. 천하와 만백성은 천자의 소유이며, 각지의 제후들과 백성은 천자에게 복종해야 함을 밝힌 문장이라고 하겠습니다.

遐 멀 하	邇 가까울 이	壹 한 일	體 몸 체
率 거느릴 솔	賓 손 빈	歸 돌아갈 귀	王 임금 왕

봉황과 흰 망아지가 현자를 불러오다

명봉재수 백구식장
鳴鳳在樹하고 白駒食場이라.

"우는 봉황새가 나무에 있고, 흰 망아지는 마당에서 풀을 뜯어 먹는다."

각 민족마다 행운으로 여기는 동물은 다릅니다. 예를 들어 우리 나라에서는 까치를 행운을 가져다주는 길조(吉鳥)로 여기지만, 일본 인들은 까마귀를 길조로 여깁니다.

그렇다면 고대 중국인들은 어떤 동물들을 상서롭게 생각했을까 요? 여러분이 익히 들어 알고 있을 『시경(詩經)』은 공자(孔子)가 편찬 한 주(周)나라 시대의 시(詩) 모음집입니다. 여기에 실려 있는 「권아 (券阿)」라는 시에 보면, 봉황(鳳凰)은 군주나 군자를 상징하는 상서로 운 새로 그려지고 있습니다. 봉황과 관련한 시의 일부 구절을 한 번 읊어보겠습니다.

鳳凰于飛 翽翽其羽 亦傳于天
藹藹王多吉人 維君子命 媚于庶人
鳳凰鳴矣 于彼高岡
梧桐生矣 于彼朝陽
菶菶萋萋 雝雝喈喈

봉황이 높이 나네. 펄럭펄럭 날갯짓을 하며 하늘 위로 올라가네.
어진 임금에게 어진 신하 많아 임금이 명령하니 백성에게 사랑받으리.
봉황이 우네. 저 높은 언덕 위에서 우네.
오동나무 자라니, 저 동쪽 양지에서 자라네.
오동나무 무성하고 무성하며 봉황의 울음소리 조화롭다.

봉황은 실존하는 새가 아닌 상상의 새입니다. 봉(鳳)은 수컷, 황
(凰)을 암컷을 말하는데 이 새는 오동나무가 아니면 머물지 않고 대
나무 열매가 아니면 먹지 않는 것으로 그려집니다. 그래서 혼탁하고
욕망에 찌든 세속의 풍습과 결코 타협하지 않는 고상함의 상징처럼
여겨져 왔습니다. 또한 고대 중국인들은 봉황이 세상을 평안하게 해
줄 성인(聖人)이나 군자(君子)가 나타날 때만 그 모습을 보여준다고
생각했습니다.

봉황은 오늘날에도 우리나라 대통령의 문양(紋樣)으로 쓰일 만큼
고결하고 상서로운 동물로 이해되고 있습니다. 하지만 망아지를 상
서로운 짐승으로 본다면 조금 의아하게 생각하실 것입니다. 이 망아

지에 대해서도 『시경』에 실린 「백구(白駒, 흰 망아지)」를 통해 살펴보겠습니다.

皎皎白駒 食我場苗 繫之維之
以永今朝 所謂伊人 於焉逍遙

흰 망아지가 우리 마당에 있는 싹을 먹으니 발을 묶고 고삐를 나무에 매어
아침 내내 붙잡아두어 저 이인 더 놀다 가게 하리라.

흰 망아지는 이인(伊人, 어진 사람)이 타고 온 것입니다. 어진 사람이 찾아온 것을 상징하는 동물인 셈이지요. 어진 현자(賢者)를 얻게 되었으니 이보다 더 기쁜 일이 어디에 있겠습니까? 이쯤 되면 흰 망아지를 상서로운 동물로 본 고대 중국인들의 시각을 이해할 만하지 않나요?

鳴 울 명	鳳 봉황새 봉	在 있을 재	樹 나무 수
白 흰 백	駒 망아지 구	食 밥 식	場 마당 장

세상이 평안하여 형벌이 필요 없다

_{화 피 초 목}　　　　　_{뇌 급 만 방}
化被草木하고 賴及萬方이라.

"교화가 풀과 나무에까지 미치고, 힘입음이 온 세상에 미친다."

　　천자문의 열여덟 번째 이야기는 성군(聖君)에 대한 종교에 가까운 믿음을 담고 있습니다. 성군이 다스리는 세상에서는 사람은 물론 보잘것없는 풀과 나무에까지 그 은혜로운 덕이 미쳐 온 세상이 태평함을 누린다고 했습니다. 간단하게 이 문장은 성군이 다스리는 태평성대를 찬양한 구절입니다.

　　중국인들은 요(堯)임금과 순(舜)임금, 하(夏)나라의 우왕(禹王), 상(商)나라의 탕왕(湯王), 주(周)나라의 문왕(文王)과 무왕(武王)이 다스리던 세상을 앞에서 말한 태평성대를 누렸던 시대라고 봅니다. 그러나 요, 순임금이 다스리던 요순시대는 현실적으로 존재했다고 보기 어려우므로 신화와 전설로 포장된 '유토피아(이상 사회)'로 이해하는 게 맞을 듯합니다. 그리고 고대 3왕조인 하·상·주나라를 세운 우왕, 탕왕, 문·무왕은 창업 군주인 만큼 후대 제왕과 역사가들에 의해 그 치세(治世)가 미화(美化)된 측면이 있다고 보아야 합니다. 창업 군주의 성덕(聖德)을 미화해야 새로운 왕조의 역사적 정통성과 정치적 명분이 확실하게 서기 때문입니다.

그렇다면 태평성대는 유토피아였을 뿐, 중국 역사상 존재하지 않았던 것일까요? 그렇지는 않습니다. 물론 그 시대에 대한 평가는 보는 사람의 관점에 따라 다르겠지만, 일반적으로 중국 역사에서는 3,000여 년 동안 네 번의 태평성대가 있었다고 봅니다. 첫 번째는 주나라 제2·3대 왕인 성왕(成王)과 강왕(康王)이 다스린 시대이며, 보통 그 시기를 '성강지치(成康之治)'라고 합니다. 두 번째는 한(漢)나라 제5·6대 황제인 문제(文帝)와 경제(景帝)가 다스린 시대를 말하며 대개 '문경지치(文景之治)'라고 부릅니다. 세 번째는 당(唐)나라 제2대 황제인 태종(太宗) 이세민이 다스린 시대인 '정관지치(貞觀之治)'입니다. 그리고 마지막 네 번째는 청나라 초기 4황제인 순치(順治)·강희(康熙)·옹정(雍正)·건륭(乾隆)이 다스린 시대를 말합니다.

이 네 번의 태평성대 중 주나라 성왕에 대해서는 앞에서도 잠깐 이야기했지요. 성왕은 숙부인 주공(周公) 단(旦)의 충실한 보좌로 성군이 될 수 있었습니다. 주공은 어린 성왕을 대신하여 나라를 다스린 지 7년이 지나 성왕이 장성하자, 권력을 넘겨주고 신하의 자리로 돌아갔습니다. 그리고 성왕은 주공의 가르침을 충실하게 좇아 정치와 민심을 안정시켰습니다. 주나라 개국 초기 정치적 불안과 어지러운 민심을 잘 다스리고 태평성대를 누릴 수 있었던 것은 주공의 노력이 있었기에 가능했던 것입니다.

강왕은 성왕의 아들입니다. 성왕과 강왕, 두 제왕이 주나라를 통치한 시기는 40여 년간입니다. 사마천(司馬遷)은 『사기(史記)』에서, 이 기간 동안 세상은 평안하여 형벌을 사용할 일이 없었다고 했습니다.

化 될화	被 입을피	草 풀초	木 나무목
賴 힘입을뢰	及 미칠급	萬 일만만	方 모방

제2강 문명이 탄생하고 역사가 시작되다

'음독(音讀)', 즉 소리 내어 읽는 것은 오래 전부터 내려온 최고의 고전 읽기법입니다.
천자문을 소리 내어 읽으며 그 뜻과 의미를 다시 한 번 되새겨보시기 바랍니다.

龍師火帝와 鳥官人皇이라.
<small>용 사 화 제　　조 관 인 황</small>

"태호 복희씨는 용, 염제 신농씨는 불로 벼슬의 이름을 정하였고,
소호 금천씨는 새로 벼슬 이름을 정하고,
황제 헌원씨는 인간의 문화를 갖추었다."

始制文字하고 乃服衣裳이라.
<small>시 제 문 자　　내 복 의 상</small>

"비로소 문자를 만들고, 처음으로 옷과 치마를 입었다."

推位讓國은 有虞陶唐이라.
<small>퇴 위 양 국　　유 우 도 당</small>

"임금의 자리를 넘겨 나라를 물려준 이는, 유우씨와 도당씨이다."

弔民伐罪는 周發殷湯이라.
<small>조 민 벌 죄　　주 발 은 탕</small>

"백성을 불쌍히 여겨 죄지은 자를 정벌한 자는
주나라 무왕과 은나라(상나라) 탕왕이다."

坐 조 문 도　　　수 공 평 장
坐朝問道하고 垂拱平章이라.
"조정에 앉아서 도(道)를 묻고,
옷자락을 늘어뜨리고 팔짱만 끼고도 밝게 다스려진다."

애 육 려 수　　　신 복 융 강
愛育黎首하면 臣伏戎羌이라.
"백성을 아껴 기르면, 사방의 오랑캐들이 신하가 되어 복종한다."

하 이 일 체　　　솔 빈 귀 왕
遐邇壹體하여 率賓歸王이라.
"먼 곳과 가까운 곳이 하나가 되어, 거느리고 와서 복종하여 천자를 받든다."

명 봉 재 수　　　백 구 식 장
鳴鳳在樹하고 白駒食場이라.
"우는 봉황새가 나무에 있고, 흰 망아지는 마당에서 풀을 뜯어 먹는다."

화 피 초 목　　　뇌 급 만 방
化被草木하고 賴及萬方이라.
"교화가 풀과 나무에까지 미치고, 힘입음이 온 세상에 미친다."

제3강

인간을
인간답게
만드는
것

인간과 짐승을 나누는 기준은 무엇인가

_개 _차 _신 _발　　_사 _대 _오 _상
蓋此身髮은 四大五常이라.

"대개 이 몸과 터럭은 네 가지 큰 것과 다섯 가지 변하지 않는 것이 있다."

"인간은 어떻게 생겨났으며, 그 본성(本性)은 무엇일까?"

이 의문은 사람들이 오랫동안 품어온 화두(話頭)이지만, 오늘날까지 쉽게 답을 얻지 못하고 있는 문제 중 하나입니다.

공자(孔子)가 창시한 유학(儒學)에서는, 사람은 지극히 높고 큰 네 가지로부터 생겨났다고 봅니다. 그것은 바로 '사대(四大)', 즉 '천(天)·지(地)·군(君)·친(親)'인데 하늘, 땅, 임금, 부모를 말하는 것입니다. 이 네 가지는 인간 탄생의 근원이므로 사람들은 항상 하늘과 땅, 임금과 부모를 섬기고 복종하며 살아야 한다는 것이 유가(儒家)들의 생각이었습니다.

그럼 '오상(五常)'은 무엇일까요? 오상(五常)은 다섯 가지 떳떳한 혹은 변하지 않는 인간의 성품을 뜻합니다. 유학에서는 변하지 않는 인간의 성품 다섯 가지를 '인(仁) · 의(義) · 예(禮) · 지(智) · 신(信)'이라고 말합니다. 간단하게 순서대로 사랑, 올바름, 도리, 지혜, 믿음을 말한다고 이해하면 되겠습니다.

고대 중국인들은 이 사대(四大)와 오상(五常)을 왜 중요하게 생각했을까요? 그 이유는, 그것이 인간과 짐승을 구분하는 구체적인 기준이라고 여겼기 때문입니다. 즉 사대(四大, 하늘 · 땅 · 임금 · 부모)가 아니면 사람은 태어날 수 없고, 오상(五常, 사랑 · 올바름 · 도리 · 지혜 · 믿음)이 없다면 생김새만 인간일 뿐 진정한 인간이 될 수 없는 것입니다. 사대(四大)와 오상(五常)이야말로 인간이 짐승과 다른 존재임을 구체적으로 밝혀주는 잣대입니다.

여기에서 『시경(詩經)』에 나오는 재미있는 시(詩) 한 구절을 소개합니다.

> 相鼠有體 人而無禮
> 人而無禮 胡不遄死
>
> 저 쥐도 모양새를 갖추었거늘 사람으로서 예의가 없네.
> 사람으로서 예의가 없으면 어찌 빨리 죽지 않겠는가?

이 시는 보잘것없는 쥐조차 눈, 코, 입의 생김새를 갖추고 있는데 인간으로 태어났음에도 불구하고 마땅히 있어야 할 예의를 갖추지 않고 오래 살기를 바라는 사람들의 어리석음을 풍자한 것입니다. 바꿔 말한다면, 예의가 없는 인간은 쥐새끼만도 못한 짐승 같은 놈이라는 이야기가 되겠지요!

蓋 덮을개	此 이차	身 몸신	髮 터럭발
四 넉사	大 큰대	五 다섯오	常 항상상

진정한 효는 자신을 아끼는 것이다

공 유 국 양
恭惟鞠養하니 **豈敢毀傷**하리오.

기 감 훼 상

"살피고 길러주신 것을 공손히 생각하니, 어찌 감히 헐고 다치겠는가."

공자(孔子)의 제자 중 부모에 대한 효도(孝道)로 크게 이름을 얻은 증자(曾子, 증삼)라는 인물이 있습니다. 그의 아버지인 증점(曾點) 역시 공자의 제자였습니다.

증자는 유학의 정통 계보에서도 매우 중요한 위치를 차지하고 있습니다. 그가 공자의 학문을 공자의 손자인 자사(子思)에게 전했고, 훗날 맹자(孟子)가 자사의 문하에서 학문을 배워 유학의 도(道)를 계승 · 발전시켰기 때문입니다. 효도로 명성을 얻은 증자는 또한 효(孝)에 관한 경전을 저서로 남겼습니다. 바로 『효경(孝經)』입니다. 이 책은 증자가 스승인 공자와 나눈 문답 가운데 효에 관한 부분만을 추려 기록한 것입니다. 유학의 기본 경전이라고 할 수 있는 13경(十三經) 중 한 권으로, 유학자와 선비들은 반드시 읽어야 할 책이었습니다.

'恭惟鞠養하니 豈敢毀傷하리오'라는 구절은 바로 이『효경』
에 나오는 내용으로 '효의 철학'이라고 할 수 있습니다. 이 구절은
증자와 증점 부자(父子)에 얽힌 이야기이며, 그 내용은 다음과 같습
니다.

어느 날 증점은 아들 증자에게 심부름을 시켰습니다. 그런데 약
속한 시간이 지나도 증자가 돌아오지 않았습니다. 그래서 주변 사람
들은 증자의 안위(安危)를 걱정하며, 증점을 위로했습니다. 그러자
증점은 "증자가 위험을 겪고 있나 봅니다. 그러나 아비인 내가 살아
있는 한 결코 위험 속에서 죽지 않을 것입니다"라고 말했다 합니다.

증자는 부모가 주신 신체를 함부로 상하게 하거나 다치게 하지
않는 것이 '효의 기본'이라는 자신의 철학을 죽음 직전에까지 실천
했습니다. 그는 병이 위독하여 죽음이 가까워지자 제자들을 불러 자
신의 손과 발을 일일이 살펴보게 한 다음, 비로소 안심을 하였다고
합니다. 증자는 효를 온몸으로 실천한 진정한 효(孝)의 철학자이자
사상가였던 것입니다.

恭 공손할공	惟 오직유	鞠 기를국	養 기를양
豈 어찌기	敢 감히감	毀 헐훼	傷 상할상

여자와 남자가 지켜야 할 미덕

여 모 정 렬　　남 효 재 량
女慕貞烈하고 男效才良이라.

"여자는 지조가 굳고 곧은 것을 사모하고,
남자는 재주 있고 어진 사람을 본받는다."

춘추전국시대의 중국인들이 이상적으로 여겼던 여자와 남자에 대해 생각해볼까요? 이 시기는 혼란과 분열, 침략과 전쟁이 지배한 살벌한 세상이었습니다. 이러한 세상에서는 사기와 협잡, 음모와 배신, 살인과 범죄가 흔한 일이었습니다. 저잣거리의 건달이 자신이 지닌 재주와 능력을 밑천 삼아 높은 관직에 오르고, 미모가 뛰어난 여자가 나라의 운명을 쥐고 흔드는 일 또한 어렵지 않게 발견할 수 있습니다. 전자를 대표하는 남성으로는 『오자병법(吳子兵法)』이라는 병법서를 남긴 오기(吳起)를, 후자를 대표하는 여성으로는 춘추시대 진(陳)나라의 하희(夏姬)를 들 수 있습니다.

오기는 전국시대에 위(衛)나라에서 태어나 벼슬을 구하려고 집안의 재산을 모두 탕진했습니다. 그는 자신의 행동을 비웃는 마을 사람들을 무려 30여 명이나 죽이고 달아나, 여러 나라를 거쳐 초(楚)나라 재상(宰相)의 자리에까지 올랐습니다. 그가 지닌 천재적인 병법과 용병술을 각 나라의 제후들이 탐냈기 때문입니다. 하희는 그 미모가 뛰어나, 그녀를 한번 보면 반하지 않은 사람이 없을 정도였습니다. 그러나 행실이 음탕하여 평생 세 번이나 왕후(王后)가 되었고, 일곱 번이나 제후의 부인(婦人)이 되었습니다. 또한 그녀는 진나라를 멸망시키고, 제 아들을 죽게 하였습니다.

오기와 하희의 사례는 특별한 경우였을까요? 아닙니다. 춘추전국시대의 기록을 뒤져보면, 이 같은 인간 부류가 그렇지 않은 사람보다 훨씬 더 많았다는 것을 어렵지 않게 알 수 있습니다. 재주와 능력을 지닌 남자들은 높은 벼슬과 녹봉만 주면 이 나라에서 저 나라로 밥 먹듯이 옮겨 다녔고, 미모를 갖춘 여자들은 여러 왕과 제후들을 옮겨 다니며 음란한 행동과 잔인한 짓을 서슴지 않고 저질렀습니다. 춘추전국시대의 현실이 이렇게 험악하다 보니, 그 혼란 상황을 구제하고자 한 사상가들은 자연스럽게 가장 이상적인 인간형을 그리게 되었습니다. 그래서 여자의 이상형으로는 '모정열(慕貞烈)', 즉 '지조가 굳고 곧은 것'을 사모하고, 남자의 이상형으로는 '효재량(效才良)', 즉 '재주가 있으면서 어진 사람됨'을 추구한 것입니다.

| 女 계집 녀 | 慕 사모할 모 | 貞 곧을 정 | 烈 매울 렬 |
| 男 사내 남 | 效 본받을 효 | 才 재주 재 | 良 어질 량 |

듣고 배우기를 게을리하지 않는다

지 과 필 개　　　득 능 막 망
知過必改하고 得能莫忘이라.

"허물을 알았다면 반드시 고치고, 고칠 수 있게 되었다면 잊지 말아야 한다."

유학의 기본 경전인 사서삼경(四書三經) 중 『논어(論語)』는 공자 사후 그 제자들이 스승의 평소 행동과 말을 정리하여 기록한 책입니다. 이 책은 주로 공자와 그 제자들에 관한 이야기로 이루어져 있습니다. 공자는 3,000여 명의 제자를 거느렸는데 그 가운데 특히 뛰어난 제자 열 명을 일컬어 십철(十哲)이라고 합니다. 이 구절은 그들 중 자로(子路, 중유)와 자하(子夏, 복상)에 관련된 이야기입니다.

자로는 요즘 식으로 표현하자면, 소위 '깍두기' 출신입니다. 그는 가난하고 천한 집안 출신이었으나 성격이 강직하고 용맹스러웠습니다. 공자의 제자가 되기 전에는 공자를 업신여겼으나, 훗날 공자는 자로가 제자가 되고 난 뒤 자신을 비난하는 소리를 들어보지 못했다고 했습니다. 자로 같은 '깍두기'도 가르치고 배우는 데 힘쓰면 훌륭한 선비가 될 수 있다는 것을 보여주었다 할 수 있습니다. 공자는 자로에 대해 평가하기를 "자신의 잘못을 듣는 것을 싫어하지 않고, 남들이 잘못을 말해주면 기뻐한다. 이것은 자신의 허물을 들으면 반드시 고치려고 노력하기 때문이다. 자로는 백성의 스승으로 삼을 만하다"라고 했습니다. 따라서 '知^지過^과必^필改^개', 즉 '허물을 알면 반드시 고친다'는 말은 자로에게서 나온 것입니다.

자로는 옳다고 생각하면 앞뒤 돌아보지 않고 행하는 사람이었습니다. 그는 공자가 살아 있을 때 위(衛)나라의 대부(大夫, 고대 중국의 고위 관직)가 되었는데 마침 위나라 태자 괴외와 그 아들 첩이 나라를 놓고 크게 다투는 사건이 발생했습니다. 그때 자로는 몸을 피할 수 있었는데도, 자신의 신념에 따라 행동하다 목숨을 잃었습니다.

자로가 사람됨으로 이름을 얻었다면, 자하는 시문(詩文)과 학문으로 명성을 크게 떨쳤습니다. 공자 사후, 자하는 서하(西河, 황하 서쪽)에서 제자들을 가르치다가 위(魏)나라 제후의 스승이 되었습니다. 그는 평소 '매일 모르는 것을 알고자 노력하고, 매월 할 수 있는 것을 잊지 않는다면 배움을 좋아한다고 말할 수 있다'는 철학으로 생활했습니다. '得^득能^능莫^막忘^망', 즉 '할 수 있게 되었다면 잊지 말아야 한다'는 말은 바로 자하의 이 같은 생활 철학에서 나온 것입니다.

知 알지	過 허물과	必 반드시 필	改 고칠 개
得 얻을 득	能 능할 능	莫 말 막	忘 잊을 망

남을 말하지 말고 자신을 과신하지 말라

^{망 담 피 단} ^{미 시 기 장}
罔談彼短하고 靡恃己長하라.

"남의 단점에 대하여 말하지 말고, 자신의 장점을 믿지 말라."

맹자(孟子)는 공자(孔子) 사후 100여 년이 지난 기원전 372년에, 공자의 고향인 노(魯)나라와 이웃한 추(鄒)나라에서 태어났습니다. 중국에서 춘추시대가 끝나고, 전국시대가 시작된 것이 기원전 453년 이니까 공자는 춘추시대 말기를 산 인물이고, 맹자는 전국시대 중기를 산 사람입니다. 이렇듯 공자와 맹자는 직접적인 가르침과 배움을 주고받지는 않았습니다. 그런데도 우리는 공자 다음 하면 맹자라고 생각합니다. 사실 아주 틀린 말은 아닙니다. 맹자는 공자의 학문을 물려받은 적통(嫡統) 제자이기 때문입니다.

그럼 맹자가 공자의 학문을 물려받은 계보를 따져볼까요? 공자의 학문은 증자(曾子)와 10대 제자인 십철(十哲)에게로 전수됩니다. 증자는 비록 10대 제자에는 들지 못했지만 공자의 손자인 자사(子思)

의 스승이 되어 공자의 학문을 전해줍니다. 자사는 수많은 제자를 두었으나, 문하생 중 뛰어난 학문적 재능을 지닌 인물은 없었던 모양입니다. 자사의 제자 가운데 현재까지 이름이 전해지는 사람이 없기 때문입니다.

자사는 기원전 402년경에 사망합니다. 맹자는 공자의 손자인 자사가 죽은 뒤 30여 년이 지나 태어났으므로, 자사에게서도 직접적으로 공자의 학문을 배우지는 못했습니다. 기록에 따르면, 맹자는 자사의 제자로부터 공자의 학문을 배운 것으로 나옵니다. 그런데 맹자는 자사의 제자에게서 배운 공자의 학문이 성에 차지 않았던지, 스스로 공자를 사숙(私淑, 직접 배우지 않고 서적과 문헌을 통해 간접적으로 배움)하여 큰 학문적 깨달음을 얻었다고 합니다. 맹자를 자사 이후로 끊어진 공자의 학문을 다시 이은 적통(嫡統) 제자로 보는 이유가 바로 여기에 있습니다. 그래서 학자들은 유학의 정통 계보를 '공자 → 증자 → 자사 → 맹자'로 보는 것입니다.

'罔談彼短', 즉 '남의 단점에 대하여 말하지 않는다'는 것은 바로 맹자에게서 나온 말입니다. 맹자는 "남의 잘못과 단점을 말하다가 훗날 나의 잘못과 단점이 드러나면 어찌할 것인가?"라고 이야기했습니다.

'靡恃己長', 즉 '자신의 장점을 믿지 말라'는 말은 중국 고대 3 왕조 중 은(殷)나라, 즉 상(商)나라의 제22대 임금인 무정(武丁)과 명재상 부열(傅說)에 관련된 것입니다. 고종(高宗)이라고도 불리는 무정 임금은 훗날 성천자(聖天子)로 불릴 만큼 나라를 잘 다스렸는데 그것은 부열이라는 명재상이 있었기 때문입니다. 어느 날 재상 부열이 무정 임금에게 말하기를 "스스로 자신을 선(善)하다고 하는 사람은 이미 그 선(善)함을 잃은 사람이다"라고 했습니다. 만약 주변에 이와 같은 사람들이 있다면, 반드시 경계하고 신중하게 살펴야 한다는 말이겠지요.

罔 없을망	談 말씀담	彼 저피	短 짧을단
靡 아닐미	恃 믿을시	己 몸기	長 길장

크고 넓은 그릇을 가져라

信^신使^사可^가覆^복이요 器^기欲^욕難^난量^량이라.

"약속은 지킬 수 있게 하고, 그릇은 헤아리기 어렵게 하고자 한다."

공자(孔子)의 제자 중 유약(有若)이라는 사람이 있습니다. 유약은
사람됨이 강직하고 박학다식했으며, 옛사람들의 학문을 공부하는
것을 좋아했다고 합니다. 특히 그는 외모가 공자와 매우 닮았다고 합
니다. 사마천(司馬遷)이 지은 역사서인 『사기(史記)』 중 「중니제자열
전(仲尼弟子列傳)」에는, 유약과 공자의 닮은 외모 때문에 일어난 재미
있는 이야기가 전해옵니다. 중니(仲尼)는 공자의 자(字)로 '중니제자'
는 '공자의 제자'라는 뜻입니다.

공자가 세상을 떠난 후에도 그를 존경하고 우러르는 제자들의 마
음은 멈추지 않았습니다. 그래서 공자의 제자들은 유약의 얼굴이 스
승과 닮았다고 하여, 유약을 추대하고 평소 공자를 섬기듯이 그를 대
했다고 합니다. 그러던 어느 날 한 제자가 유약에게 공자가 생전에

미래를 예측한 두 가지 사례를 들면서, 어떻게 공자가 그와 같이 미래를 내다볼 수 있었는지에 대해 답을 달라고 했습니다. 그 한 가지는 공자가 달과 별자리를 보고 큰 비가 오는 것을 예측한 사례이고, 다른 한 가지는 제자 중 상구(商瞿)라는 사람이 마흔이 넘도록 자식이 없어 그 부모가 걱정을 하자 공자가 마흔이 넘으면 반드시 다섯 아들을 두게 될 것이라고 했는데 실제 그렇게 되었다는 것입니다. 그런데 유약은 아무런 대답도 하지 못했습니다. 그때 다른 한 제자가 일어나 "유자(有子, 유약)는 그 자리에서 물러나십시오. 그 자리는 당신이 앉아 있을 자리가 아닙니다"라고 말했습니다.

이 이야기는 제자들이 천문(天文)과 인사(人事)를 마음대로 내다볼 수 있는 공자의 능력을 무척 그리워했음을 알려줍니다. 유약이 외모뿐만 아니라 공자의 학문적 능력까지 닮아주기를 바랐는데 그렇지 못하자 크게 실망한 것입니다.

어쨌든 '信使可覆', 즉 '약속은 지킬 수 있게 한다'는 말은 유약에게서 나온 말입니다. 그는 '약속이 올바르면 그 약속한 말을 실천하고, 공손함이 예절에 벗어나지 않으면 부끄러움과 수치스러움을 모면할 수 있다'고 했습니다. 올바름을 좇는 유약의 강직한 성품을 느끼게 하는 말이 아닐 수 없습니다.

고대 중국인들은 사람의 성품과 도량을 그릇에 비유하여 말하는 것을 즐겼다고 합니다. 그릇의 크기와 용량에 비례하여 사람의 성품과 도량의 넓고 좁음을 비유했던 것입니다. '器欲難量'이라는 말은

'그릇은 헤아리기 어렵게 하고자 한다'는 뜻입니다. 이는 헤아리기 어려울 정도로 큰 그릇 혹은 그 쓰임이 정해져 있지 않은 그릇처럼, 사람됨과 학문 그리고 식견이 넓고도 깊어야 된다는 것을 말합니다.

信 믿을 신	使 하여금 사	可 옳을 가	覆 뒤집힐 복
器 그릇 기	欲 하고자 할 욕	難 어려울 난	量 헤아릴 량

난세의 중심에서 평화를 추구하다

묵 비 사 염 시 찬 고 양
墨悲絲染하고 詩讚羔羊이라.

"묵자는 실이 물드는 것을 보고 슬퍼하였고,
시(詩)는 '고양(羔羊)' 편을 찬양하였다."

　　묵자(墨子)라는 인물에 대해 들어본 적이 있는지요? 묵자는 공자
(孔子)가 사망한 다음 해인 기원전 480년경에 태어나 390년경에 사
망한 사람입니다. 그가 활동한 시대는 춘추시대 말기에서 전국시대
초기로, 춘추전국시대 중 가장 극심한 혼란과 분열을 겪던 때라고 할
수 있습니다. 당시 묵자는 자신의 사상과 이론을 추종하는 제자들을
모아 묵가(墨家)라고 불리는 정치 결사체에 가까운 집단을 결성해 활
동했습니다. 맹자(孟子)가 자신의 저서에서 증언한 내용에 따르면,
묵가는 유가(儒家)를 능가할 만큼 큰 세력을 갖고 있었다고 합니다.

　　묵자가 주창한 사상은 크게 세 가지라고 할 수 있습니다. 첫째는
'모든 인간을 자신의 몸을 아끼듯 사랑하라'는 겸애설(兼愛說)입니
다. 묵자는 사회의 혼란과 분열은 모두 서로 사랑하지 않기 때문에

일어나는 것이라고 했습니다.

둘째는 '노예도 인간이다'라는 만민 평등입니다. 묵자의 만민 평등 사상은 공자의 유가에서 말하는 사랑(仁, 인)과 묵자의 사랑(兼愛, 겸애)이 얼마나 다른가를 설명해주는 잣대가 됩니다. 공자가 말하는 '인(仁)'이란 '천자(天子)는 천자다워야 하고, 벼슬아치는 벼슬아치다워야 하고, 백성은 백성다워야 하는' 사랑입니다. 즉 높은 계층의 사람은 낮은 계층의 사람을 자식처럼 아끼며 돌보고, 낮은 계층의 사람은 높은 계층의 사람을 부모를 섬기듯이 존경하고 복종하는 것이 진정한 사랑이라는 뜻입니다. 그러나 묵자는 공자의 '인(仁)'을 차별하는 사랑이라고 말하며 진정한 사랑이란 '내 몸 아끼듯 두루 사람을 사랑하는 것', 즉 '겸애(兼愛)'라고 주장합니다. 공자의 인(仁)이 근본적으로 신분 차별을 인정한 사랑이라면, 묵자의 겸애(兼愛)는 모든 인간은 똑같다는 만민 평등의 사상을 기본으로 하고 있는 것입니다.

셋째는 침략과 전쟁을 반대하는 '비공(非攻)'입니다. 춘추전국시대의 제후들은 나라를 다스리는 데 부국강병(富國強兵)과 침략, 전쟁을 추구하는 것만을 현명하다고 여겼습니다. 결국 제후들의 끝없는 탐욕 때문에 죽어나가는 것은 일반 백성뿐이었습니다. 묵자의 반전(反戰) 사상은 단순한 전쟁 반대가 아니라 묵가 사상의 핵심이라고 할 수 있는 겸애설 그리고 만민 평등과 연관되어 있습니다. 묵자는 전쟁터를 하루가 멀다 하고 누비며 '반전과 평화'를 몸소 실천했습니다. 침략당한 나라와 성을 방어하기 위해 제자들을 이끌고 다녔으며,

방어 전쟁만이 '의로운 전쟁'이라고 주장하며 방어 전술과 방어 무기를 크게 발전시켰습니다. 이러한 묵자의 사상을 춘추전국시대의 제후들은 물론 후대의 중국 황제들 또한 탐탁지 않게 여겼고, 묵자와 그 제자들은 2,000여 년 동안 '잊혀진 사상가'로 남아야 했습니다.

'墨悲絲染', 즉 '묵자가 실이 물드는 것을 보고 슬퍼했다'는 말은 묵자의 말과 행동을 기록한 책인 『묵자(墨子)』에 나오는 것입니다. 이 말은 인간의 본성(本性)은 원래 선(善)하지만, 교육과 습관에 따라 선해지기도 하고 악(惡)해지기도 함을 지적한 것입니다. 또 흰 실은 검은 물이 들면 다시 하얗게 되기 어렵듯이, 사람 또한 한번 악에 물들면 다시 선해지기 어렵다는 것을 가리키는 말이기도 합니다.

'고양(羔羊)'이라는 시(詩)는 중국 대륙 남쪽에 위치한 여러 나라의 벼슬아치들이 주(周)나라를 세운 무왕의 아버지인 문왕의 정치에 감동받아 근검절약하고 공명정대하게 나랏일을 처리한 것을 찬양한 것입니다. '고양'은 염소를 뜻하는 말로, 고대 중국에서는 벼슬아치들이 염소의 털가죽으로 옷을 만들어 의복으로 삼았기 때문에 벼슬아치를 상징하는 말이 되었습니다. 따라서 '고양'이라는 시는 염소 털가죽 옷을 입은 청렴결백한 관리들을 찬양한 내용이라고 보면 되겠습니다.

墨 먹묵	悲 슬플비	絲 실사	染 물들일 염
詩 글시	讚 기릴찬	羔 염소고	羊 양양

현인과 성인의 차이점은 무엇인가

경 행 유 현　　克 념 작 성
景行維賢하고 克念作聖이라.

"큰길을 걸어가는 사람은 현인이고,
　마땅히 생각할 수 있으면 성인이 된다."

　　현인(賢人)과 성인(聖人)은 '제자백가(諸子百家)'라고 불리는 춘추 전국시대 중국 지식인들이 추구한 이상적인 인간 모델이었습니다. 공자(孔子)와 그 제자인 유가(儒家)들을 통해, 당시 지식인들이 생각한 현인과 성인에 대해 알아보겠습니다.

　　공자와 유가들이 생각한 현인으로는 탕왕을 도와 하(夏)나라를 세우는 데 일등 공신 역할을 한 이윤(伊尹), 문왕과 무왕을 도와 주(周)나라를 세운 태공망(太公望) 여상(呂尙) 그리고 춘추시대에 들어와 최초의 패자(覇者, 제후들의 우두머리)가 된 제(齊)나라 환공을 보좌한 관중(管仲)이나, 진(秦)나라 목공을 보좌하여 패자로 만든 백리해(百里奚) 등을 꼽을 수 있습니다. 이들은 모두 자신들이 섬긴 군주를 잘 보좌하고 인도하여 천하를 제패하는 업적을 이루게 한 사람들입니다.

그럼 성인으로는 누구를 꼽았을까요? 그 사람은 다름 아닌 형인 무왕과 함께 주(周)나라를 세우고 어린 조카인 성왕을 대신하여 나라를 다스렸던 주공(周公) 단(旦)입니다. 공자의 언행록(言行錄)인 『논어(論語)』에 보면, 공자가 꿈속에서 주공을 만난 지가 오래되었다면서 자신도 이제 늙어 기력이 약해졌다며 한탄하는 대목이 나옵니다. 이 대목은 공자가 젊어서 모든 힘과 정력을 다해 주공을 배우고 실천할 때는 그를 사모하고 존경하는 마음이 항상 있어 꿈에서도 잊지 않고 주공을 만날 수 있었는데 이제 늙고 기력이 쇠약해져 주공을 따라 배우고 실천하는 것이 젊었을 때만 못하게 되자, 주공이 점점 뜸하게 보이다가 아예 보이지 않게 되었다는 말로 해석할 수 있습니다. 이처럼 주공은 공자가 가장 이상적인 인간형, 즉 성인으로 꼽은 거의 유일한 사람이었습니다.

그렇다면 현인과 성인을 가르는 잣대는 무엇이었을까요? 현인은 학문적 재주와 정치적 능력을 십분 발휘하여 자신이 섬긴 군주가 높은 뜻[大道, 대도]을 이룰 수 있도록 보좌한 인물들입니다. 다시 말해 군주가 패업(霸業), 즉 천하를 제패하는 업적을 이루도록 자신이 할 수 있는 모든 충성과 노력을 바친 사람입니다. 반면 성인은 인(仁, 사랑)과 의(義, 올바름)로 세상을 다스리고 구제하고자 한 사람입니다. 다시 말해 군주가 왕업(王業), 즉 천하를 인과 의로 다스려 태평성대를 이루도록 자신이 할 수 있는 모든 충성과 노력을 바친 사람입니다.

고전(古典)에서는, 현인은 '높은 산을 우러러보고 대도(大道)를 행한다'고 했고, 성인은 '자잘한 생각을 이겨내고 올바른 마음을 쌓는다'고 했습니다.

景 클 경	行 다닐 행	維 벼리 유	賢 어질 현
克 이길 극	念 생각할 념	作 지을 작	聖 성인 성

고대 중국을 지배한 관습법 『예기』

德^덕建^건名^명立^립하고 形^형端^단表^표正^정이라.

"덕이 세워지면 이름이 서게 되고, 몸매가 단정하면 겉모습이 바르게 된다."

유학의 기본 경전인 사서삼경(四書三經)에 대해서는 많은 사람이 잘 알고 있으리라 생각됩니다. 간략하게 소개하자면, 사서(四書)는 『논어(論語)』 『맹자(孟子)』 『대학(大學)』 『중용(中庸)』을 말하고, 삼경(三經)은 『시경(詩經)』 『서경(書經)』 『역경(易經, 주역)』을 말합니다. 그럼 사서오경(四書五經)은 무엇일까요? 사서삼경에 『춘추(春秋)』와 『예기(禮記)』를 추가하면 사서오경이 되는 것입니다. 여기에서는 오경(五經) 중 고대 중국 사회를 지배한 관습법이라고 할 수 있는 『예기』에 대해서 말씀드리겠습니다.

예(禮)는 요즘 식으로 해석하면, 예의나 예절 혹은 도덕이나 규범 정도로 풀어 쓸 수 있습니다. 예의나 예절, 도덕이나 규범은 지키면 좋지만 지키지 않아도 비난만 살 뿐 특별히 이것으로 인해 사회적

생활이나 개인적 자유가 침해당하지는 않습니다.

그러나 고대 중국 사회에서 예(禮)란 정치·사회·문화는 물론이고 사람들의 일상생활까지 규제하고 지배한 '관습법(慣習法)'이었습니다. 이 '예'의 관습법을 어긴 사람은 사회적으로 매장당할 뿐 아니라 때로는 죽음에까지 이르게 됩니다.

한 가지 예를 들어보겠습니다. 고대 중국 사회에서는 신분과 계층에 따라 '죽음'을 표현하는 용어가 달랐습니다. 천자가 죽으면 붕(崩), 제후가 죽으면 훙(薨), 높은 벼슬아치가 죽으면 졸(卒), 일반 관리나 선비가 죽으면 사(死)라고 했습니다. 요즘에야 대통령이 서거(逝去)했다고 하든 사망했다고 하든 아니면 죽었다고 하든 전혀 상관이 없지만, 고대 중국에서 천자의 죽음을 일러 '붕(崩)'이 아니라 '사(死)'라고 했다면 그 사람은 천자 능멸죄나 대역죄에 걸려 자신은 물론이거니와 온 집안 식구가 몰살을 당했을 것입니다.

따라서 고대 중국인들은 관혼상제(冠婚喪祭)에서부터 의복, 식사, 주거, 일상생활에 이르기까지 신분과 계층에 따른 의례(儀禮)를 법처럼 떠받들고 살았습니다. 『예기』는 바로 유가(儒家)들이 신분과 계층에 따라 지켜야 할 의례에 관한 모든 것을 망라해놓은 책입니다. 일종의 '관습법전(慣習法典)'이라고 생각하면 되겠습니다.

'德建名立하고 形端表正이라', 즉 '덕이 세워지면 이름이 서게 되고, 몸매가 단정하면 겉모습이 바르게 된다'는 구절은, 바로 이 『예기』와 관련이 있는 내용입니다. 열심히 덕(德)을 쌓다보면 저절로 큰 이름을 얻게 되니 먼저 명성을 좇지 말라는 말은 예(禮)가 추구해야 할 근본 철학입니다. 그리고 몸매가 단정하면 겉모습이 바르게 된다는 말은 『예기』에 나오는 '겉모습이 똑바르면 그림자 또한 똑바르다'는 말을 다르게 표현한 것입니다.

德 덕 덕	建 세울 건	名 이름 명	立 설 립
形 형상 형	端 단정할 단	表 겉 표	正 바를 정

만물의 근본 원리를 담은 『주역』

공 곡 전 성   허 당 습 청
空谷傳聲하고 虛堂習聽하니라.

"빈 골짜기에서도 소리가 전해지고, 빈집에서도 들림이 겹쳐진다."

공자(孔子)는 자신의 사상으로 '혼란'과 '분열'에 빠져 있는 천하를 구하고자, 기원전 497년부터 484년까지 무려 13여 년 동안 각 나라의 제후들을 찾아다니며 설득하는 일을 했습니다. 물론 공자의 현실성 없는(?) 주장을 귀담아듣는 제후는 단 한 사람도 없었습니다. 결국 자포자기하는 심정으로 자신의 고향인 노(魯)나라에 돌아온 공자는 기원전 479년 사망할 때까지 제자들과 함께 중국 고대 3왕조 시대의 기록과 문헌을 정리해 책으로 편찬하는 작업에 매달렸습니다. 『시경(詩經)』『서경(書經)』『역경(易經, 주역)』『춘추(春秋)』등이 당시 작업의 결과물들입니다.

특히 이들 서적 가운데 공자가 죽음 직전까지 연구에 연구를 거듭한 것이 바로 『역경(주역)』입니다. 공자가 그토록 이 책에 매달렸던

이유는 『역경』, 즉 『주역』은 고대 중국인이 생각한 만물의 근본 원리를 담고 있어서, 연구를 하면 할수록 더욱 풍부하고 새로운 사상을 제공했기 때문이라고 합니다.

요즘에는 『주역』을 인간의 미래와 세상사를 예언하는 점술 책으로 왜곡하여 생각하는 경우가 많지만, 고대 중국 사회에서 이 책은 천문(天文)과 지리(地理), 인사(人事) 등 만물을 근본적으로 탐구하고 해석하는 사상서였습니다. 심지어 나라를 다스리는 정치의 근본 원리 역시 이 책에서 얻었습니다.

'空谷傳聲하고 虛堂習聽하니라', 즉 '빈 골짜기에서도 소리가 전해지고, 빈집에서도 들림이 겹쳐진다'는 말이, 바로 『주역』을 정치철학으로 해석한 구절입니다. '空谷傳聲'은 세상을 다스리는 자의 말이 훌륭하면 천 리 밖에서도 따르지만 그렇지 않으면 천 리 밖에서도 어기게 마련이라는 뜻입니다. 또한 '虛堂習聽'은 빈 대청에서 말을 하면 아무도 듣지 않는다고 생각하지만 소리가 겹쳐 울려 퍼져 결국 많은 사람이 듣게 된다는 뜻입니다. 세상과 백성을 다스리고자 하는 사람은 마땅히 올바른 말과 행동을 해야 함을 일깨워주는 이야기라 하겠습니다.

空 빌 공	谷 골 곡	傳 전할 전	聲 소리 성
虛 빌 허	堂 집 당	習 익힐 습	聽 들을 청

재앙과 행복은 어디에서 오는가

^{화 인 악 적}
禍因惡積이요 ^{복 연 선 경}**福緣善慶**이라.

"재앙을 불러들이는 것은 평소 악한 짓을 쌓았기 때문이고,
행복은 평소 좋은 일을 쌓아 얻은 경사이다."

재앙과 행복은 자신이 어떻게 살았느냐에 따라 찾아오는 손님과 같은 것입니다. 그래서 고대 중국인들은 '착한 일을 많이 한 집에는 반드시 경사가 찾아오고, 악한 일을 많이 한 집에는 반드시 재앙이 찾아온다'고 생각했습니다.

춘추전국시대 유가(儒家)들 가운데 선(善)과 의(義)를 가장 강조한 사람은 맹자(孟子)입니다. 맹자는 자신의 제자 중 한 사람인 공손추(公孫丑)를 가르치면서, 선과 의에 대한 사람들의 태도와 행동에 따라 재앙과 행복은 다르게 찾아온다고 했습니다. 그는 재앙과 행복은 하늘이 내려주는 것이 아니라 모두 스스로 구하는 것이라고 했습니다. 또 하늘이 내리는 재앙은 도리어 피하기 쉬우나 스스로 불러들인 재앙은 피할 수 없다고도 했습니다. 선(善)과 행복 그리고 악(惡)

과 재앙은, 그림자와 메아리의 관계와 같기 때문입니다.

맹자는 선과 의를 배반하여 스스로 재앙을 불러들인 역사적 사례로 하(夏)나라의 마지막 왕인 걸왕과 상(商)나라의 마지막 왕인 주왕을 들었습니다. 어느 날 맹자는 제(齊)나라의 선왕(宣王)을 만났는데 선왕은 그에게 걸왕을 내쫓은 상나라의 탕왕과 주왕을 죽인 주(周)나라의 무왕을 지목하여 신하가 임금을 죽인 일이 옳으냐고 물었습니다. 탕왕은 상나라를 세우기 전에 걸왕의 신하였고, 무왕은 주나라를 세우기 전에 주왕의 신하였습니다. 한 나라의 군주인 선왕의 입장에서는 아무리 폭군이라 하더라도 신하가 임금을 죽인 일을 인정하기는 싫었을 것입니다. 선왕이 맹자에게서 어떤 답을 기대했을지는 충분히 짐작할 수 있겠지요?

그러나 맹자는 선왕의 기대와는 다른 답을 내놓습니다. 맹자에게 중요한 것은 선왕의 마음에 드는 것이 아니라 선과 의를 가르치는 것이었기 때문입니다. 맹자는 아주 당당하게 선(善)과 의(義)를 해친 자는 도적일 뿐이고, 도적질을 일삼는 자는 임금이 아니라 일개 사내에 불과하다고 말했습니다. 맹자는 선(善)과 의(義)를 배반한 사람은 하늘과 백성의 마음을 저버리고 스스로 재앙을 불러들인 것이므로, 비록 천자(天子)라 하더라도 마땅히 처벌해야 한다고 본 것입니다.

禍 재앙 화	因 인할 인	惡 악할 악	積 쌓을 적
福 복 복	緣 인연 연	善 착할 선	慶 경사 경

한 치의 짧은 시간을 아껴
자연을 이기다

尺璧非寶요 寸陰是競하라.

척 벽 비 보　촌 음 시 경

"한 자 되는 구슬이 귀하게 여길 보배가 아니라,
한 치의 짧은 시간을 다투어 아껴야 한다."

우왕(禹王)은 순(舜)임금의 신하로, 왕위를 물려받아 중국 고대 최초의 왕조(王朝)인 하(夏)나라를 세운 인물입니다. 하나라에 들어와 중국에서는 신하가 아닌 자식에게 왕위를 물려주는 전통이 생겨나게 됩니다. 우왕이 순임금으로부터 왕위를 물려받을 수 있었던 것은, 그가 홍수를 다스리는 치수 사업(治水事業)을 성공시켰기 때문입니다.

그런데 아이러니하게도 우왕은 홍수를 다스리는 치수 사업을 잘못했다는 죄목으로 순임금이 귀양을 보내 비참하게 최후를 맞은 곤(鯀)의 아들이었습니다. 이 이야기는 요(堯)임금으로 거슬러 올라갑니다. 큰 강의 범람으로 천하가 물바다가 되자, 요임금은 곤에게 물을 다스리는 치수(治水)의 책임을 맡깁니다. 그러나 9년이 지나도록 곤은 물을 다스리지 못했습니다. 요임금을 대신해 천하를 다스리게 된 순임금은 곤에게 치수의 실패에 대한 책임을 물어 우산(羽山)이라는 곳으로 귀양을 보냈고, 곤은 그곳에서 죽었습니다. 이때 순임금은 곤의 아들인 우를 등용해 치수 사업을 완수하라는 명령을 내립니다.

요임금이 죽고 왕위에 오른 순임금은 우를 사공(司空, 고대 중국의 관직)에 임명해, 본격적인 치수에 나서도록 합니다. 아버지가 치수에 실패해 귀양 가 죽은 마당에, 치수의 책임자가 된 우의 심정이 어떠했을까는 어렵지 않게 짐작해볼 수 있습니다. 우는 촌음(寸陰)을 아껴가며 잠시도 쉬지 않고 오로지 치수에만 매달렸습니다. 그는 산과 고개에 올라 말뚝을 박고, 이것을 표식으로 삼아 높은 산과 큰 강을 측량하였습니다. 그는 땅에서는 수레를, 물 위에서는 배를, 늪에서는 특수한 썰매를 제작해 타고, 높은 산을 오를 때는 징을 박은 나막신을 신으면서 온 세상을 돌아다녔다고 합니다. 그래서 마침내 아홉 주[九州, 구주]의 땅을 개척하고, 아홉 개의 큰 물길을 내고, 제방을 쌓아 아홉 개의 큰 호수를 수리하고 또한 아홉 개의 큰 산을 뚫어 치수에 성공했습니다. 이 치수 사업을 성공시키기 위해서 우는 13년 동안 자신의 집에 들어가지 않았다고 합니다. '寸陰是競', 즉 '한 치의 짧은 시간을 다투어 아껴야 한다'는 말은 진실로 우왕에게 어울리는 말이라고 하겠습니다.

| 尺 자 척 | 璧 구슬 벽 | 非 아닐 비 | 寶 보배 보 |
| 寸 마디 촌 | 陰 그늘 음 | 是 이 시 | 競 다툴 경 |

제3강 인간을 인간답게 만드는 것

'음독(音讀)', 즉 소리 내어 읽는 것은 오래 전부터 내려온 최고의 고전 읽기법입니다.
천자문을 소리 내어 읽으며 그 뜻과 의미를 다시 한 번 되새겨보시기 바랍니다.

개 차 신 발　　사 대 오 상
蓋此身髮은 四大五常이라.

"대개 이 몸과 터럭은 네 가지 큰 것과 다섯 가지 변하지 않는 것이 있다."

공 유 국 양　　기 감 훼 상
恭惟鞠養하니 豈敢毀傷하리오.

"살피고 길러주신 것을 공손히 생각하니, 어찌 감히 헐고 다치겠는가."

여 모 정 렬　　남 효 재 량
女慕貞烈하고 男效才良이라.

"여자는 지조가 굳고 곧은 것을 사모하고,
남자는 재주 있고 어진 사람을 본받는다."

지 과 필 개　　득 능 막 망
知過必改하고 得能莫忘이라.

"허물을 알았다면 반드시 고치고, 고칠 수 있게 되었다면 잊지 말아야 한다."

망 담 피 단　　미 시 기 장
罔談彼短하고 靡恃己長하라.

"남의 단점에 대하여 말하지 말고, 자신의 장점을 믿지 말라."

_{신 사 가 복}　　　_{기 욕 난 량}
信使可覆이요 器欲難量이라.

"약속은 지킬 수 있게 하고, 그릇은 헤아리기 어렵게 하고자 한다."

_{묵 비 사 염}　　　_{시 찬 고 양}
墨悲絲染하고 詩讚羔羊이라.

"묵자는 실이 물드는 것을 보고 슬퍼하였고,
시(詩)는 '고양(羔羊)' 편을 찬양하였다."

_{경 행 유 현}　　　_{극 념 작 성}
景行維賢하고 克念作聖이라.

"큰길을 걸어가는 사람은 현인이고, 마땅히 생각할 수 있으면 성인이 된다."

_{덕 건 명 립}　　　_{형 단 표 정}
德建名立하고 形端表正이라.

"덕이 세워지면 이름이 서게 되고, 몸매가 단정하면 겉모습이 바르게 된다."

_{공 곡 전 성}　　　_{허 당 습 청}
空谷傳聲하고 虛堂習聽하니라.

"빈 골짜기에서도 소리가 전해지고, 빈집에서도 들림이 겹쳐진다."

_{화 인 악 적}　　　_{복 연 선 경}
禍因惡積이요 福緣善慶이라.

"재앙을 불러들이는 것은 평소 악한 짓을 쌓았기 때문이고,
행복은 평소 좋은 일을 쌓아 얻은 경사이다."

_{척 벽 비 보}　　　_{촌 음 시 경}
尺璧非寶요 寸陰是競하라.

"흰 자 되는 구슬이 귀하게 여길 보배가 아니라,
한 치의 짧은 시간을 다투어 아껴야 한다."

마땅히
실천해야 할
일은
무엇인가

이것을 선비의 효^孝라고 한다

자 부 사 군　　　 왈 엄 여 경
資父事君하니 日嚴與敬이라.

"부모 섬기는 것을 바탕 삼아 임금을 섬기니,
이것을 엄숙함과 공경함이라 이른다."

『효경(孝經)』이 유학의 경전(經典)인 13경(十三經) 중 하나라고 앞에서 밝혔습니다. 또 『효경』이 공자(孔子)와 그 제자인 증자(曾子, 증삼)의 문답 가운데 효(孝)에 관한 내용을 간추려 기록한 책이라는 것도 말했습니다. 참고로 유학의 13경에 대해 생소한 독자들도 있을 것 같아 간단하게 짚어보고 넘어가도록 하겠습니다.

13경은 사서삼경(四書三經) 혹은 사서오경(四書五經)처럼 유학에서 중요시하는 경전을 부르는 호칭입니다. 유학에서 13경 외에 다른 책을 경전이라고 부르는 경우는 사실상 없다고 생각하면 되겠습니다. 이 13경에는 『역경(易經)』『시경(詩經)』『서경(書經)』『주례(周禮)』『예기(禮記)』『의례(儀禮)』『춘추좌씨전(春秋左氏傳)』『춘추공양전(春秋公羊傳)』『춘추곡량전(春秋穀梁傳)』『논어(論語)』『이아(爾雅)』『맹자(孟子)』『효경(孝經)』 등이 들어 있습니다. 혹 사서(四書)에 들어 있는 『대학(大學)』과 『중용(中庸)』이 왜 빠졌는지 의아해하실 분이 있을 듯합니다. 그것은 『대학』과 『중용』은 실제 『예기』의 제31편과 제42편으로서, 『예기』에 수록되어 있기 때문입니다. 그것을 훗날 남송(南宋)의 성리학자들이 따로 뽑아내어 『논어』 『맹자』와 함께 사서(四書)라고 한 것입니다. 따라서 『대학』과 『중용』은 『예기』에 들어가 있으므로, 따로 13경에 넣지 않은 것입니다. 너무 옆길로 빠졌나요? 다시 본내용으로 돌아와 이야기해보겠습니다.

'資父事君', 즉 '부모 섬기는 것을 바탕 삼아 임금을 섬긴다'는 말은 증자의 『효경』 중 '선비(지식인)의 효도'에 나오는 내용입니다. 『효경』은 천자(天子)의 효도, 제후(諸侯)의 효도, 공경대부(公卿大夫)의 효도, 선비의 효도 그리고 일반 백성의 효도를 나누어 다루고 있습니다.

예를 들어 '천자의 효도'란 "진실로 존경과 사랑을 다하여 어버이를 섬기는 사람이 제왕이 되면 그 인(仁)과 덕(德)의 가르침이 백성의 마음 깊이 스며든다. 따라서 백성은 모두 효도하게 되고, 그 감동과 영향은 온 세상에 미치게 된다"라고 했습니다.

그럼 '선비(지식인)의 효도'에 대해서는 어떻게 보았을까요? 좀 길지만 한번 살펴보겠습니다.

"아버지를 섬기듯이 어머니를 섬기는데 그 사랑하는 마음은 같아야 한다. 아버지를 섬기듯이 임금을 섬기는데 그 공경하는 마음은 같아야 한다. 따라서 어머니에게서 그 사랑하는 마음을 얻고 임금에게서 그 공경하는 마음을 얻는 것으로, 이 두 가지 마음으로 섬기는 사람이 바로 아버지이다. 효도로써 임금을 섬기는 것은 충성이고, 공경으로써 어른을 섬기는 것은 복종이라고 한다. 충성과 복종하는 것을 잃지 않고 그 윗사람을 섬겨야 마땅히 자신의 녹봉과 지위를 보존하고 선조의 제사를 지킬 수 있으니, 이것을 선비(지식인)의 효도라고 한다."

좀 고리타분한가요? 그러나 천천히 그 뜻을 되새김질하다 보면 분명 사회생활과 인간관계에 유익한 경험을 얻을 수 있다고 생각합니다.

資 밑천 자	父 아비 부	事 섬길 사	君 임금 군
曰 가로 왈	嚴 엄할 엄	與 더불 여	敬 공경 경

효도와 충성은 언제나 사력을 다한다

^{효 당 갈 력}　　　^{충 즉 진 명}
孝當竭力하고 忠則盡命하라.
"효도는 마땅히 온 힘을 다해야 하고, 충성은 목숨을 다해야 한다."

　　공자(孔子)에게 배운 제자만 해도 3,000여 명에 이른다고 했지요. 이 3,000여 제자 가운데 그 이름을 전하고 있는 사람은 대략 70명에 불과합니다. 이들 70여 명의 제자들은 나름대로 탁월한 재주와 능력을 발휘하여 공자 사후에도 여러 방면에서 명성을 얻었습니다. 예를 들어 뛰어난 덕행(德行)으로 이름을 얻은 사람으로는 안연(顔淵), 자건(子騫), 백우(伯牛), 중궁(仲弓)을 들 수 있고, 정치를 잘하여 이름을 얻은 사람으로는 자유(子有)와 자로(子路)를 꼽을 수 있습니다. 효도(孝道)로 명성을 얻은 사람은 앞에서 말한 증자(曾子) 외에 자건과 자고(子羔) 등이 있었고, 시문(詩文)에 탁월한 능력을 발휘한 사람으로는 자유와 자하(子夏, 복상)를 들 수 있겠습니다.

　　이들 가운데 자하는 스물두 번째 이야기에 등장한 바 있습니다.

그곳에서 '매일 모르는 것을 알고자 노력하고, 매월 할 수 있는 것을 잊지 않는다면 배움을 좋아한다고 말할 수 있다'는 자하(子夏)의 생활 철학을 소개했습니다.

'孝當竭力하고 忠則盡命하라'는 구절은 자하의 또 다른 생활 철학을 엿볼 수 있게 해줍니다. 자하는 어질고 현명한 사람을 대접하는 것을 아름다운 여인을 좋아하는 것처럼 해야 하며, 온 힘을 다해 부모님을 섬겨야 하며, 온몸을 바쳐 임금에게 충성을 다해야 하며, 친구와 사귈 때는 반드시 자신이 한 말에 대해 믿음을 얻어야 한다고 했습니다. 이것을 실천한 사람은 배움이 없더라도 지식인이라고 할 만하다는 것이 자하의 생각이었습니다. 이것은 『논어(論語)』중 「학이(學而)」편에 나오는 이야기입니다.

孝 효도 효	當 마땅 당	竭 다할 갈	力 힘 력
忠 충성 충	則 곧 즉	盡 다할 진	命 목숨 명

서른세 번째 이야기 ─────

부모가 주신 몸을 소중히 여기다

^{임 심 리 박}　　　　^{숙 흥 온 정}
臨深履薄하고 夙興溫凊하라.

"깊은 연못을 앞에 두고 있는 듯 살얼음을 밟는 듯이 하고,
일찍 일어나서 따뜻한지 서늘한지를 살핀다."

　'효(孝)'의 사상가'인 증자(曾子, 증삼)가 '효 철학'의 제1원칙으로
삼았던 것은 무엇일까요? 그것은 부모가 주신 신체의 어느 한 곳이
라도 상하고 다치게 해서는 안 된다는 것입니다. 증자는 병이 위독하
여 죽음을 바로 앞두고서도, 이 같은 자신의 '효 철학'을 지키기 위해
노력했습니다. 공자가 왜 그토록 증자에게 『효경(孝經)』이라는 책을
쓰도록 가르치고 격려했는지 능히 짐작케 하는 대목이 아닐 수 없습
니다. 공자가 보기에, 증자야말로 진심에서 우러나오는 효를 실천한
제자였습니다. 증자는 비록 공자의 제자 중 십철(十哲, 10대 제자)에는
속하지 못했지만 공자의 손자인 자사(子思)를 가르쳐 유학의 정통 계
보를 잇는 중요한 역할을 수행했습니다.

　『논어(論語)』의 「태백(泰伯)」편에는 증자가 임종(臨終)를 앞두고

제자들을 불러 자신의 손과 발을 자세히 살펴보라고 한 이야기가 전해집니다. 혹시 자신의 신체 중 다치거나 상한 곳이 있지 않나 잘 들여다보라는 뜻이었습니다. 증자는 부모가 주신 신체를 행여 훼손할까 봐 깊은 연못에 들어가듯, 살얼음을 밟듯 경계하고 조심했는데 이제야 비로소 그 걱정에서 벗어나게 되었다고 말했습니다.

공자의 문하인 유가(儒家)들은 사람으로 태어나 자신의 부모에게 반드시 실천해야 할 예절 중 하나가 '겨울에는 따뜻하게 해드리고 여름에는 서늘하게 해드리며, 날이 저물면 자리를 펴드리고 새벽에는 안부를 살피며, 친구들과 함께 있을 때에는 싸우지 않는 것'이라고 했습니다. '夙興溫凊', 즉 '일찍 일어나서 따뜻한지 서늘한지를 살핀다'는 말은 바로 여기에서 나온 것입니다.

고대 중국인들은 부모에게 진심으로 효도(孝道)하는 사람은 반드시 국가와 임금에게도 진심으로 충성을 바친다는 이데올로기를 갖고 있었습니다. 효를 한 가정의 문제가 아니라 전 사회 혹은 나라 전체의 문제로 받아들였던 것입니다. 그래서 고대 중국인들은 효를 나라와 백성을 다스리는 정치의 근본이라고 여겼습니다. 이쯤 되면 효가 왜 『천자문』을 비롯한 유학의 모든 경전(經典)에 그토록 자주 등장하는지 이해할 수 있겠지요?

| 臨 임할 림 | 深 깊을 심 | 履 밟을 리 | 薄 얇을 박 |
| 夙 이를 숙 | 興 일어날 흥 | 溫 따뜻할 온 | 凊 서늘할 정 |

군자를 상징하는 동물과 식물

似_사蘭_란斯_사馨_형하고 如_여松_송之_지盛_성이라.

"난초처럼 향기롭고, 소나무처럼 무성하다."

'효(孝)'와 함께 『천자문』의 125가지 문장에서 자주 등장하는 것 중의 하나가, 바로 '군자(君子)', '현인(賢人)', '성인(聖人)' 등입니다. 이 말들은 모두 고대 중국인이 이상형으로 여겼던 인간 모델을 각각 다르게 표현한 것이라고 할 수 있습니다. 당시 사람들은 군자에 대한 사모함과 그리움이 어찌나 컸던지 군자와 비슷한 풍모와 향취를 지닌 동식물을 가장 좋아하고 귀하게 여겼습니다. 아니, 그 동식물을 섬겼다고 하는 표현이 더 정확할 것 같습니다.

군자를 비유한 동물로는 봉황(鳳凰), 기린(麒麟), 사슴 그리고 학(鶴)을 들 수 있습니다. 봉황과 기린은 현실에는 존재하지 않는 상상 속의 동물입니다. 고대 중국인들은 봉황과 기린을 성인(聖人)의 출현에 때맞추어 나타나는 상서로운 짐승으로 여겼다고 합니다. 사슴과

학은 그 우아하고 고고한 겉모습 때문에 예로부터 속세의 욕망과 풍속에 물들지 않는 군자의 품성을 대변해왔습니다.

그럼 군자를 비유한 식물로는 무엇이 있을까요? 그것은 사군자(四君子)입니다. 사군자에 대해서는 독자들이 익히 들어 알고 있을 것입니다. 바로 매화, 난초, 국화, 대나무입니다. 매화는 초봄 찬바람 속에서도 맑은 향기를 풍기며 꽃을 피우고, 난초는 깊은 산골짜기 속에서도 홀로 은은하게 향기를 퍼뜨리며, 국화는 늦가을 찬 서리를 맞으면서도 깨끗한 꽃을 피우고, 대나무는 눈보라 치는 추운 겨울에 더욱 푸릅니다. 매화, 난초, 국화, 대나무의 이 같은 특징은 군자의 고결한 인품과 흡사하다 하여, 이들은 군자를 상징하는 식물이 되었습니다.

'似蘭斯馨하고 如松之盛이라', 즉 '난초처럼 향기롭고 소나무처럼 무성하다'에서는, 사군자 중 난초와 함께 소나무를 군자에 비유했습니다. 보는 이 하나 없는 깊은 산골짜기에서도 홀로 향기로운 난초가 군자의 넓고 깊은 내면(內面)을 표현한 것이라면, 거센 바람과 눈보라에도 굴하지 않고 홀로 우뚝 서 무성함을 드러내는 소나무는 군자의 굳센 겉모습을 표현한 것이라 하겠습니다. 난초의 은은함과 소나무의 굳셈을 간직한 사람이라면, 설령 그가 군자가 아니라 하더라도 충분히 매력적이지 않은가요?

似 같을 사	蘭 난초 란	斯 이 사	馨 향기 형
如 같을 여	松 소나무 송	之 갈 지	盛 성할 성

오직 옳고 밝은 것을 찾아 나아가다

<ruby>川<rt>천</rt></ruby><ruby>流<rt>류</rt></ruby><ruby>不<rt>불</rt></ruby><ruby>息<rt>식</rt></ruby>하고 <ruby>淵<rt>연</rt></ruby><ruby>澄<rt>징</rt></ruby><ruby>取<rt>취</rt></ruby><ruby>映<rt>영</rt></ruby>이라.

"냇물은 흘러 쉬지 않고, 못의 물이 맑으면 비추어 볼 수 있다."

앞의 서른네 번째 이야기에서는 군자(君子)의 고결한 인품과 고상한 외모를 동식물에 비유하여 이야기하였습니다. 그러나 군자가 갖추어야 할 덕목은 인품과 외모만이 아닙니다. 고대 중국의 지식인들은 군자가 되기 위해서는 죽을 때까지 자신의 품성과 학문을 쉬지 않고 끊임없이 닦는 노력이 필수라고 여겼습니다.

그래서 쉬지 않고 흐르는 냇물처럼 끊임없이 자신을 닦아, 맑은 연못에 온갖 사물이 비추는 것처럼 세상 모든 일의 아름답고 더럽고 옳고 그른 것을 명명백백하게 밝혀내야 한다고 한 것입니다.

'川流不息', 즉 '냇물은 흘러 쉬지 않는다'는 말과 관련한 공자(孔子)의 이야기가 있습니다. 어느 날 냇가에 나간 공자가 흐르는 시냇물을 보며 '逝者如斯夫이니 不舍晝夜로다'라고 했답니다. 이게 무슨 뜻이냐면 '가는 세월이 냇물이 흐르는 것과 같구나. 밤낮을 가리지 않고 흐르니'라는 말입니다. 밤낮을 가리지 않고 흐르는 시냇물처럼 세월 역시 빠르게 흐릅니다. 공자는 인생도 시냇물처럼 밤낮을 가리지 않고 흘러가므로, 더욱 부지런히 도(道)와 학문을 쌓아야 한다고 자신을 일깨운 것입니다. 『논어(論語)』 중 「자한(子罕)」편에 나오는 이야기입니다.

군자가 되기 위해서는 자신에게 힘쓰고 자신을 경계하여 노력함을 쉬지 않아야 하며, 세상의 여론과 속세의 풍습에 아랑곳하지 않고 홀로 높고 밝게 볼 줄 알아야 합니다. 그래서 군자는 길이 아니면 가지 않았고, 말이 아니면 듣지 않았으며, 뜻이 맞지 않으면 행동하지 않는다고 했습니다. 그들은 출세를 위해 나아가고 물러나지 않았으며, 오직 옳고 밝은 것을 찾아 나아가고, 그르고 어두운 것을 보아 물러났습니다. '淵澄取映', 즉 '못의 물이 맑으면 비추어 볼 수 있다'는 말은 군자의 이 같은 면모를 보여주는 말입니다.

川 내 천	流 흐를 류	不 아니 불	息 쉴 식
淵 못 연	澄 맑을 징	取 취할 취	映 비칠 영

군자가 지켜야 할 일상에서의 행동

용 지 악 사   언 사 안 정

容止若思하고 言辭安定하라.

"행동거지는 생각하는 듯이 하고, 말투는 조용하고 안정되어야 한다."

앞의 두 이야기를 통해 군자(君子) 되기가 결코 쉽지 않다는 사실을 알았을 것입니다. 그러나 군자 되기는 거기에서 끝나지 않습니다. 군자는 옷매무새와 몸가짐 그리고 말투 역시 군자답게 행동해야 합니다. 일상생활 전체를 군자답게 해야 하는 것입니다.

'군자 되기'를 학문과 삶의 목표로 삼았던 사람들은 잘 아시다시피 공자(孔子)와 그 제자들인 유가(儒家)입니다. 이 유가들의 사상을 총망라하여 집대성해놓은 책 『예기』의 첫 장을 펼치면, 가장 먼저 나오는 구절이 서른여섯 번째 이야기인 '容止若思하고 言辭安定하라'와 매우 깊은 관련이 있는 내용입니다.

『예기』는 이렇게 시작됩니다. '나 자신과 모든 사물을 공경하고, 행동은 엄숙하여 무언가를 생각하는 듯이, 말은 안정되고 일정하게 한다. 그러면 모든 사람이 편안해한다.' 이 문장은 '군자 되기'를 꿈속에서도 바랐던 유가들의 첫 번째 '행동 강령'이었다고 할 수 있습니다. 두 번째 행동 강령은 '오만한 마음을 기르면 안 되며, 욕심을 제멋대로 키워서도 안 된다. 하고 싶은 대로 해 만족을 얻으려 하면 안 되고, 만족을 느낄 만큼 즐거움을 추구해서도 안 된다'는 것이며, 세 번째 행동 강령은 '가까우면서도 공경하고 어려워하며, 사랑하면서도 나쁜 행동을 볼 수 있어야 하고, 미워하면서도 착한 행동을 볼 수 있어야 한다. 쌓아 두면서도 나누는 것을 알고, 편안한 곳에서는 편안함을 즐기지만 또한 떠나야 할 때는 마땅히 떠날줄 알아야 한다'는 것입니다.

네 번째 행동 강령은 '재물을 대할 때는 구차하게 얻고자 하지 말고, 어려움에 처할 때는 구차하게 피하려 하지 말며, 싸움이 벌어지면 이기고자 하지 말고, 물건을 나눌 때는 많이 가지려 하지 않는다', 다섯 번째 행동 강령은 '의심나면 홀로 바로 결정하지 않으며, 자신의 의견을 굳게 간직할 뿐 그 의견을 고집하지 않는다'입니다.

어떻습니까? 요즘 세상에는 전혀 맞지 않는 이야기인가요? 아니면 어떤 공감을 불러일으키는 내용인가요? 아마도 이 질문에 대한 답은 독자 여러분 각자가 내려야 할 것 같습니다.

容 얼굴 용	止 그칠 지	若 같을 약	思 생각 사
言 말씀 언	辭 말씀 사	安 편안할 안	定 정할 정

끝까지 잘하는 자는 적다

_독 _초 _성 _미　　　_신 _종 _의 _령
篤初誠美하고 愼終宜令이라.

"시작할 때 온 힘을 쏟는 것은 참으로 아름답고,
마무리를 삼가면 마땅히 좋게 된다."

　　무왕이 세운 주(周)나라는 제2대 성왕과 제3대 강왕 때 태평성
대를 누린 후, 제4대 소왕 이후부터 정치는 혼란하고 나라는 쇠약해
졌습니다. 이 같은 상황은 제10대 천자(天子)인 여왕(厲王)이 즉위하
면서 돌이킬 수 없는 지경에까지 이르게 됩니다. 여왕은 임금 자리
에 앉은 30년 동안 재물을 탐하고, 간신들을 가까이 두어 나라를 어
지럽게 하고, 백성을 못 살게 괴롭혔습니다. 특히 여왕은 영이공(榮
夷公)이라는 신하를 총애했는데 그 역시 탐욕스런 인간이었습니다.
더욱이 여왕은 신하들이 자신과 영이공의 포악하고 탐욕스런 행동
을 중단할 것을 간청하고 또한 백성의 원망이 높아지자, 제후국인 위
(衛)나라에서 첩자들을 데려와 신하와 백성을 감시하고 불평불만을
하는 사람들을 가두고 처벌하였습니다.

이렇게 되자 신하들과 백성은 겁에 질려 입을 다물었고, 제후들은 더 이상 주나라 조정을 찾아오거나 조공(朝貢)을 바치지 않게 되었습니다. 그런데도 여왕은 더욱 기고만장해져 포악한 정치를 멈추지 않았습니다. 이 상황을 보다 못해 소공(召公)이라는 충신이 '신하와 백성의 입을 막는 것은 물길을 막는 것과 같아서 일단 둑이 터지면 걷잡을 수 없게 되므로 그 입을 열어주어야 한다'는 충언을 하였으나, 여왕은 이 충언을 철저하게 무시해버렸습니다.

　그때부터 3년이 지난 후, 마침내 모든 신하와 백성이 한마음 한뜻으로 궐기하여 여왕에게 반란을 일으켰습니다. 당시 여왕은 난리를 피해 체(彘)라는 지방으로 도망을 쳤습니다. 천자가 사라져버린 주나라는 혼란과 분열을 거듭했고, 결국 제후들 중 소공(召公)과 주공(周公)이 천자를 대신하여 나라를 다스리게 되었습니다. 이것을 중국사에서는 '평화를 위하여 임시로 천자를 대신하여 정치를 했다'는 뜻으로 '공화행정(共和行政)'이라고 부릅니다.

　소공과 주공이 천자를 대신하여 나라를 다스린 지 14년째 되는 해, 여왕은 마침내 망명지에서 숨을 거두고 맙니다. 여왕이 죽자 주나라는 비로소 새로운 천자를 세우게 되었고 이때 왕이 된 사람은 여왕의 태자인 희정(姬靜)입니다. 그는 주나라 제11대 임금인 선왕(宣王)입니다. 선왕의 즉위와 함께 주나라는 잠시 부흥기를 맞았으나, 이미 왕실의 권위와 제후들에 대한 영향력은 실추될 대로 실추된 뒤였습니다.

여왕의 사건은 기원전 840년경에 일어났습니다. 주나라가 유목민족의 침략을 피해 동쪽인 낙읍(洛邑)으로 도읍지를 옮기고, 제후들의 세상이 된 춘추시대가 시작되는 때보다 정확히 70년 전 사건입니다. 여왕의 사건은 70년 후에 일어날 주나라의 동천(東遷)과 춘추시대를 예고하는 사건이었던 셈입니다.

'篤^독初^초誠^성美^미 하고 愼^신終^종宜^의令^령 이라', 즉 '시작할 때 온 힘을 쏟는 것은 참으로 아름답고, 마무리를 삼가면 마땅히 좋게 된다'는 것은 바로 이 여왕 같은 사람을 경계하는 말입니다. 『시경(詩經)』에 실려 있는 「탕(蕩)」이라는 시(詩)는 어떤 시인이 여왕이 포악무도한 정치로 말미암아 장차 망할 것이라는 걸 알고 지은 것입니다. 이 시에서는 "처음부터 잘못하는 자 별로 없지만, 끝까지 잘하는 자 또한 적다"라는 구절이 나옵니다. 주나라를 세운 초기 무왕과 성왕, 강왕의 왕업(王業)이 지속되지 못하고 그 후손인 여왕에 와서 무너지는 것을 한탄한 것입니다. 「탕」이라는 시의 구절은 비단 왕조의 흥망사(興亡史)뿐만 아니라 조직이나 개인의 흥망에 대한 이야기이기도 합니다.

篤 도타울 독	初 처음 초	誠 정성 성	美 아름다울 미
愼 삼갈 신	終 마칠 종	宜 마땅 의	令 하여금 령

군자의 도를 실현하면
명성은 끝이 없어라

^{영 업 소 기}　　^{적 심 무 경}
榮業所基요 籍甚無竟이라.

"공적 쌓는 일의 기초가 된다면, 명성은 끝이 없을 것이다."

　　'榮業所基', 즉 '영광과 공적을 쌓는 일의 기초'란 무엇일까요?
그것은 서른한 번째 이야기에 나오는 '資父事君하니 日嚴與敬
이라', 즉 '부모 섬기는 것을 바탕 삼아 임금을 섬기니, 이것을 엄
숙함과 공경함이라 이른다'부터 서른일곱 번째 이야기에 나오는
'篤初誠美하고 愼終宜令이라', 즉 '시작할 때 온 힘을 쏟는 것은
참으로 아름답고, 마무리를 삼가면 마땅히 좋게 된다'까지를 말합니
다. 이처럼 열심히 노력하고 자신을 닦는 것이 공적을 쌓는 길이라는
이야기입니다.
　　'籍甚無竟', 즉 '명성은 끝이 없을 것'이라는 말은 스물일곱 번
째 이야기에 나오는 '德建名立', 즉 '덕이 세워지면 이름이 서게 된
다'와 관련이 있습니다. 덕이 세워지면 이름이 서게 되듯이 『천자문』

의 가르침대로 열심히 노력하고 자신을 닦는다면 명성을 얻는 것은 물론, 그 명성은 끝이 없을 것이라는 내용입니다.

결국 부모에게 효도(孝道)하고 임금에게 충성(忠誠)하며 군자의 도(道)를 실천한다면, 가만히 앉아 있어도 명성이 널리 퍼져 영원히 남을 것이라는 이야기겠지요.

『천자문』의 전체 구성에서, 열아홉 번째 이야기부터 여기까지 사람이 자신의 몸과 마음을 다스리고 실천해야 할 기본적인 도리를 살펴보고 있습니다.

榮 영화 영	業 업 업	所 바 소	基 터 기
籍 깔 자, 문서 적	甚 심할 심	無 없을 무	竟 마칠 경

제4강 마땅히 실천해야 할 일은 무엇인가

'음독(音讀)', 즉 소리 내어 읽는 것은 오래 전부터 내려온 최고의 고전 읽기법입니다.
천자문을 소리 내어 읽으며 그 뜻과 의미를 다시 한 번 되새겨보시기 바랍니다.

자 부 사 군　　　　왈 엄 여 경
資父事君하니 曰嚴與敬이라.

"부모 섬기는 것을 바탕 삼아 임금을 섬기니,
이것을 엄숙함과 공경함이라 이른다."

효 당 갈 력　　　　충 즉 진 명
孝當竭力하고 忠則盡命하라.

"효도는 마땅히 온 힘을 다해야 하고, 충성은 목숨을 다해야 한다."

임 심 리 박　　　　숙 흥 온 정
臨深履薄하고 夙興溫凊하라.

"깊은 연못을 앞에 두고 있는 듯 살얼음을 밟는 듯이 하고,
일찍 일어나서 따뜻한지 서늘한지를 살핀다."

사 란 사 형　　　　여 송 지 성
似蘭斯馨하고 如松之盛이라.

"난초처럼 향기롭고, 소나무처럼 무성하다."

천 류 불 식　　　　연 징 취 영
川流不息하고 淵澄取映이라.

"냇물은 흘러 쉬지 않고, 못의 물이 맑으면 비추어 볼 수 있다."

용 지 약 사　　　　언 사 안 정
容止若思하고 言辭安定하라.

"행동거지는 생각하는 듯이 하고, 말투는 조용하고 안정되어야 한다."

독 초 성 미　　　　신 종 의 령
篤初誠美하고 愼終宜令이라.

"시작할 때 온 힘을 쏟는 것은 참으로 아름답고,
마무리를 삼가면 마땅히 좋게 된다."

영 업 소 기　　　　자 심 무 경
榮業所基요 籍甚無竟이라.

"공적 쌓는 일의 기초가 된다면, 명성은 끝이 없을 것이다."

제5강

가정과
나라와
천하를
다스리다

배우면서 남은 힘이 있다면
벼슬에 오르다

學優登仕하여 攝職從政이라.
_{학 우 등 사}   _{섭 직 종 정}

"배우면서 남은 힘이 있다면 벼슬에 오르고,
 관직을 맡아 나라 다스리는 일에 종사한다."

공자(孔子)의 제자들 가운데 시문(詩文)과 정확한 학문으로 이름을 얻은 사람으로는 자유(子游)와 자하(子夏)를 들 수 있고, 정치적 능력을 발휘한 인물로는 자유(子有)와 자로(子路)를 꼽을 수 있다는 것은 앞에서 이야기했습니다.

자하는 학문에 뛰어난 재주를 지니고 있는 사람답게 "배우면서 남은 힘이 있다면 벼슬에 나가고, 벼슬을 하면서도 남은 힘이 있다면 배운다"라고 했습니다. 따라서 '學優登仕', 곧 '배우면서 남은 힘이 있다면 벼슬에 오른다'는 말은 자하에게서 비롯된 것이라고 할 수 있겠습니다.

공자가 살아 있던 시기 노(魯)나라는 계손씨(季孫氏), 숙손씨(叔孫氏), 맹손씨(孟孫氏)의 소위 '삼환씨(三桓氏, 노나라 제16대 제후인 환공의 후손들 중 세 가문)'가 권력을 독점하고 전횡하였습니다. 그중 세력이 가장 큰 가문은 계손씨였습니다. 이 계손씨 가문의 실권자인 계강자(季康子)가 어느 날 공자에게 제자들 중 자로(子路), 자공(子貢), 자유(子有)의 정치적 능력과 수완에 대해 물었습니다. 아마도 공자의 제자 가운데 자신의 가신(家臣)을 뽑으려고 한 듯합니다.

계강자는 먼저 자로에 대해 물었습니다. 공자는 "자로는 결단성이 있다"라고 하며 정치에 종사할 수 있다고 했습니다. 계강자는 다음으로 자공에 대해 물었습니다. 공자는 "자공은 모든 사물의 이치에 통달하고 있다"라면서 역시 정치에 종사할 수 있다고 했습니다. 계강자는 마지막으로 자유에 대해 물었습니다. 공자는 "자유는 재주와 능력이 뛰어나다"라고 하며 마땅히 정치에 종사할 수 있다고 했습니다. 제자들의 특징과 장점을 꿰뚫고 이를 충분히 살려주는 교육을 했던 공자의 철학을 엿볼 수 있는 대목입니다.

그럼, 이들 세 제자 중 계씨 가문의 가신이 된 사람은 누구일까요? 그 사람은 자유였습니다. 그는 계씨의 가신이 된 후, 그 가문의 일을 처리하고 와서는 공자에게 가르침을 받았다고 합니다. 자유는 공자가 항상 "너무 뒤로 물러나기만 하지 말고 앞으로 좀 나가보라"라고 할 정도로 겸손한 성품을 가지고 있었다고 합니다.

앞에서 말한 자하가 '배우면서 남은 힘이 있다면 벼슬에 오른다'는 말을 몸소 실천한 사람이라면(자하는 공자 사후 황하 서쪽 지방에서 선생 노릇을 하며 위나라 문후에게 국정 자문을 함), 자유는 '벼슬을 하면서도 남은 힘이 있다면 배운다'는 말을 몸소 실천한 인물이라고 하겠습니다. 공자의 언행록인 『논어』 중 「자장(子張)」과 「옹야(雍也)」편에 나오는 이야기입니다.

學 배울학	優 넉넉할우	登 오를등	仕 벼슬사
攝 잡을섭	職 벼슬직	從 좇을종	政 정사정

존경받는 정치인의 덕망

존 이 감 당　거 이 익 영
存以甘棠하니 去而益詠이라.

"이 팥배나무를 그대로 남겨 두라, 떠나가도 더욱 기려 읊는구나."

　　무왕(武王)을 도와 상(商)나라 주왕(紂王)을 주살하고 주(周)나라
를 세우는 데 큰 역할을 한 3대 공신이 있습니다. 그들은 태공망(太公
望) 여상(呂尚)과 주공(周公) 단(旦) 그리고 소공(召公) 석(奭)입니다.
이들은 뛰어난 정치적 수완과 능력을 지녔음은 물론 인(仁)과 덕(德)
으로 백성을 다스린 인물로 기록되어 있습니다. 이 3대 공신 중 소공
은 중국 대륙의 동쪽을 정복하여 주나라의 기초를 닦았으며, 제2대
성왕(成王)이 어린 나이에 왕위에 오르자 주공과 함께 충성을 다해
보좌했습니다. 또한 그는 주나라의 동쪽 도읍지인 낙읍(洛邑) 건설을
실질적으로 지휘한 인물이기도 합니다.
　　'存以甘棠하니 去而益詠이라', 곧 '이 팥배나무를 그대로 남
겨 두라, 떠나가도 더욱 기려 읊는구나'는 바로 이 소공에 관한 이야

기입니다. 이 문장은 '백성을 아끼는 벼슬아치를 사모하는 간절한 정'을 뜻하는 고사성어 '감당지애(甘棠之愛)'와 관련이 있습니다.

소공은 중국 대륙의 남쪽 제후국들을 찾아 주나라의 정책을 펴고 다니면서 잠깐 감당(甘棠, 팥배나무) 아래 머무르며, 백성에게 선정(善政)과 덕행(德行)을 베풀었습니다. 당시 소공이 다스린 곳은 위로는 제후에서부터 아래로는 일반 백성에 이르기까지 각각 그 삶의 터전을 얻어 놀거나 굶주린 자가 하나도 없었다고 합니다. 소공이 떠난 뒤, 남쪽 여러 제후국의 백성이 그의 덕을 사모하여 「감당(甘棠)」이라는 시(詩)를 지어 노래했다고 합니다. 그 시는 『시경(詩經)』에 남아 현재까지 전해오고 있습니다.

蔽芾甘棠 勿翦勿伐 召伯所茇
蔽芾甘棠 勿翦勿敗 召伯所憩
蔽芾甘棠 勿翦勿拜 召伯所說

무성한 감당나무를 자르거나 치지 마라. 소공께서 머무시던 곳이다.
무성한 감당나무를 자르거나 꺾지 마라. 소공께서 쉬시던 곳이다.
무성한 감당나무를 자르거나 휘지 마라. 소공께서 휴식을 취하시던 곳이다.

存 있을 존	以 써 이	甘 달 감	棠 해당화 당
去 갈 거	而 말이을 이	益 더할 익	詠 읊을 영

윗사람과 아랫사람의 엄격한 구분

^{악 수 귀 천} ^{예 별 존 비}
樂殊貴賤하고 禮別尊卑라.

"음악은 신분의 높고 낮음에 따라 다르고,
예절은 윗사람과 아랫사람을 분별한다."

고대 중국 사회의 계층은 귀족과 사농공상(士農工商)으로 이루어져 있었습니다. 또 계층별 신분의 높고 낮은 순서를 따져보면 '천자(天子, 임금) → 제후(諸侯) → 대부(大夫, 고관대작) → 사(士, 일반 관리 혹은 선비) → 농민(農民) → 상공인(商工人) → 노예(奴隸)'로 태어날 때부터 그 귀하고 천함이 정해져 있었습니다. 여기에서는 고대 중국 사회의 지배 계급을 구성하고 있던 천자와 제후 그리고 대부 간의 신분 차이에 대해 간단하게 말씀드리겠습니다.

천자와 제후는 소유하는 영토와 군사력의 범위가 크게 달랐고, 제후는 매년 천자를 알현하고 조공을 바쳐야 했다는 것은 열여섯 번째 이야기에서 말씀드렸습니다. 천자로부터 제후국을 분봉 받아 각각 독립적으로 나라를 다스렸던 제후들의 등급은 크게 다섯 등급으로 나누어져 있었습니다. 제1등급은 공작(公爵)이고 제2등급은 후작(侯爵), 제3등급은 백작(伯爵), 제4등급은 자작(子爵) 그리고 마지막으로 제5등급은 남작(男爵)이었습니다. 대부는 각 나라의 제후들로부터 벼슬과 식읍(食邑)을 받은 대가로 제후들을 섬기고 보좌했습니다. 이들 역시 제후들이 천자로부터 분봉 받은 제후국에 대해 독립적인 권력을 갖고 있었던 것처럼, 제후들로부터 분봉 받은 식읍에 대해서는 독립적인 통치를 행하고 또 사병(私兵)들을 보유하고 있었습니다.

천자와 제후, 대부는 각종 의례와 일상생활에서도 엄격한 차별을 두었습니다. 주(周)나라의 천자는 하늘과 땅에 제사를 지낼 수 있었으나, 제후는 자신이 다스리는 제후국의 영토 내에 있는 산천에만 제사를 지낼 수 있었습니다. 또 천자가 죽으면 7일상을 치르고 7개월 후에 묘에 묻었으나, 제후는 5일상을 치르고 5개월 후에 안장할 수 있었습니다. 또 각종 의례와 행사에서 천자는 8줄에 8명씩 총 64명의 무용수가 팔일무(八佾舞)를 출 수 있었으나, 제후는 6줄에 6명씩 총 36명의 무용수가 추는 육일무(六佾舞)만 시행할 수 있었습니다. 대부는 4줄에 4명씩 총 16명의 무용수가 추는 사일무(四佾舞), 사(士)는 2줄에 2명씩 총 4명의 무용수가 추는 이일무(二佾舞)였습니다.

이 마흔한 번째 이야기의 '음악은 신분의 높고 낮음에 따라 다르다'는 말은 바로 천자는 팔일무, 제후는 육일무, 대부는 사일무, 사는 이일무만을 행할 수 있었음을 밝힌 것입니다.

분봉제후제가 제대로 운영되었던 주나라 초기에는 천자와 제후

그리고 대부의 등급과 신분에 따른 각종 규제와 제도들이 잘 지켜졌습니다. 그러나 주나라가 동쪽의 낙읍(洛邑)으로 도읍지를 옮기면서 시작된 춘추시대 이후에는, 제후국들 간의 침략과 정복 전쟁으로 인해 천자와 제후국 간의 엄격한 신분 구별이나 영토와 군사력의 소유가 뒤죽박죽되어 버렸습니다. 예를 들어 남쪽의 초(楚)나라는 주나라의 천자로부터 고작 자작(子爵)의 작위를 받았을 뿐이었으나, 기원전 741년 즉위한 무왕(武王) 때부터 천자만이 사용할 수 있던 왕(王)이라는 호칭을 아무 거리낌 없이 사용했습니다. 대부들 역시 각자 독립적인 세력으로 크게 성장하여 자신들이 섬기던 제후들보다 더 큰 권력과 영향력을 행사하며 나라를 쥐고 흔들었습니다. 공자가 살아 있을 당시 노(魯)나라의 권력을 한 손에 장악하고 있었던 계손씨(季孫氏)가 좋은 사례라 하겠습니다.

'禮別尊卑', 즉 '예절은 윗사람과 아랫사람을 분별한다'는 말은 독자들이 익히 들어 알고 있는 '삼강오륜(三綱五倫)' 중 오륜(五倫)을 떠올리면 되겠습니다. 이 오륜은 임금과 신하[君臣, 군신], 아버지와 아들[父子, 부자], 남편과 아내[夫婦, 부부], 어른과 아이[長幼, 장유], 친구[朋友, 붕우] 간에도 모두 윗사람과 아랫사람을 나누어 구별한 고대 중국 사회의 예법(禮法)이었습니다.

樂 즐거울 락	殊 다를 수	貴 귀할 귀	賤 천할 천
禮 예도 례	別 다를 별	尊 높을 존	卑 낮을 비

공자는 천하를
어떻게 다스리고자 했는가

<ruby>上</ruby><ruby>和</ruby><ruby>下</ruby><ruby>睦</ruby>하고 <ruby>夫</ruby><ruby>唱</ruby><ruby>婦</ruby><ruby>隨</ruby>라.

상 화 하 목　　　부 창 부 수

"윗사람이 온화하면 아랫사람이 화목하고, 남편이 이끌면 부인은 따른다."

공자(孔子)가 살았던 춘추시대 말기는 혼란과 전쟁의 소용돌이 한복판에 위치해 있던 때였습니다. 주(周)나라의 천자(天子)와 다른 제후국들의 혼란 상황은 둘째 치고라도, 공자의 고향인 노(魯)나라에서조차 대부인 계손씨(季孫氏)가 제후를 대신하여 권력을 독점하고 전횡하는 형편이었습니다. 공자는 바로 이 도탄에 빠져 있는 세상을 구하고자 자신의 학문을 일으켜 세웠던 것입니다. 그는 천하를 구제하겠다는 자신의 정치적 이상을 실현하기 위해 무려 13년 동안이나 풍찬노숙(風餐露宿)하며 각국의 제후들을 찾아다녔습니다. 물론 공자의 이상은 제후들에게 받아들여지지 않았고, 공자는 '상갓집 개' 혹은 '되지도 않는 일만 하고 다니는 이상한 사람'이라는 불명예스런 별명만을 얻었습니다.

그렇다면 공자는 어떻게 세상을 구하고, 천하를 다스리고자 했던 것일까요? 공자는 천하가 혼란과 분열을 거듭하고 있는 이유는 천자가 천자답지 못하고, 제후가 제후답지 못하고, 대부가 대부답지 못하며, 백성이 백성답지 못하기 때문이라고 생각했습니다. 즉 천자가 할 수 있는 일을 제후들이 하고, 제후들이 할 수 있는 일을 대부들이 하며, 또한 천자가 해야 할 일을 하지 않고, 제후들이 해야 할 일을 하지 않으며, 대부들이 해야 할 일을 하지 않기 때문에 천하가 혼란에 빠졌다고 본 것입니다. 공자는 이 같은 세상을 구하고 천하를 다스릴 수 있는 근본은 인(仁)뿐이라고 주장했습니다.

공자가 주장한 인(仁)은 이해하기 쉽게 말하자면 '사랑'입니다. 그럼 그 사랑은 어떤 것일까요? 그것은 천자는 천자다운 사랑을, 제후는 제후다운 사랑을, 대부는 대부다운 사랑을, 백성은 백성다운 사랑을 하는 것을 말합니다. 무슨 말이냐고요? 그 신분의 순서에 따라 윗사람은 아랫사람을 자식처럼 아끼며 보호해주고, 아랫사람은 윗사람을 부모를 섬기듯 존경하고 복종하면 천하는 혼란과 분열에서 벗어날 수 있고, 세상은 잘 다스려져 태평성대를 누릴 수 있다는 것입니다.

'上和下睦', '윗사람이 온화하면 아랫사람이 화목하다'는 말은 공자의 이러한 '사랑'과 관계가 있는 말이라고 하겠습니다.

'夫唱婦隨', '남편이 이끌면 부인은 따른다'는 말은 워낙 잘 알려진 말이니까 달리 설명이 필요 없을 듯합니다. '오륜(五倫)' 중 남편과 아내의 순서를 정한 것으로, 예로부터 유가(儒家)에서는 '시집 가기 전에는 아버지를 따르고, 시집을 가서는 남편을 따르고, 남편이 죽고 난 후에는 아들을 따른다'고 했습니다. 고대 중국 사회에서는 가정에서부터 남성을 중심으로 한 권력 질서가 철저하게 세워져 있었던 것이지요.

上 위 상	和 화할 화	下 아래 하	睦 화목할 목
夫 지아비 부	唱 부를 창	婦 지어미 부	隨 따를 수

『예기』에 나오는 남자와 여자의 역할

외 수 부 훈   입 봉 모 의
外受傳訓하고 入奉母儀라.

"밖에 나가서는 스승의 가르침을 받고, 집안에서는 어머니의 몸가짐을 받든다."

『예기(禮記)』가 고대 유가(儒家)들의 사상과 학설을 집대성해놓은 백과사전이라는 것은 이미 말씀드렸지요? 이 책에 보면, 나이에 따라 남자와 여자가 해야 할 일을 자세하게 정해놓고 있습니다.

먼저 남자가 해야 할 일에 대해서 말해볼까요?

사내아이가 10세가 되면 밖으로 내보내 스승을 만나 기거하면서 글과 학문을 배웁니다.

13세가 되면 음악을 배우고, 시와 노래를 읊고, 주공(周公) 단(旦)이 만들었다고 전하는 춤을 배우게 됩니다.

15세가 되면 창과 방패를 들고 추는 상무(象舞)를 배우고, 활쏘기와 말 다루는 방법을 배웁니다.

20세가 되면 성년식을 치른 후 비로소 예(禮)에 대해 배우며, 갖

옷과 비단옷을 입을 수 있습니다. 폭넓게 배우고 식견을 넓히되 제자를 두지 않으며, 자신의 지식과 학문을 밖으로 드러내 자랑하지 않습니다.

30세가 되면 아내를 맞아 가정을 다스리고, 폭넓게 배우고 식견을 넓히되 특별히 스승을 정하지 않으며, 친구와는 우애 있게 지내되 그가 뜻을 두고 있는 것이 무엇인가를 살핍니다.

40세가 되면 비로소 벼슬길에 나아가는데 모든 사물에 대해 계획과 대책을 제시하고 자신이 생각하는 것을 주장합니다. 단 자신이 추구하는 목표가 임금의 뜻과 일치하면 복종하고 그렇지 않으면 벼슬을 버리고 물러납니다.

50세가 되면 임금의 명(命)을 받아 고관대작인 대부(大夫)가 되어 나라와 관청의 정사(政事)를 담당합니다.

70세가 되면 모든 관직에서 물러납니다.

그럼 여자가 해야 할 일은 무엇이었을까요?

여자아이가 10세가 되면 밖에 나가지 않고, 부모가 가르치면 온순하게 듣고 따라야 합니다.

13세가 되면 길쌈과 비단을 짜 의복을 만드는 일을 배우고, 집안의 제사(祭祀)를 모시는 예절을 배워 어른들을 돕습니다.

15세가 되면 비녀를 꽂습니다.

20세가 되면 시집을 가는데 특별한 사정이 있을 때는 23세에 가도 됩니다.

시집을 간 후 여자가 해야 할 일에 대해서는 나와 있지 않습니다. 그 이유는 아마도 남편이 살아 있을 때는 남편을 따르고, 남편이 죽으면 아들을 따르면 된다고 생각했기 때문인 것 같습니다.

'外^외受^수傳^부訓^훈', '밖에 나가서는 스승의 가르침을 받는다'는 사내아이가 10세가 되면 반드시 해야 할 일이고, '入^입奉^봉母^모儀^의', ' 집안에서는 어머니의 몸가짐을 받든다'는 여자아이가 10세가 되면 반드시 해야 할 일이었습니다.

外 바깥 외	受 받을 수	傳 스승 부	訓 가르칠 훈
入 들 입	奉 받들 봉	母 어미 모	儀 거동 의

의로운 고모와 큰아버지는 누구인가

諸姑伯叔은 猶子比兒라.

"모든 고모와 큰아버지와 작은아버지는,
조카를 자기 자식처럼 대하고 자기 아이처럼 다정하게 여긴다."

중국 한(漢)나라 시대에 활동했던 유향(劉向)이라는 유명한 역사
가가 있습니다. 그는 전국시대에 관한 역사서인 『전국책(戰國策)』을
지은 사람입니다. 그가 남긴 수많은 저서 중 특히 요순시대에서 춘
추전국시대까지 유명 여성들의 전기(傳記)를 모아놓은 『열녀전(列女
傳)』은 지금까지도 특별히 애독되고 있는 책입니다. 이 책에는 현모
양처(賢母良妻)부터 망국(亡國)의 요부(妖婦)에 이르기까지 다양한 유
형의 고대 중국 사회의 여성들이 소개되어 있습니다. 여기에 오빠의
아들을 구하지 못하자 목숨을 끊은 양(梁)나라의 의로운 고모(姑母)
에 관한 이야기가 나옵니다.

어느 날 불 단속을 잘못하여 집에 불이 났는데 집안에는 그 여인
의 아들과 오빠의 아들이 함께 있었습니다. 당황한 여인은 아이들을

구하려 했으나 불길이 워낙 거세 두 아이 모두를 구해낼 방법이 없었습니다. 그래서 자신의 아들을 포기하고 오빠의 아들을 구해내기로 결심하고 집안에 뛰어 들어가 한 아이를 구해냈습니다. 그런데 정신없이 불길 속에서 아이를 데리고 나온 후 정신을 차리고 살펴보니, (모성 본능은 어쩔 수 없었던지) 그 애는 자신의 아들이었습니다. 여인은 다급하게 다시 불길 속으로 뛰어들어 조카를 구하고자 했으나, 이미 조카는 죽은 후였습니다. 낙심한 여인은 조카와 함께 죽고자 불길 속으로 뛰어들었는데 이 모습을 보고 놀란 그녀의 남편이 팔을 낚아채 붙잡았습니다.

남편은 오빠의 아이를 구하려고 했다가 당황한 나머지 잘못되어 손에 잡히는 아이를 업고 나온 것일 뿐인데 왜 목숨까지 버리려 하느냐며 여인을 만류하였습니다. 이에 대해 그 여인은 의(義)롭지 못한 인간이란 말을 들으면서 형제들과 나라 사람들을 대할 수 없고, 그렇다고 살아난 자신의 아이를 도로 불 속에 던지는 것은 어미의 정을 버리는 것이니 자신이 죽을 수밖에 없다며 기어코 불 속으로 뛰어들어 죽고 말았습니다.

이 이야기와 비슷한 백부(伯父, 큰아버지)에 관한 이야기가 『소학(小學)』에 나옵니다.

위진남북조시대 진(晉)나라에 고위 관리를 지낸 등유(鄧攸)라는 사람이 있었습니다. 그는 난리를 당해 반란군에게 붙잡혀 포로가 되었다가, 사수(泗水)라는 강을 지날 때 소와 말에 처자를 싣고 도망쳤습니다. 그러나 도중에 도적들을 만나 소와 말을 빼앗기고 달아나게 되었습니다. 이때 등유 부부는 자기 아들과 함께 동생의 아들을 데리고 있었습니다.

달아나는 중에 아이들 둘을 모두 구할 수 없는 상황이 되자, 등유는 아내에게 일찍 죽은 아우의 아들을 죽이면 아우의 핏줄이 끊어지게 된다면서 자기 아들을 버리라고 하였습니다. 자신과 아내가 살아나면 다시 자식을 가질 수도 있다는 말까지 덧붙여 아내를 설득했습니다. 결국 등유의 아내는 자기 아들을 버렸고, 이 때문에 그들은 조카와 자신들의 목숨을 부지할 수 있었습니다. 그러나 그 후 등유 부부는 자식을 갖지 못하고 죽었는데 그때 목숨을 건진 동생의 아들은 삼년상을 치러 등유의 은혜에 보답했다고 합니다.

諸 모두제	姑 시어미고	伯 맏백	叔 아재비숙
猶 같을유	子 아들자	比 견줄비	兒 아이아

형제간의 우애는
공경하는 마음으로 지켜진다

^{공 회 형 제} ^{동 기 련 지}
孔懷兄弟는 同氣連枝라.

"형제를 매우 그리워하는 것은,
 같은 기운을 받고 가지가 이어져 있기 때문이다."

형제(兄弟)란 부모로부터 같은 기운을 나누어 받은 관계입니다. 이 관계를 나무에 비유한다면, 부모는 나무의 뿌리이고 형제는 한 뿌리에서 뻗어 나온 가지와 같다고 할 수 있습니다. 따라서 하나의 기운을 받고 하나의 뿌리에서 나온 형제는 당연히 서로를 그리워할 수밖에 없습니다. 그러나 형제 관계의 이치가 이렇지만, 현실 세계에서는 우애 있는 형제보다는 사소한 감정과 이해관계 때문에 형제간에 다툼과 분쟁이 일어나는 경우가 훨씬 많습니다. 고대 중국 사람들이 우애 있는 형제와 집안을 기록하고 후대에 모범으로 삼고자 했던 이유 역시 여기에 있다고 하겠습니다.

중국 남송(南宋)시대에 유명한 정치가로 사마광(司馬光)이라는 인물이 있습니다. 그는 신종(神宗) 때 왕안석(王安石)의 변법 개혁(變法

改革) 운동을 좌절시킨 구법당(舊法黨)의 수장으로 이름을 날린 보수 정치가이기도 했지만, 『자치통감(資治通鑑)』과 같은 훌륭한 역사서를 남긴 학자이자 역사가이기도 했습니다. 그는 보수 정치가답게 유학의 기본 이념인 충효(忠孝)를 특히 강조했습니다. 그 같은 생각은 사마광의 또 다른 저서인 『가범(家範, 가정의 모범)』에 잘 나타나 있습니다. 여기에 실려 있는 이야기 중 형제의 우애에 대해서는 위진남북조시대 양(梁)나라의 안성강왕(安成康王)에 대한 내용이 특히 눈에 들어옵니다.

안성강왕은 위진남북조시대 양나라 무제(武帝)와 형제 사이였습니다. 무제는 주흥사에게 『천자문』을 지으라고 명령한 바로 그 황제이기도 합니다. 안성강왕은 무제가 황제의 자리에 오르자, 대단히 조심하고 공경하기를 마치 멀고 천한 사람이 황제를 대하는 것처럼 행동했다고 합니다. 이 때문에 무제는 안성강왕을 더욱 어진 사람으로 대접했습니다. 사마광은 안성강왕과 무제의 행동을 두고 '마땅히 공경한 것'이라고 말했습니다. 형제간의 우애를 유지하기 위해서는 반드시 서로 '공경하는 마음'이 있어야 한다는 이야기겠지요.

안성강왕과 관련한 또 다른 이야기도 있습니다. 안성강왕에게는 시흥왕(始興王)이라는 동생이 있었습니다. 시흥왕은 오랫동안 형주자사(荊州刺史)라는 직책에 있었는데 언제나 자신이 얻은 것 중 절반을 떼어 안성강왕에게 보냈다고 합니다. 그때마다 안성강왕은 마음에 든다고 하며 받았고, 비록 보낸 물건이 많더라도 사양하지 않았다

고 합니다. 사마광은 안성강왕과 시흥왕의 행동을 두고 '마땅히 정성
을 다한 것'이라고 했습니다. 형제간의 우애를 위해서는 반드시 서로
'정성을 다하는 마음'이 있어야 한다는 이야기겠지요.

孔 구멍 공	懷 품을 회	兄 맏 형	弟 아우 제
同 한가지 동	氣 기운 기	連 이을 련	枝 가지 지

사귀기에 마땅한 친구를 가리는 방법

교 우 투 분　　　절 마 잠 규
交友投分하고 切磨箴規라.

"친구를 사귈 때는 정분을 함께 나눠야 하고,
깎고 갈고 일깨워주고 바른말로 잡아준다."

　　사귀기에 마땅한 친구란 어떤 사람일까요? 공자(孔子)의 제자인
자하(子夏)의 문하에서 유학을 공부한 전국시대 제(齊)나라 학자 공
양고(公羊高)가 남긴 재미있는 말을 보면서 '어떤 사람이 과연 마땅
한 친구인가'에 대해 한번 생각해보는 시간을 가지겠습니다.

　　"어렸을 때 물이나 불과 같은 재앙을 당한 것은 어머니의 잘못이
고, 15세가 되었는데도 스승을 만나지 못해 글과 학문을 배우지 않
았다면 아버지의 잘못이다. 스승을 만났는데도 학문에 뜻을 두지 못
하고 방향을 정하지 못했다면 자신의 잘못이고, 이미 학문의 방향을
잡고 뜻을 얻었음에도 그 이름이 세상에 알려지지 않았다면 친구의
잘못이다. 그 이름이 이미 세상에 알려졌는데도 임금에게 추천하지
않았다면 벼슬하는 관리의 잘못이며, 관리가 이미 추천했는데도 나

라의 부름을 받지 못했다면 임금의 잘못이다."

공양고는 철부지 어린아이를 보호하는 것은 어머니의 몫이고, 좋은 스승을 만나 글과 학문을 깨우치는 것은 아버지의 몫이며, 학문의 방향을 잡고 뜻을 세우는 것은 자신의 몫이고, 세상 여러 사람에게 그 학문적 재주와 능력을 알리는 것은 친구의 몫이며, 훌륭한 사람을 임금에게 추천하는 것은 관리들의 몫이고, 인재를 나라의 동량(棟梁, 기둥)이 되게끔 등용하는 것은 임금의 몫이라고 생각한 것입니다. 따라서 사귀기에 마땅한 친구란, 친구의 재주와 능력을 자신의 일처럼 기뻐하며 세상 모든 사람이 알도록 힘써주는 사람입니다.

공자가 생각한 '유익한 친구'와 '해로운 친구'에 대해서도 한번 살펴볼까요? 공자는 세 가지 부류의 유익한 친구와 세 가지 부류의 해로운 친구가 있다고 했습니다. 정직하고, 믿음이 있으며, 보고 들은 것이 많은 친구는 유익한 세 가지 부류라고 했습니다. 반면 겉치레를 잘하고, 아첨을 잘하고, 보고 들은 것은 적으면서 말만 잘하는 친구는 해로운 세 가지 부류라고 했습니다.

공양고와 공자의 말을 종합해보면 '交^교友^우投^투分^분하고 切^절磨^마箴^잠規^규라'에서 말하는 사귀기에 마땅한 친구란 '상대방을 진정으로 알아주고 서로 잘될 수 있도록 이끌어주는 사람'이라 하겠습니다.

交 사귈교	友 벗우	投 던질투	分 나눌분
切 끊을절	磨 갈마	箴 경계잠	規 법규

마흔일곱 번째 이야기 ─────

반드시 지켜야 할 인(仁)의 마음

仁慈隱惻은 造次弗離라.
인 자 은 측   조 차 불 리

"어질고 사랑하며 불쌍히 여기는 마음은, 잠시라도 떠나보내서는 안 된다."

공자(孔子)의 철학을 한마디로 요약해본다면 무엇이라고 할 수 있을까요? 그것은 '인(仁)'이라고 할 수 있겠습니다. 인(仁)은 어질다 혹은 사랑하다로 해석할 수 있습니다. 공자는 '인'이야말로 사람과 천하를 다스릴 수 있는 근본적인 이치라고 생각했습니다. 그래서 '인'을 붙들고 의지하면 태평성대를 누리지만 잠시라도 떠나면 혼란과 분열로 세상은 어지러워진다고 여겼습니다. 공자는 자신이 살았던 춘추시대 말기를 사람들과 세상이 '인'을 떠나보낸 시대라고 보았습니다. 그래서 인(仁)과 덕(德)으로 백성과 천하를 다스렸던 요(堯)임금과 순(舜)임금 그리고 고대 3왕조를 창업한 3왕(우왕, 탕왕, 문·무왕)의 시대로 돌아가야 한다고 주장했던 것입니다.

공자가 돌아가자고 한 요순과 3왕의 시대란 무엇일까요? 그것은

144

'천자(天子)는 천자답고, 제후는 제후답고, 대부는 대부답고, 백성은 백성답게' 처신하고 행동하는, 예악(禮樂)의 질서가 세워진 시기입니다. 이것이 윗사람은 아랫사람을 자식처럼 아끼고 보살펴주며, 아랫사람은 윗사람을 부모를 섬기듯 공경하고 복종하는 질서를 다시 세우자는 뜻이라는 것은 마흔두 번째 이야기에서 말씀드렸죠? 공자의 철학과 개혁 노선이 '복고주의'라고 불리는 까닭은 바로 요순과 3왕의 시대로 돌아가자고 주장하기 때문이고, '보수주의'라고 불리는 이유도 바로 기존의 신분 질서를 유지하고자 하기 때문입니다.

이렇듯 공자가 말한 '인(仁)'을 춘추전국시대 중국의 시대 상황 속에서 이해해야, 공자가 '인의 철학'을 통해 무엇을 하고자 했는가를 제대로 알 수 있습니다. 공자의 언행록인 『논어(論語)』에는 인(仁)에 대한 공자의 강력한 실천 의지가 명백하게 드러나 있는 기록이 있습니다. 공자는 "밥 한 그릇을 먹는 짧은 시간이라도 인(仁)을 떠나서는 안 되며, 다급하고 구차한 상황에 처하더라도 반드시 인(仁)을 새겨야 하며, 목숨이 위태로운 상황에 놓이게 되더라도 꼭 인(仁)을 지켜야 한다"라고 했습니다. '仁慈隱惻은 造次弗離라'는 바로 이 같은 공자의 실천 의지를 간략하게 표현한 말이라고 할 수 있겠습니다.

仁 어질 인	慈 사랑할 자	隱 숨을 은	惻 슬플 측
造 지을 조	次 버금 차	弗 아닐 불	離 떠날 리

절의를 지키는 '의로운 선비'

절 의 렴 퇴　　전 패 비 휴
節義廉退는 顚沛匪虧라.

"절개와 의리와 청렴과 물러남은,
  엎어지고 넘어지더라도 흐트러뜨려서는 안 된다."

춘추시대와 전국시대를 구분하는 기준은 무엇일까요? 중국사에서는 춘추시대의 제후국 중 가장 넓은 영토와 강한 국력을 과시했던 진(晉)나라(진시황이 세운 진나라와 다름)가 세 귀족 가문인 한씨(韓氏)·위씨(魏氏)·조씨(趙氏)에 의해 삼등분되어 망한 기원전 453년부터 전국시대가 시작되었다고 봅니다. 역사학자에 따라서는 이들 세 가문이 주(周)나라 천자(天子)에게 정식 제후국의 승인을 받은 기원전 403년을 전국시대가 시작되는 해로 보기도 합니다. 이들은 각각 한(韓)나라·위(魏)나라·조(趙)나라를 세워, 진(秦)나라·초(楚)나라·제(齊)나라·연(燕)나라와 함께 전국시대의 7웅(七雄, 일곱 개의 강한 나라)을 형성합니다.

어쨌든 이들 세 유력 귀족 가문은 진(晉)나라의 권력을 완전 장악하기까지 험난한 권력 투쟁을 겪어야 했습니다. 특히 당시 진나라의 최대 권력 가문이었던 지씨(智氏) 가문의 수장인 지백(智伯)과 목숨을 건 전쟁을 벌여야 했습니다. 이 싸움에서 승리하고 지백을 살해한 후에야 비로소 세 가문은 진나라를 자신들의 수중에 넣을 수 있었습니다.

이 지백이라는 사람의 식객(食客) 중에 예양(豫讓)이라는 선비가 있었습니다. 지백이 살해되고 세 가문이 진나라의 권력을 장악하자, 평소 지백을 따르던 수많은 식객과 아첨꾼들은 지씨 가문을 버리고 권력과 출세를 좇아 세 가문으로 몰려갔습니다. 이때 오직 예양만이 지백과 맺은 의리를 지키고자, 지백 살해의 선봉장이었던 조씨 가문의 수장 조양자(趙襄子)를 살해할 계획을 세웠습니다.

예양은 온몸에 옻칠을 하고 숯을 먹어 목소리를 다르게 하여 자신의 신분이 드러나지 않도록 했습니다. 그리고 조양자가 다니는 다리 밑에 거짓으로 죽은 체하고 있었습니다. 조양자가 다리를 건너는 순간, 그를 덮쳐 죽이려고 했던 것입니다. 그런데 조양자의 마차를 끄는 말들이 다리를 건너지 않고 자꾸 뒷걸음을 치자, 이것을 수상하게 여긴 조양자가 측근인 청평이라는 사람을 시켜 다리 밑을 조사하게 하였습니다.

그런데 공교롭게도 청평은 예양과 매우 절친한 친구 사이였습니다. 다리 밑을 살피러 온 청평과 마주한 예양은, 자신은 조양자를 살해하기로 결심했으니 물러나라고 이야기합니다. 그러자 청평은 예양을 조양자에게 밀고하는 행동은 친구 간의 의리를 저버리는 것이 되고, 조양자를 살해하려는 예양을 잡지 않는 행동은 군신(君臣)간의 의리를 저버리는 것이라면서 스스로 목숨을 끊습니다. 친구에 대한 의리와 임금에 대한 의리를 모두 지키는 것은 자결밖에 없다고 생각했던 것입니다.

권력과 사사로운 이익보다는 군신 간의 의리를 지키고자 한 예양과, 군신 간의 의리뿐만 아니라 친구 간의 의리까지도 함께 지키고자 한 청평 모두 진실로 절의(絕義)를 지킨 '의로운 선비[志士, 지사]'라고 부를 만하지 않겠습니까.

節 마디 절	義 옳을 의	廉 청렴 렴	退 물러갈 퇴
顚 엎드러질 전	沛 자빠질 패	匪 아닐 비	虧 이지러질 휴

인간의 본성은 무엇인가

성 정 정 일　　심 동 신 피
性靜情逸하고 心動神疲라.

"성품이 고요하면 감정 역시 편안하고,
마음이 흔들리면 정신 역시 피로해진다."

정통 유가(儒家)에서 '성(性)'은 인간이 태어날 때부터 간직하고 있는 착한 본성을 말하고 '정(情)'은 외부의 사물로부터 자극을 받아 형성되는 욕망을 이릅니다. 따라서 '성(性)'은 그 착한 본성을 다치지 않고 그대로 유지해야 하는 긍정적인 이미지를 갖고 있는 반면 '정(情)'은 마땅히 교육과 교화로써 억제되고 통제되어야 할 부정적인 이미지를 갖게 됩니다. 이러한 정통 유가의 인간관을 대표하고 있는 것이 맹자(孟子)가 주장한 '성선설(性善說)'이라고 하겠습니다.

맹자는 인간의 본성은 본래부터 선(善)하므로, 그 선한 본성을 바탕 삼아 행동한다면 누구나 성인(聖人)이 될 수 있다고 주장했습니다. 그리고 그 선(善)한 본성이란, 인간이면 누구나 간직하고 있는 네 가지 마음으로 증명할 수 있다고 했습니다. 네 가지 마음이란, 첫째,

다른 사람을 불쌍히 여기는 마음[惻隱之心, 측은지심], 둘째, 자신의 잘못을 부끄러워하고 다른 사람의 옳지 않은 행동을 미워하는 마음[羞惡之心, 수오지심], 셋째, 다른 사람에게 양보하고 사양하는 마음[辭讓之心, 사양지심], 넷째, 옳고 그른 것을 가려내는 마음[是非之心, 시비지심] 등입니다. 또 맹자는 이 선한 본성(本性)을 지키고 유지해나가기 위해서는, 외부 사물의 자극으로 인해 발생하는 욕망을 다스려야 한다고 했습니다.

그런데 또 다른 유가의 대학자인 순자(荀子)는 맹자의 이 같은 인간 본성론을 정면으로 반박했습니다. 순자는 맹자보다 60여 년 후에 태어난 인물입니다. 맹자가 세상을 떠났을 때, 순자는 20대 초반의 젊은이였습니다. 어쨌든 순자는 맹자의 '성선설'에 대해 극히 비판적인 시각을 갖고 있었습니다. 전국시대를 휩쓴 침략과 정복 전쟁, 사회적 분열과 혼란을 제거하는 것을 철학의 실천적 과제로 삼고자 한 순자에게 맹자의 '성선설'은 지독히 관념적인 주장이었던 듯합니다.

그래서 순자는 '인간의 본성은 악(惡)하고, 선(善)은 인위적인 것'이라고 했습니다. 선(善)이란 태어날 때부터 인간이 지니고 있는 것이 아니라 오직 교육과 교화로써만 가질 수 있음을 강조한 것입니다. 인간의 본성이 악(惡)하다면, 전국시대를 휩쓸고 있는 침략과 정복 전쟁, 사회적 쟁탈과 혼란은 피할 수 없습니다. 그 전쟁과 혼란을 피하기 위해서는 오로지 교육이라는 인위적 훈련과 예(禮)라는 사회제도에 따라 인간의 악한 본성을 교정·교화해야 합니다. 순자의 '성

악설(性惡說)'은 법가(法家)의 인간관에 직접적인 영향을 미쳤습니다. 순자의 제자였던 한비자(韓非子)는, 순자가 주장한 예(禮)란 곧 법(法)을 말하는 것이라면서 법치(法治)를 통한 인간 본성의 개혁을 추구했습니다.

여하튼 '性靜情逸하고 心動神疲라', 즉 '성품이 고요하면 감정 역시 편안하고, 마음이 흔들리면 정신 역시 피로해진다'는 맹자와 같은 정통 유가들의 인간 본성론 혹은 심성론이라고 할 수 있겠습니다.

性 성품 성	靜 고요할 정	情 뜻 정	逸 편안할 일
心 마음 심	動 움직일 동	神 귀신 신	疲 피로할 피

나라를 지킨 선비의 기개와 의리

守^수眞^진志^지滿^만하고 逐^축物^물意^의移^이라.

"진실을 지키면 뜻이 가득해지고,
 사물을 쫓아다니면 뜻 역시 이리저리 옮겨 다니게 된다."

공자(孔子)는 "군자(君子)는 의리(義理)를 좇지만, 소인(小人)은 이익(利益)을 좇는다"라고 했습니다. 또 동중서(董仲舒)라는 중국 한(漢)나라 시대의 유학자는 "사람의 성품은 의로운 것을 좋아하지만 의로운 것을 따르지 못하는 것은 이익 앞에서 무너지기 때문이다"라고 했습니다. 사람이 이익을 좇게 되면, 진실과 의리란 시시각각 변할 수밖에 없게 되지 않겠습니까? 그러나 사람이 진실을 좇게 되면, 비록 손해를 보더라도 자신의 뜻과 자존심만큼은 크게 만족해하지 않겠습니까?

전국시대 말기에 크게 이름을 날린 네 명의 군자 중 맹상군(孟嘗君)이라는 사람이 있었습니다. 그는 제(齊)나라의 왕족이었는데 제나라로부터 설(薛)이라는 땅을 분봉 받아 다스렸습니다. 당시는 진(秦)

나라의 국력이 강성해질 대로 강성해져, 모든 제후국이 진나라의 위협에 크게 두려워하고 있었습니다. 맹상군이 다스리는 설나라 역시 예외는 아니었습니다. 그래서 맹상군은 자신의 식객(食客) 중 의리가 깊고 현명한 사람으로 이름을 얻은 공손굉을 진나라에 사신으로 보내, 진나라와 친선 우호 관계를 맺고자 했습니다.

그런데 진나라의 소왕(昭王)은 수천 리에 이르는 영토와 강력한 군사력을 갖춘 자신에게 고작 일백 리의 작은 영토와 미약한 국력밖에 지니지 못한 설나라가 대등한 관계에서 우호 관계를 맺자고 하는 것을 무척 가소롭게 생각했습니다. 그래서 찾아온 공손굉을 진나라의 국력과 자신의 권력으로 위협해 제압하고자 했습니다.

그러나 공손굉은 소왕의 위협에 결코 굴하지 않고 오히려 당당하게 "맹상군은 지사(志士)를 좋아하는데 소왕은 지사를 좋아하지 않는다"라고 말했습니다. 이에 소왕이 공손굉에게 그렇게 말하는 이유를 물었습니다. 그러자 공손굉은 "진나라와 같은 강대국의 무서운 임금이라도 지사를 욕되게 하면, 그 사람은 스스로 물러나 목을 쳐서 반드시 자신을 욕보인 임금의 몸과 옷을 피투성이로 되게 한다"면서 자신과 같은 사람이 그와 같다고 했습니다. 다시 말하자면, 맹상군은 의로운 선비를 알아보고 대우할 줄 아는데 소왕이 의로운 선비를 알아보지 못하고 욕보인다면 아무리 강대국의 임금이라 할지라도 그 명성을 더럽히게 될 것이라는 협박(?)이었다고 할 수 있습니다. 공손굉은 이렇듯 강대국의 임금 앞에서도 자신의 뜻과 자존심을 세울 줄 아는 사람이었습니다.

소왕은 결국 공손굉의 기개와 의리를 보고 맹상군의 설나라를 우습게 볼 수 없다고 판단해, 친선 우호 관계를 맺자는 제안을 수락하게 됩니다. 만약 공손굉이 진나라의 국력과 소왕의 권력에 자신의 뜻을 잃어버렸다면 어찌할 줄을 몰라 우왕좌왕했을 것이고, 이것을 지켜본 소왕은 설나라를 손쉽게 자신의 수중에 넣을 수 있다고 생각했을 것입니다. '守眞志滿 하고 逐物意移 라', '진실을 지키면 뜻이 가득해지고, 사물을 쫓아다니면 뜻 역시 이리저리 옮겨 다니게 된다'는 말은 설나라를 진나라의 위협으로부터 지킨 공손굉에게 딱 어울리는 문장이라고 하겠습니다.

守 지킬 수	眞 참 진	志 뜻 지	滿 찰 만
逐 쫓을 축	物 만물 물	意 뜻 의	移 옮길 이

하늘이 준 벼슬과 인간이 준 벼슬

견 지 아 조   호 작 자 미
堅持雅操하면 **好爵自縻**라.

"바른 지조를 굳게 지니고 있으면, 좋은 벼슬이 저절로 따른다."

'돈을 벌려면 돈을 좇지 말라'는 말이 있지 않습니까? 옛 중국인들도 "좋은 벼슬을 얻으려면 결코 벼슬을 좇지 말라"라고 했습니다. 앞의 말이 돈을 좇지 말고 자신이 하는 일에 최선을 다해 성실하게 하다 보면 저절로 돈이 따라오게 되어 있다는 뜻이라면, 뒤의 말은 벼슬을 좇지 말고 선비로서 학문을 닦고 올바른 절개와 의리를 지키다 보면 저절로 좋은 벼슬이 따라오게 되어 있다는 뜻입니다.

선비의 길이란, 세상이 자신을 알아주지 않는다고 실망하거나 원망하지 않고, 스스로 학문을 닦고 식견을 넓히며, 올바른 절개와 의리를 세워 세상이 자신을 알아볼 때까지 기다리는 것입니다. 그러면 비록 늦게 찾아오더라도 좋은 벼슬이 스스로 자신을 찾아온다는 것이 옛 중국 지식인들의 철학이었습니다.

좋은 벼슬이란 무엇을 말하는 것일까요? 맹자(孟子)는 "천작(天爵)을 잘 닦으면 인작(人爵)은 저절로 따라온다"라고 말했습니다. '천작(天爵)'이란 무엇일까요? 그것은 하늘이 인간에게 준 선천적인 본성(本性)을 말합니다.

맹자는 인간의 본성은 선(善)하다고 본 사람입니다. 따라서 하늘이 인간이 태어나면서부터 지니도록 준 본성인 천작 또한 선한 것입니다. 그 천작은 다름 아닌 '인의예지신(仁義禮智信)'과 '충효(忠孝)'입니다. 어질고, 올바르고, 예의를 갖추고, 지혜롭고, 믿음이 있으면서 부모에 효도하고 나라와 임금에게 충성하는 삶을 실천한다면, 인작(人爵)은 저절로 그 사람을 찾아온다고 맹자는 주장한 것입니다.

그럼 인작(人爵)은 무엇일까요? 그것은 인간이 준 벼슬입니다. 이때 벼슬을 주는 사람은 천자(天子)와 제후(諸侯) 혹은 공경대부(公卿大夫)와 같은 고대 중국 사회의 지배 계급이라고 할 수 있겠습니다.

천자는 제후와 공경대부에게 벼슬과 녹봉을 줄 수 있고, 제후는 공경대부와 사(士, 일반 관리 혹은 선비)에게 벼슬과 녹봉을 줄 수 있으며, 대부는 가신(家臣, 가문의 신하)에게 벼슬과 녹봉을 줄 수 있을 것입니다. 독자 여러분의 입장에서 보더라도 '인의예지신'과 '충효' 가운데 최소한 두 개 이상을 갖추고 있는 사람이라면 당연히 자신의 곁에 두고 싶지 않을까요? '인의예지신'과 '충효'의 덕목 모두를 갖춘 사람을 찾기란 낙타가 바늘구멍에 들어가는 것만큼이나 어려운 일이니까요.

어쨌든 맹자는 유가(儒家)의 덕목과 하늘이 준 인간 본성을 갈고 닦는다면, 자신이 천자와 공경대부들을 찾아가지 않아도 그들이 나서서 자신을 찾아온다고 생각한 것입니다.

堅 굳을 견	持 가질 지	雅 바를 아	操 잡을 조
好 좋을 호	爵 벼슬 작	自 스스로 자	縻 얽어맬 미

제5강 가정과 나라와 천하를 다스리다

'음독(音讀)', 즉 소리 내어 읽는 것은 오래 전부터 내려온 최고의 고전 읽기법입니다.
천자문을 소리 내어 읽으며 그 뜻과 의미를 다시 한 번 되새겨보시기 바랍니다.

학 우 등 사
섭 직 종 정

學優登仕하여 攝職從政이라.

"배우면서 남은 힘이 있다면 벼슬에 오르고,
관직을 맡아 나라 다스리는 일에 종사한다."

존 이 감 당
거 이 익 영

存以甘棠하니 去而益詠이라.

"이 팥배나무를 그대로 남겨두라, 떠나가도 더욱 기려 읊는구나."

악 수 귀 천
예 별 존 비

樂殊貴賤하고 禮別尊卑라.

"음악은 신분의 높고 낮음에 따라 다르고, 예절은 윗사람과 아랫사람을 분별한다."

상 화 하 목
부 창 부 수

上和下睦하고 夫唱婦隨라.

"윗사람이 온화하면 아랫사람이 화목하고, 남편이 이끌면 부인은 따른다."

외 수 부 훈
입 봉 모 의

外受傅訓하고 入奉母儀라.

"밖에 나가서는 스승의 가르침을 받고, 집안에서는 어머니의 몸가짐을 받든다."

제 고 백 숙
유 자 비 아

諸姑伯叔은 猶子比兒라.

"모든 고모와 큰아버지와 작은아버지는,
조카를 자기 자식처럼 대하고 자기 아이처럼 다정하게 여긴다."

孔懷兄弟는 同氣連枝라.
"형제를 매우 그리워하는 것은,
같은 기운을 받고 가지가 이어져 있기 때문이다."

交友投分하고 切磨箴規라.
"친구를 사귈 때는 정분을 함께 나눠야 하고,
깎고 갈고 일깨워주고 바른말로 잡아준다."

仁慈隱惻은 造次弗離라.
"어질고 사랑하며 불쌍히 여기는 마음은, 잠시라도 떠나보내서는 안 된다."

節義廉退는 顚沛匪虧라.
"절개와 의리와 청렴과 물러남은,
엎어지고 넘어지더라도 흐트러뜨려서는 안 된다."

性靜情逸하고 心動神疲라.
"성품이 고요하면 감정 역시 편안하고, 마음이 흔들리면 정신 역시 피로해진다."

守眞志滿하고 逐物意移라.
"진실을 지키면 뜻이 가득해지고,
사물을 쫓아다니면 뜻 역시 이리저리 옮겨 다니게 된다."

堅持雅操하면 好爵自縻라.
"바른 지조를 굳게 지니고 있으면, 좋은 벼슬이 저절로 따른다."

제국은 무엇으로 이루어져 있는가

쉰두 번째 이야기 ───────

고대 중국 최고의 도시

^{도 읍 화 하}   ^{동 서 이 경}
都邑華夏는 東西二京이라.

"중국의 도읍지는 동경(東京)과 서경(西京)이다."

'화하(華夏)'는 자신들을 세계의 중심으로 생각한 고대 중국인들의 관념이 잘 나타나 있는 단어입니다. 화하(華夏)란 천하의 중심을 차지하고 변방의 오랑캐들에게 섬김을 받으며 사는 나라, 곧 중국을 의미합니다. 동쪽의 변방에 살고 있는 우리나라 사람들의 입장에서 생각하면 아주 황당한 이야기일 수밖에 없습니다. 중국인들이 그렇게 생각하든 말든 내버려두고, 이야기를 계속해보겠습니다.

여기에서 잠깐 짚고 넘어가야 할 문제가 있습니다. 어떤 사람들은 중국 고전을 읽고 그에 대해 이야기하는 것을 마치 중국을 섬기고 중국 문화에 동화되는 일처럼 이해합니다. 그럼 필자는 이렇게 되물어봅니다. 그리스-로마 고전을 읽고 이야기하는 유럽이나 미국 사람들은 그리스나 이탈리아를 섬기고 그 문화에 동화되는 것이냐고요.

고전(古典)이란 현대적인 의미로 끊임없이 재해석되고 재창조될 때만이 존재할 가치가 있는 것입니다. 다시 말하자면, 현대를 사는 우리가 고대 중국인이나 고대 그리스-로마인이 쓴 책을 읽고 이야기하는 이유는, 그 사람 혹은 그가 태어난 나라를 섬기기 위해서가 아니라 우리나라, 우리 사회, 더 나아가 세계가 걸어온 궤적을 이해하고 현대의 삶과 미래를 내다보기 위해서입니다. 만약 중국인들이 우리나라 사람이 공자와 맹자를 열심히 읽고 이야기하는 것을 보고, 한국인들은 공자와 맹자의 나라인 중국을 섬기는 사람이라고 이해한다면 그들은 정말로 바보이거나 자아도취에 빠져 있는 구제 불능의 사람들일 것입니다. 요즈음은 『성서(聖書)』조차 기독교의 교리로서가 아니라 오리엔트 문명이 탄생시킨 신화와 역사의 보고(寶庫)로 이해하는 세상이지 않습니까?

『천자문』을 비롯한 중국 고전들은 분명 동아시아 사회를 이해하는 열쇠입니다. 그 고전들을 제쳐두고 중국과 우리나라, 일본의 역사와 사상사의 궤적은 물론 동아시아의 현대와 미래를 내다보는 일은 불가능합니다. 그리스-로마 문화를 서양 문명의 뿌리로 이해하는 것이 그리스나 이탈리아를 섬기는 것이 아니듯이, 중국의 고전과 문화를 동아시아 문명의 뿌리로 이해하는 것은 결코 중국을 섬기거나 추종하는 게 아니라는 이야기입니다.

본론으로 돌아와서 고대 중국 역사와 문명의 중심지였던 두 도읍지에 대해 살펴보겠습니다. 여기에서 동경(東京)이란 중국 고대 3왕조 중 주(周)나라가 제2대 성왕(成王) 때 건설한 낙읍(洛邑), 곧 지금의 낙양(洛陽)을 말합니다. 원래 주나라의 수도는 호경(鎬京)이었는데 제13대 천자(天子)인 평왕(平王) 때 북서쪽의 유목 민족의 침입에 위협을 느껴 동쪽의 낙읍으로 옮겼습니다. 이때부터를 중국사에서는 동주(東周) 혹은 춘추시대(春秋時代)라고 부른다는 사실은 잘 아실 것입니다. 주나라의 천도(遷都) 이후 낙양은 고대 중국의 중심지가 됩니다. 이곳은 후한(後漢)과 위진남북조시대의 위(魏)·진(晉)·후조(後趙)·후위(後魏)의 도읍지로 계속해서 번영을 누렸으나, 원(元)나라·명(明)나라·청(淸)나라가 연이어 북경(北京)을 수도로 삼자 지방 도시로 전락하는 수난을 겪습니다.

그럼 서경(西京)은 어느 곳일까요? 그곳은 장안(長安)입니다. 지금은 시안(西安)이라고 불리는 곳이지요. 장안은 주나라의 원래 도읍지였던 호경에서 비롯되었습니다. 춘추전국시대와 진시황의 시대를 거쳐 탄생한 유방의 한(漢)나라가 다시 도읍지로 정한 후, 위진남북조시대의 후진(後秦)·서위(西魏)·후주(後周)와 통일 왕조인 수(隋)나라와 당(唐)나라가 도읍지로 삼았던 곳입니다. 특히 당나라 때 최고의 번영을 누렸는데 당시 장안은 국제적인 도시로서의 면모를 갖추고 있었다고 합니다.

都 도읍 도	邑 고을 읍	華 빛날 화	夏 여름 하
東 동녘 동	西 서녘 서	二 두 이	京 서울 경

천하의 명당, 북망산

背邙面洛하고 浮渭據涇이라.

"뒤로는 북망산을 두고 앞으로는 낙수를 바라보며,
위수를 위로 띄우고 경수를 움켜쥐고 있다."

북망산(北邙山)에 대해서는 모두 들어보았을 것입니다. 북망산은 곧 저승으로 가는 길입니다. 왜 이렇게 되었을까요?

북망산은 동경(東京)인 낙양(洛陽)의 북녘에 위치하고 있던 산으로, 왕후공경(王侯公卿)과 같은 신분 높은 사람들을 묻던 곳이었습니다. 이렇게 왕후공경이 묻혔던 곳이라면, 아마 일반 백성 사이에서도 가장 선망하는 묏자리로 떠올랐을 것입니다. 북망산에 묻힌다는 건 개인의 출세와 가문의 영광을 상징했기 때문입니다. 북망산을 바라보는 고대 중국인들의 선망이, 북망산을 죽으면 꼭 가게 되는 저승길로 일반화시켰던 것입니다.

낙수(洛水)는 낙양 남쪽을 가로질러 황하(黃河)로 흘러 들어가는 강 이름입니다. 북망산을 뒤로 두고 앞으로는 낙수를 바라본다는 것은, 고대 중국인들이 길지(吉地, 행운이 깃든 땅)로 여겼던, 북으로는 산을 등지고 남으로는 강을 바라보는 '배산임수(背山臨水)'를 말하는 것입니다. 그만큼 낙양이 도읍지로서 안성맞춤인 천하 명당이었다는 이야기겠지요.

'背邙面洛', '뒤로는 북망산을 두고 앞으로는 낙수를 바라본다'는 이야기가 동경인 낙양의 지리적 모양을 말하는 것이라면, '浮渭據涇', '위수를 위로 띄우고 경수를 움켜쥐고 있다'는 서경(西京)인 장안(長安)의 지리적 형세를 말한 것입니다.

위수(渭水)는 황하로 흘러드는 수많은 지류(支流) 가운데 최대 규모를 자랑하는 강입니다. 경수(涇水)는 감숙성에서 시작하여 남과 북의 두 갈래 물길이 합쳐져 동남쪽으로 흐르다가 위수에 합류하는 황하의 지류이고요. 위수는 맑은 물을 자랑하는 반면, 경수는 황토 고원을 지나와 물 빛깔이 매우 탁하다고 하는군요. 이 경수와 위수가 서경인 장안을 둘러싸고 흐르는 모양새를 '浮渭據涇'이라고 표현한 것입니다.

背 등배	邙 뫼망	面 낯면	洛 낙수락
浮 뜰부	渭 위수위	據 의지할거	涇 경수경

가장 호화로운 궁궐, 진시황의 아방궁

^{궁 전 반 울}   ^{누 관 비 경}
宮殿盤鬱하고 **樓觀飛驚**이라.

"궁전들이 **빽빽**하게 들어차 있고,
누관은 새가 날고 말이 놀라 솟구치는 듯하다."

'화려한 궁궐'하면 가장 먼저 떠오르는 곳이 어디인가요? 화려하지 않는 궁궐이 어디에 있느냐며 우문(愚問) 중의 우문이라고 할지 모르겠지만, 필자는 진시황의 아방궁(阿房宮)을 가장 먼저 떠올립니다.

진시황이 세운 통일 제국 진(秦)나라의 수도는 함양(咸陽)입니다. 이곳은 앞서 이야기했던 중국 최고의 도시 장안(長安) 부근에 위치하고 있습니다. 중국을 통일한 뒤, 진시황은 각지의 부자(富者)들 중 12만 호를 함양으로 이주하여 살게 했습니다. 함양을 통일 제국의 정치·경제·문화 중심지로 만들고자 한 야심 찬 시도였습니다. 그러나 함양의 인구가 지나치게 많아지자, 그에 따른 불편이 늘어났습니다. 그래서 진시황은 함양 인근에 새로운 궁궐을 짓기로 결심했습니다.

진시황은 통일 전쟁 중 제후국들을 하나씩 멸망시킬 때마다, 그 제후국의 궁궐들을 그대로 본떠 만든 궁전을 함양 북쪽의 언덕 위에 지었다고 합니다. 그리고 모든 궁전을 구름다리와 누각으로 서로 연결하고, 멸망한 제후국의 제후들에게서 빼앗은 미녀들과 악기로 그곳을 가득 채웠다고 하는군요. 멸망한 여섯 나라 제후들의 궁궐을 그대로 모방해 만들었다고 하니, 그 규모가 얼마나 큰지는 짐작하실 수 있을 것입니다. 그러나 그 엄청난 규모의 궁궐도 중국 최초의 통일 제국을 세운 자신의 업적이 고대의 제왕들을 모두 합친 것보다 더 위대하다는 자부심을 갖고 있던 진시황을 만족시키기에는 부족했나 봅니다.

그래서 진시황은 위수(渭水)의 남쪽에 궁궐을 건설하기 시작했는데 가장 먼저 지은 것이 바로 아방궁입니다. 아방궁의 규모는 동서 700미터, 남북 120미터에 이르는 호화 건물이었다고 합니다. 그 위에 1만 명이 앉을 수 있는 규모였다는군요. 그리고 아방궁에서 위수를 가로질러 함양으로 곧바로 통하는 고가 도로를 만들었습니다. 이 궁에 대한 애착이 무척 컸던 진시황은, 궁이 완성되기도 전에 이름부터 짓고자 했습니다. 그러나 진시황이 죽기 전에 궁은 완성되지 못했고, 제2대 황제인 진시황의 막내아들 호해 역시 이 궁을 완성하지 못했습니다. 따라서 당연히 궁의 이름 또한 짓지 못했습니다.

그럼 '아방궁'이라는 이름은 어떻게 만들어졌을까요? 그것은 이 궁이 지어진 곳이 아방(阿房)이라는 지명(地名)을 갖고 있어서, 사람들이 '아방에 짓던 궁'이라는 뜻으로 '아방궁'이라 한 것입니다. 어쨌든 안타깝게도 진시황과 그 후손들은 어느 누구도 이곳 아방궁에서 단 하루도 살아보지 못했습니다. 그리고 진나라에 반기를 든 항우(項羽)가 함양을 점령한 후, 아방궁에 불을 질렀는데 무려 석 달 동안이나 탔다고 합니다.

그런데 아방궁이 실제 존재했느냐에 대해서는 여러 설이 있습니다. 그중 후대 사람들이 진나라의 멸망이 정당했다는 것을 강조하기 위해 진시황의 폭정과 호화로운 생활을 부풀렸고, 그 과정에서 실제로 존재하는 것처럼 꾸며진 것이 아방궁이라는 주장이 있습니다. 또 아방궁이 석 달 동안이나 불에 탔다는 이야기도 지어낸 것에 불과하다는 이야기도 있습니다.

여하튼 '전각들이 빽빽하게 들어차 있고, 나는 새와 달리는 말이 놀랄 정도로 높이 솟구쳐 있는 누각'은 궁궐의 풍경을 묘사한 전형적인 표현입니다. 또한 그것은 제왕이 지닌 부(富)와 권력의 위엄을 상징하는 말이라고 할 수 있습니다.

| 宮 집 궁 | 殿 전각 전 | 盤 서릴 반 | 鬱 울창할 울 |
| 樓 다락 루 | 觀 볼 관 | 飛 날 비 | 驚 놀랄 경 |

제왕의 권력과 왕조의 번영을
상징하는 사물들

도 사 금 수   화 채 선 령
圖寫禽獸하고 畵綵仙靈이라.

"온갖 새와 짐승을 그림으로 그렸고,
신선과 신령한 것들을 곱게 색칠해 그렸다."

제왕의 궁궐은 어떻게 꾸며졌을까요? 여기에서는 온갖 새와 짐
승을 그렸다고 하지만, 제왕의 권력과 위엄을 과시하기 위해 짓는 궁
궐에 아무 새나 짐승을 그리지는 않았을 겁니다. 그렇습니다. 궁궐의
벽과 천장에 그려지는 새나 짐승들은 제왕의 권력과 권위, 왕조의 영
원한 번영을 상징하는 동물만이 사용되었습니다.

단골로 그려졌던 동물은 용(龍)과 호랑이, 기린(麒麟)과 봉황(鳳
凰) 그리고 십장생(十長生, 영원함을 상징하는 열 가지 사물)에 속하는 동
물인 거북, 학(鶴), 사슴 등이었습니다. 그 동물들 가운데 용과 호랑
이, 기린과 봉황은 제왕의 권력과 권위 그리고 성군(聖君)의 출현을
상징합니다. 이 동물들은 호랑이를 제외하고는 모두 상상 속의 동물
인데 앞에서 말씀드린 바 있듯이 기린과 봉황은 물론 용 역시 세상

에 성인(聖人)이 나타날 때만 출현하는 상서로운 짐승입니다. 거북과 학, 사슴은 장수(長壽)를 대표하는 십장생에 속하는 동물들입니다. 제왕들은 거북, 학, 사슴을 궁궐에 그려, 자신의 무병장수는 물론 왕조의 영원한 번영을 이루고자 했던 것입니다.

이들 동물의 그림 외에 궁궐에 가면 흔하게 볼 수 있는 것으로 무엇이 있을까요? 경복궁이나 창덕궁, 창경궁을 둘러보신 분들은 쉽게 떠올리시겠지만 그것은 해, 산, 물, 돌, 소나무, 달, 구름 그리고 불로초 등입니다. 모두 거북, 학, 사슴 등과 함께 십장생에 속하는 것들입니다. 드라마를 보면 왕이 앉은 자리 뒤에 해와 달 그리고 산 봉우리 두 개가 그려져 있는 그림이 꼭 하나씩 있습니다. 그 그림은 〈일월곤륜도(日月崑崙圖)〉입니다. 해와 달 그리고 고대 중국인들이 성스러운 산으로 추앙했던 곤륜산이 그려진 그림이지요. 이 그림은 '하늘의 명(命)을 받아 천하 만물을 다스리는 제왕과 왕조는 자손만대(子孫萬代)까지 영원한 권력과 번영을 누릴 것'이라는 뜻을 담고 있습니다.

이쯤 되면, 제왕들이 궁궐을 장식하는 사물로 선택한 것들이 담고 있는 뜻을 쉽게 이해할 수 있을 것입니다. 하나는 제왕의 권력과 권위 그리고 성군의 출현을 나타내고자 한 것이고, 다른 하나는 제왕과 왕조의 영원한 지속과 번영을 나타내고자 한 것이었습니다.

圖 그림 도	寫 그릴 사	禽 새 금	獸 짐승 수
畵 그림 화	綵 채색 채	仙 신선 선	靈 신령 령

한무제를 위해
최고급 장막을 만든 동방삭

병 사 방 계　　　갑 장 대 영
丙舍傍啓하고 甲帳對楹이라.

"신하들이 거처하는 병사(丙舍)는 오른쪽과 왼쪽 양옆으로 나란히 열려 있고,
온갖 진주로 장식한 장막은 두 기둥 사이에 드리워져 있다."

　제왕들은 궁궐을 지을 때, 궁궐의 중심부라고 할 수 있는 정전(正
殿)의 오른쪽과 왼쪽 양옆으로 신하들이 머무는 전각(殿閣)을 지었습
니다. 그 전각은 양쪽에서 마주 보게 되어 있었는데 정전의 오른쪽과
왼쪽 양옆에 짓는 이 전각을 바로 '병사(丙舍)'라고 불렀습니다. 이렇
듯 고대 중국에서는 궁궐의 배치와 그 짓는 순서까지 정해놓고 지켰
습니다. 예를 들면 임금이 궁궐을 짓는 순서는 제일 먼저 종묘(宗廟)
를 세우고, 마구간과 창고를 그다음으로 세우고, 자신이 거처할 전각
을 가장 나중에 세워야 한다고 했습니다. 고대 중국 사회의 관습법이
었던 『예기(禮記)』 중 「곡례(曲禮)」편에 나오는 이야기입니다.

　온갖 진주로 장식한 장막(가림막)을 뜻하는 '갑장(甲帳)'은 삼천갑
자(三千甲子, 18만 년)를 살았다고 전해오는 동방삭(東方朔)과 관련이

172

있는 이야기입니다. 동방삭은 탁월한 말솜씨, 뛰어난 해학과 재치로 한(漢)나라 제7대 황제인 무제(武帝)의 사랑을 독차지했다고 합니다. 무제는 사마천(司馬遷)에게 궁형(宮刑, 생식기를 거세하는 형벌)을 가한 사람이기도 합니다. 동방삭이 보여준 해학과 재치와 관련한 재미있는 일화는 한나라 때의 역사가인 반고(班固)가 쓴 『한서 열전(漢書列傳)』 중 「동방삭전(東方朔傳)」에 나옵니다.

어느 해 삼복더위에 무제는 신하들에게 고기를 하사하였습니다. 그런데 이 고기를 나누어주어야 할 관리가 오지 않았습니다. 모두들 이제나 저제나 관리가 오기만을 기다리고 있는데 동방삭만이 고기를 베어 가지고 집으로 가버렸습니다. 이 사실을 듣게 된 무제가 동방삭을 불러 왜 황제의 명령도 기다리지 않고 고기를 베어 갔느냐고 물었다고 합니다. 사마천(司馬遷)의 경우를 보더라도, 무제는 황제의 권위에 도전하거나 황제의 뜻을 거스르는 신하들에 대해서는 매우 잔인한 인물이었던 것으로 보입니다. 당시 상황은 동방삭도 자칫 황제의 권위에 도전한 신하로 찍힐 수 있는 경우였습니다. 그런데 동방삭은 무제의 명령을 기다리지 않고 고기를 베어 간 행동은 잘못이지만 고기를 한 점밖에 베어 가지 않았고, 또 그 고기는 자신의 아내에게 주었으니 인정 넘친 처사가 아니겠느냐는 재치 있는 답변을 해 위기를 넘겼다고 합니다.

어쨌든 무제가 동방삭을 총애한 만큼, 동방삭은 자신의 뛰어난 재치와 재주를 십분 발휘해 무제를 기쁘게 했습니다. 그중 한 가지가 바로 여기에서 말하고 있는 '갑장'을 만들어준 것입니다. '갑장'이란 본래 '갑을장(甲乙帳)'을 뜻하는 것으로 동방삭이 천하의 온갖 진귀한 진주로 장식하여 무제에게 만들어준 최고급 침실용 장막(커튼)이었습니다. 동방삭은 두 개의 장막을 만들어, 그중 좋은 '갑장(甲帳)'은 신을 모시는 신전(神殿)에 치고, 나머지 '을장(乙帳)'은 무제의 침실에 드리웠다고 합니다.

丙 남녘 병	舍 집 사	傍 곁 방	啓 열 계
甲 갑옷 갑	帳 장막 장	對 대할 대	楹 기둥 영

제왕이 주최하는 연회의 모습

사 연 설 석   고 슬 취 생

肆筵設席하고 鼓瑟吹笙이라.

"돗자리를 펴고 방석을 진열해놓으며, 비파를 뜯고 생황을 분다."

이 문장은 제왕이 궁궐에서 잔치를 베풀어 왕족과 신하, 나라의
원로(元老)와 일반 백성 중 나이 많은 노인들을 위로하는 모습을 표
현한 것입니다. 효(孝)와 충(忠)을 왕권과 나라를 지탱하는 기둥으로
삼았던 고대 중국의 제왕들은 연례행사처럼 이와 같은 잔치를 열었
는데 이 행사는 중요한 국가 의례 중 하나였습니다.

연회를 베풀 때에는 돗자리와 방석을 배열해 신분 질서에 따른
자리 배치를 했습니다. 즉 돗자리[筵, 연]와 방석[席, 석]을 구분하여,
신분이 낮은 사람들은 돗자리에 아무렇게나 자리를 마련했지만, 왕
족과 신하 그리고 원로들에 대해서는 방석을 마련해 신분과 작위에
맞는 대접을 해준 것입니다.

'肆筵設席', '돗자리를 펴고 방석을 진열한다'는 말은 고대 중국의 시가집(詩歌集)인 『시경(詩經)』에 실려 있는 「행위(行葦, 길가의 갈대)」라는 시에 잘 표현되어 있습니다. 한 번 읊어볼까요?

敦彼行葦 牛羊勿踐履 方苞方體 維葉泥泥
戚戚兄弟 莫遠具爾 或肆之筵 或授之几
肆筵設席 授几有緝御 或獻或酢 洗爵奠斝
醓醢以薦 或燔或炙 嘉殽脾臄 或歌或咢

빽빽하게 자란 길가의 갈대를 소나 양이 밟지 못하게 하면
단단히 자라고 나름의 모습을 갖춰 그 잎새 부드럽고 빛이 나네.
정답고 가까운 우리 형제 멀리하지 않고 가깝게 지내면
어떤 사람은 돗자리를 펴고 어떤 이는 방석을 진열하네.
돗자리를 펴고 또 펴고 방석을 진열하며 계속 모시네.
권하고 받으며 술잔 씻어 또 권하네.
온갖 절인 고기 권하며 고기 굽고 간을 지지네.
지라와 머리 고기 아름다운 안주에 노래하고 북 두드리네.

그리고 이 연회의 흥(興)을 돋우는 역할은 비파[瑟, 슬]와 생황[笙, 생]이 하게 됩니다. 고대 중국인들은 귀한 손님이나 반가운 손님을 맞이하는 즐거움을 이 두 악기를 빌어 표현했습니다. 그 좋은 예가 『시경』에 실려 있는 「녹명(鹿鳴, 사슴 울음)」이라는 시입니다.

呦呦鹿鳴 食野之苹 我有嘉賓 鼓瑟吹笙
吹笙鼓簧 承筐是將 人之好我 示我周行

시슴이 우네.
들에서 쑥을 뜯고 있네.
반가운 손님 나를 찾아오니
즐거운 마음에 비파 뜯고 생황 부네.
피리 불고 생황 불며 폐백 든 광주리 바치니
손님이 나를 좋아하여 큰 길을 보여주네.

| 肆 베풀 사 | 筵 자리 연 | 設 베풀 설 | 席 자리 석 |
| 鼓 북 고 | 瑟 비파 슬 | 吹 불 취 | 笙 생황 생 |

'폐하'라는 말은 어떻게 생겨났는가

陛_승階_계納_납陛_폐하니 弁_변轉_전疑_의星_성이라.

"계단을 올라 섬돌로 들어가니, 고깔 움직이는 것을 별인가 의심한다."

궁궐 안에서는 제왕과 신하들이 다니는 길이 달랐습니다. '계(階)'는 궁전으로 올라가는 섬돌로 신하들이 이용하는 곳이고 '폐(陛)'는 궁전 안에 있는 계단으로 제왕만이 오를 수 있는 곳입니다.

'변(弁)'은 신하들이 쓰는 구슬이 달린 관을 말합니다. 관복을 갖춰 입은 수십 명의 신하들이 궁전 앞 계단을 올라가는 사극 드라마의 한 장면을 떠올려볼까요? 계단을 오르는 사람들의 관에 달려 있는 구슬들이 움직임에 따라 출렁이며 햇빛을 받아 번쩍번쩍 빛나는 장면을 생각해보십시오. 하늘에 무수히 떠 있는 별이 연상되시나요? 맞습니다. '陛階納陛하니 弁轉疑星이라', 즉 '계단을 올라 섬돌로 들어가니, 고깔 움직이는 것을 별인가 의심한다'는 말은, 제왕을 만나러 계단을 오르는 수많은 신하들의 관에 달린 구슬이 움직이는 모양이 마치 하늘에 떠 반짝반짝 빛나는 별과 같다고 한 것입니다.

또한 이 문장은 황제만이 사용할 수 있었던 호칭인 '폐하(陛下)'라는 말이 어떻게 생겨났는가에 대한 수수께끼를 풀 수 있는 단서를 가지고 있습니다. 앞에서 '폐(陛)'는 무엇이라고 했나요? 궁전 안에 있는 계단으로 황제만이 오를 수 있는 곳이라고 했지요. 그럼 그 계단 아래에는 누가 있겠습니까? 당연히 신하들이겠지요. '폐하'란 말은 바로 '폐 아래'에 있는 신하들을 뜻하는 것으로, 황제를 감히 대놓고 부를 수 없었던 신하들이 자신들을 '폐 아래에서 황제를 모시는 아랫사람'이라고 부른 데서 생겨난 것입니다.

이 정도 되면 황제가 아닌 뭇 왕이나 제후를 부르는 호칭이었던 '전하(殿下)'에 대해서도 생각이 미치겠지요. '전하'란 신하들이 자신들을 왕이 기거하거나 정사를 보는 '궁전 아래에서 왕을 모시는 아랫사람'이라는 뜻으로 사용했습니다. 폐하나 전하나 별반 다르지 않아 보이겠지만 고대 중국에서는 황제만이 '폐하'라는 호칭을 사용할 수 있었고, 왕이나 제후가 '전하'라는 호칭 대신 '폐하'라는 호칭을 사용할 경우 대역죄(大逆罪)로 처벌되었습니다. 신분 차별이 명백했던 당시 사회에서 자신에게 맞지 않은 호칭을 사용한 사람은 누구를 막론하고 잔인하리만큼 혹독한 처벌을 당해야 했던 것입니다.

陞 오를 승	階 섬돌 계	納 들일 납	陛 섬돌 폐
弁 고깔 변	轉 구를 전	疑 의심할 의	星 별 성

한나라 황실을 이끈 최고의 두뇌 집단

우 통 광 내　　　좌 달 승 명
右通廣內하고 左達承明이라.

"오른쪽은 광내전(廣內殿)으로 통하고, 왼쪽은 승명전(承明殿)으로 통한다."

광내전(廣內殿)과 승명전(承明殿)이란 무엇을 말하는 것일까요? 이것은 한(漢)나라 시대 궁궐의 전각으로, 모두 서적과 기록을 다루는 곳이었습니다. 오른쪽과 왼쪽은 궁궐의 중심이자 황제가 정사를 돌보던 정전(正殿)을 중심으로 하여 광내전과 승명전이 위치한 곳을 가리킨 것입니다. 여기가 구체적으로 무엇을 하는 곳이었는지 한 번 살펴볼까요?

먼저 '광내전'은 황제의 서적 창고였습니다. 한나라 황실은 이곳 말고도 연각(延閣)과 비실(秘室)이라는 서고를 두고서 고적과 문서, 기록 등을 보관했습니다. 그리고 이곳에 보관한 서적들은 외부로 유출되는 것을 철저하게 금지시켰습니다. 정보와 지식의 소유와 독점은 예나 지금이나 권력을 강화하고 백성을 다스리는 주요한 수단이었습니다. 그래서 고대 중국의 황제들은 학문 서적에서부터 병법서 그리고 실용 서적에 이르기까지 천하의 모든 서적과 기록들을 모아 관리하는 일에 매달렸습니다.

'승명전'은 학자들이 저술 활동과 기록 작업을 하던 집필 공간 같은 곳이었습니다. 특히 종이와 인쇄술이 보급되기 이전에는 저술 활동은 물론이고 서적 편찬 역시 대나무와 나무에 학자들이 한 글자 한 글자 필사할 수밖에 없었기 때문에, 승명전은 대단히 중요한 장소였습니다. 정보와 지식을 모아 보관하는 것도 중요하지만, 그 정보와 지식을 유용하고 효과적으로 사용하려면 정리하는 작업과 함께 그것을 토대로 한 새로운 서적들이 많이 나와야 합니다. 승명전은 바로 그런 역할과 작업을 하던 곳이었습니다.

'광내전'과 '승명전'은 한나라 황실이 천하의 모든 지식과 정보는 물론 학자들까지 독점 소유한 곳으로, 황제 권력의 강화와 유지에 중요한 기능을 했습니다. 요즘 식으로 표현하면 이 두 곳은 한나라 황제의 '싱크탱크(Think Tank, 최고의 두뇌 집단)'였던 것입니다.

右 오른우	通 통할통	廣 넓을광	內 안내
左 왼좌	達 통달할달	承 이을승	明 밝을명

나라를 다스리는 기본, 고전과 인재

기 집 분 전   역 취 군 영
旣集墳典하고 亦聚群英이라.

"이미 삼분(三墳)과 오전(五典)을 모으고, 또한 수많은 인재들도 모았다."

고대 중국의 제왕들은 나라와 백성을 다스리고 권력을 유지하기 위해서는 반드시 옛 기록과 문헌 그리고 현명한 선비들을 갖추어야 한다고 여겼습니다. 왜 그랬을까요? 그것은 고전(古典)과 인재(人才) 들이야말로 제왕들에게 왕권(王權) 강화와 부국강병(富國强兵)의 방법은 물론 효율적인 통치 이념과 정책을 만들어주는 기본 재료였기 때문입니다.

『삼분(三墳)』은 삼황(三皇)이 지었다고 전해오는 책을 말합니다. 삼황이 태호(太昊)·염제(炎帝)·황제(黃帝)를 이른다는 사실은 앞에서 말씀드렸지요. 열 번째 이야기에서 태호 복희씨는 동양 철학의 근본을 이루는 팔괘(八卦)의 창조자이고, 염제 신농씨는 농사 기술과 경작 방법을 창조한 농업의 신이며, 황제 헌원씨는 중국 문명과 문화의 창조자라고 했던 것은 기억나시는지요? '삼분(三墳)'이란 이들과 관련되어 있는 서적을 총망라하여 지칭하는 말입니다.

『오전(五典)』은 오제(五帝)가 지었다고 전해오는 책을 말합니다. 오제는 소호(小昊), 전욱(顓頊), 제곡(帝嚳), 요(堯)임금, 순(舜)임금을 말합니다. 신화와 전설이지만, 이들은 황하(黃河)를 중심으로 고대 중국의 역사와 문명을 발전시킨 성군(聖君)들입니다. '오전(五典)'이란 이 시대의 풍속과 문물, 제왕들의 업적과 백성을 교화한 내용과 관련되어 있는 서적을 총망라하여 지칭하는 말입니다.

신화나 전설 속의 제왕들인 삼황오제(三皇五帝)가 직접 서적을 남겼을 리는 없을 테니까, 이 이야기는 고대 중국의 옛 기록과 문헌들에 권위를 더하기 위해 후대 사람들이 만들어낸 이야기일 것입니다. 이쯤에서 흥미로운 이야기를 하나 해드릴까요?

공자(孔子)와 제자백가(諸子百家)들이 출현하기 이전까지, 고대 중국에서는 제왕이 아닌 사람이 자신의 이름으로 서적은 물론이고 기록과 문헌을 남길 수 없었습니다. 모든 기록과 문헌, 서적은 당대 제왕의 이름으로 남겨졌습니다. 그렇게 보면 공자는 개인의 이름으로 저서를 남긴 최초의 중국인이 됩니다. 당시 사회에서 그것이 얼마나 커다란 '문화 혁명'이었을지 한번 상상해보십시오.

'군영(群英)'은 수많은 인재와 현사(賢士, 현명한 선비)를 말하는 것으로, 옛 기록과 문헌, 서적들을 정리하고 연구할 학자 집단을 이르는 단어입니다. '旣集墳典하고 亦聚群英이라', '이미 삼분과 오전을 모으고, 또한 수많은 인재들도 모았다'는, 바로 앞에서 살펴본 내용과 연결되어 있습니다. 즉 광명전(廣內殿)과 승명전(承明殿)을 짓고, 이곳에 삼분·오전과 같은 서적들을 모아놓고 또 연구할 학자들까지 갖췄으니, 이제 나라와 백성을 다스릴 수 있는 근본이 마련되었다는 이야기입니다.

| 旣 이미 기 | 集 모을 집 | 墳 무덤 분 | 典 법 전 |
| 亦 또 역 | 聚 모을 취 | 群 무리 군 | 英 꽃부리 영 |

예순한 번째 이야기 ─────

화마 속으로 사라질 뻔했던
공자 사상의 부활

두 고 종 례   칠 서 벽 경
杜藁鍾隷요 漆書壁經이라.

"두조의 초서와 종요의 예서이고, 옻칠로 쓴 벽 속의 경전이다."

한자의 서체(書體)는 모두 다섯 가지입니다. 전서(篆書), 예서(隸書), 초서(草書), 행서(行書), 해서(楷書)가 그것입니다. 학자들은 중국에서 최초로 한자를 사용한 시기를 대략 6,000년 전쯤으로 봅니다. 그리고 문자로서의 체계를 갖춘 시기는 탕왕이 세운 상(商)나라 중·후기로 약 3~4,000년 전으로 추정하고 있습니다.

한자는 그 형태와 사용법에서 큰 변화를 겪었는데 춘추시대에는 각 제후국마다 글 쓰는 방법은 달랐으나 글자 형태는 구조상 비슷했습니다. 그러나 전국시대에 들어와 한자를 사용하는 사람들이 급격하게 늘면서, 한자는 글자 형태에서 커다란 변화를 겪게 됩니다. 즉 많은 사람이 사용하다 보니까, 보다 쉽게 쓰기 위해 수많은 속자(速字)와 간자(簡字)가 등장하게 된 것입니다. 또 각 제후국들이 자신의 나라 상황에 맞춰 사용하다 보니 한자의 형태 변화가 심하게 일어났습니다. 이에 따라 '말은 소리가 다르고, 문자는 모양이 다른' 혼란스러운 상황이 발생한 것입니다.

그러나 이 혼란 상황은 진시황의 중국 통일에 의해 마무리됩니다. 진시황은 문자의 혼란으로 인한 정치·사회·문화의 분열을 막기 위해 전국시대 각 제후국의 문자를 사용하지 못하도록 금지하고, 오직 진(秦)나라의 소전체(小篆體)만을 사용하는 법령을 만들었습니다. 이 소전체가 바로 '전서'입니다. 그 후 전서는 여러 갈래로 서체 변화를 했는데 여기에서는 한(漢)나라 때 두조(杜操)가 만든 초서(草書)와 조조가 세운 위(魏)나라 시대 종요(鍾繇)가 만든 예서(隸書)를 거론한 것입니다.

'七書壁經', '옻칠로 쓴 벽 속의 경전'은 무엇을 말하는 것일까요? 이것은 공자(孔子)의 집 벽 속에서 나온 서책들을 말합니다. 진시황이 중국 통일 후 승상 이사(李斯)의 상소를 받아들여 '분서(焚書)' 사건을 일으켰다는 사실은 잘 아실 것입니다. 진시황은 법령과 실용서를 제외한 모든 서책을 태워 없앴습니다. 당시 유학자(儒學者)들은 공자의 철학과 사상이 담긴 서적들을 분서로부터 보호하기 위해, 공자 집 벽 속에 『상서(尙書)』 『논어(論語)』 『효경(孝經)』 등을 숨겨놓았습니다.

그렇다면 이 서책들은 어떻게 발견되었을까요? 진나라가 망하고 한(漢)나라가 세워진 후 한참 뒤의 일입니다. 공자의 고향인 노(魯)

나라의 제후왕(諸侯王)이 된 공왕(恭王)이라는 사람이 자신의 궁궐을 넓히려고 공자의 집을 허물었습니다. 이때 벽 속에서 죽간(竹簡)에 옻칠을 하여 쓴 서책들이 발견되었는데 그것이 바로 분서를 피해 유학자들이 숨겨놓은 경전이었던 것입니다. 이들 경전의 발견으로 진시황의 분서갱유(焚書坑儒)로 큰 타격을 입었던 유가(儒家) 사상은 부흥의 기회를 맞았고, 춘추전국시대 각 제후국의 기록과 문자 해독에 큰 발전을 가져왔습니다. 공자의 사상과 철학이 극적으로 회생한 사건이었던 셈입니다.

杜 막을 두	藁 짚고	鍾 쇠북 종	隸 글씨 례
漆 옻칠	書 글 서	壁 벽 벽	經 글 경

제왕을 모시는 관직

<ruby>府<rt>부</rt></ruby><ruby>羅<rt>라</rt></ruby><ruby>將<rt>장</rt></ruby><ruby>相<rt>상</rt></ruby>하고 <ruby>路<rt>노</rt></ruby><ruby>挾<rt>협</rt></ruby><ruby>槐<rt>괴</rt></ruby><ruby>卿<rt>경</rt></ruby>이라.

"관부에는 장수와 정승들이 벌려 있고,
 길 양옆으로는 삼공(三公)과 구경(九卿)이 늘어서 있다."

고대 중국인들은 세상에서 권력과 권세를 가진 사람들을 일컬어 '왕후장상(王侯將相)'이라고 했습니다. 왕후장상은 제왕과 제후 그리고 장수와 정승을 이르는 말입니다. 고대 중국의 신분 질서를 보면, 천자(天子)인 제왕을 피라미드의 정점으로 하여 공경대부(公卿大夫)들이 지배 계급을 이루었습니다. 시대에 따라 차이가 있지만, 이때 공경(公卿)은 제후의 지위를 가진 사람들을 말하고 대부(大夫)는 나라의 큰 벼슬아치(大臣, 대신)를 말합니다.

'府羅將相하고 路挾槐卿이라', '관부에는 장수와 정승들이 벌려 있고, 길 양옆으로는 삼공과 구경이 늘어서 있다'는 말은, 천자가 거처하는 좌우의 관부(官府)에서 장수와 정승들이 일을 하는 모습과 조정 대신들이 다니는 길 양옆으로는 삼공(三公)과 구경(九卿)이 거처하는 곳이 쭉 늘어서 있는 것을 표현한 것입니다. 이것은 모두 황제를 보위하고 있는 신하들의 위세를 표현한 것으로 황제의 막강한 권력과 드높은 세력을 나타내기 위한 것입니다. 여기에서 '괴경(槐卿)'이라는 말은 조정 대신들이 다니는 길의 왼쪽에는 회화나무[槐, 괴] 세 그루를 심어 삼공의 자리를 두고, 오른쪽에는 가시나무 아홉 그루를 심어 구경의 자리를 둔 데서 나온 것입니다.

고대 중국에서 천자는 천하의 완성[天地人, 천지인]을 뜻하는 3이라는 숫자를 배수(倍數)로 하여 점차 내려가는 관직의 구조를 갖고 있었습니다. 예를 들면 가장 높은 관직인 삼공(三公)을 시작으로 하여 그 3배수로 구경(九卿)을 두었습니다. 또 구경(九卿)의 3배수로 27명의 대부(大夫)를, 27명의 3배수로 81명의 원사(元士)를 두었습니다.

府 마을부	羅 벌릴라	將 장수장	相 서로상
路 길로	挾 낄협	槐 회화나무괴	卿 벼슬경

제6강 제국은 무엇으로 이루어져 있는가

'음독(音讀)', 즉 소리 내어 읽는 것은 오래 전부터 내려온 최고의 고전 읽기법입니다.
천자문을 소리 내어 읽으며 그 뜻과 의미를 다시 한 번 되새겨보시기 바랍니다.

도 읍 화 하 　 동 서 이 경
都邑華夏는 東西二京이라.

"중국의 도읍지는 동경(東京)과 서경(西京)이다."

배 망 면 락 　 부 위 거 경
背邙面洛하고 浮渭據涇이라.

"뒤로는 북망산을 두고 앞으로는 낙수를 바라보며,
위수를 위로 띄우고 경수를 움켜쥐고 있다."

궁 전 반 울 　 누 관 비 경
宮殿盤鬱하고 樓觀飛驚이라.

"궁전들이 빽빽하게 들어차 있고,
누관은 새가 날고 말이 놀라 솟구치는 듯하다."

도 사 금 수 　 화 채 선 령
圖寫禽獸하고 畵綵仙靈이라.

"온갖 새와 짐승을 그림으로 그렸고,
신선과 신령한 것들을 곱게 색칠해 그렸다."

병 사 방 계 　 갑 장 대 영
丙舍傍啓하고 甲帳對楹이라.

"신하들이 거처하는 병사(丙舍)는 오른쪽과 왼쪽 양옆으로 나란히 열려 있고,
온갖 진주로 장식한 장막은 두 기둥 사이에 드리워져 있다."

사 연 설 석　　　고 슬 취 생
肆筵設席하고 鼓瑟吹笙이라.
"돗자리를 펴고 방석을 진열해놓으며, 비파를 뜯고 생황을 분다."

승 계 납 폐　　　변 전 의 성
陞階納陛하니 弁轉疑星이라.
"계단을 올라 섬돌로 들어가니, 고깔 움직이는 것을 별인가 의심한다."

우 통 광 내　　　좌 달 승 명
右通廣內하고 左達承明이라.
"오른쪽은 광내전(廣內殿)으로 통하고, 왼쪽은 승명전(承明殿)으로 통한다."

기 집 분 전　　　역 취 군 영
旣集墳典하고 亦聚群英이라.
"이미 삼분(三墳)과 오전(五典)을 모으고, 또한 수많은 인재들도 모았다."

두 고 종 례　　　칠 서 벽 경
杜藁鍾隷요 漆書壁經이라.
"두조의 초서와 종요의 예서이고, 옻칠로 쓴 벽 속의 경전이다."

부 라 장 상　　　노 협 괴 경
府羅將相하고 路挾槐卿이라.
"관부에는 장수와 정승들이 벌려 있고,
길 양옆으로는 삼공(三公)과 구경(九卿)이 늘어서 있다."

난세에
태어난
역사의
주인공

토사구팽의 전형, 한나라 유방

호 봉 팔 현　　　　　가 급 천 병
戶封八縣하고 家給千兵이라.

"여덟 고을을 식읍(食邑)으로 봉하고, 그 가문에는 군사 1,000명을 주었다."

    한(漢)나라를 세운 고조(高祖) 유방은 중국 최초의 평민 출신 황제였습니다. 유방 외에 평민 출신으로 황제가 된 사람은 명(明)나라를 세운 주원장이 유일합니다. 평민 출신인 유방이나 주원장이 숱한 왕족과 명문 귀족 출신의 인재들을 물리치고 황제가 될 수 있었던 까닭은, 충성을 바치고 열과 성을 다해 그들을 보좌한 공신(功臣)들이 있었기 때문입니다.

    유방은 한나라를 개국한 초기, 이들 중 일등 공신들에게 영지(領地)를 분봉해주어 제후왕으로 삼았습니다. 여덟 고을과 군사 1,000명을 주었다는 말은 넓은 영지와 수많은 군사를 하사했다는 이야기지, 꼭 여덟 개의 고을과 병사 1,000명을 주었다는 뜻은 아닙니다. 그 당시 한나라의 황족(皇族)이 아닌 사람으로 제후왕이 된 사람은 모두

194

일곱 명이었습니다. 그들은 초왕(楚王) 한신, 양왕(梁王) 팽월, 회남왕(淮南王) 경포, 조왕(趙王) 장오, 한왕(韓王) 한신, 장사왕(長沙王) 오예, 연왕(燕王) 장도 등이었습니다. 초왕 한신과 한왕 한신은 동명이인인데 우리가 잘 알고 있는 '천하의 명장 한신'은 바로 초왕 한신입니다.

아직 권력 기반이 불안정하고 공신인 제후왕들의 세력이 컸던 한나라 개국 초기, 유방은 이들이 안심하도록 합당한 대우를 해주었습니다. 그러나 권력 안정과 자신이 지닌 군사력에 대한 확신이 서게 된 이후부터, 유방은 이들을 하나하나 제거해나가기 시작합니다. 결국 초왕 한신을 비롯한 여섯 제후왕들은 모두 반란죄로 몰려 유방과 그의 아내 여후(呂后)의 손에 참살을 당하고 맙니다. 오직 장사왕 오예만이 살아남을 수 있었는데 그 이유는 그의 세력이 매우 미약해 그대로 두어도 한나라 황실에 크게 위협이 되지 않았기 때문입니다.

유방은 이들 제후왕을 제거한 다음, 그 자리에 모두 자신의 아들들을 갖다 앉혔습니다. 초왕(楚王) 유교, 제왕(齊王) 유비, 조왕(趙王) 유의, 양왕(梁王) 유회, 회남왕(淮南王) 유장, 오왕(吳王) 유비 등이 그들입니다. 그리고 제후왕과 그 다음 등급인 후작(侯爵)의 신분을 정해놓고, 황족과 모든 공신들을 불러 모은 뒤 충성 맹약을 하게 했습니다. 그 맹약이란 '황족인 유씨가 아니면 제후왕이 될 수 없고, 공신이 아니면 후작에 봉할 수 없다'는 것이었습니다.

'화장실 들어갈 때 마음 하고, 화장실 나올 때 마음이 다르다'는 말이 있지요? 유방의 행동에 딱 들어맞는 말이라고 할 수 있습니다.

결국 유방의 손에 처참하게 살해당한 한신을 비롯한 공신 제후왕들은 권력과 영화를 누리기는커녕, 토끼 사냥이 끝나면 사냥개를 잡아먹는다는 '토사구팽(兎死狗烹)'이라는 고사(故事)만을 남기게 된 셈입니다.

戶 지게 호	封 봉할 봉	八 여덟 팔	縣 고을 현
家 집 가	給 줄 급	千 일천 천	兵 군사 병

하늘 높은 줄 모르는 제후왕의 위세

^{고 관 배 련} ^{구 곡 진 영}
高冠陪輦하고 驅轂振纓이라.

"높은 관을 쓴 사람들이 임금의 수레를 모시고,
수레를 몰 때마다 끈과 술이 휘날린다."

황제에게 영지(領地)를 분봉 받은 제후왕들의 권력과 위세는 어느 정도였을까요? 제후왕들은 황제와는 군신(君臣) 관계였지만, 자신의 영지에서는 황제보다 더한 권력과 위세를 누렸습니다. '高冠陪輦하고 驅轂振纓이라', '높은 관을 쓴 사람들이 임금의 수레를 모시고, 수레를 몰 때마다 끈과 술이 휘날린다'는, 이처럼 큰 권력과 위세를 누린 제후왕이 행차하는 장면을 그린 것입니다.

제후들의 독립 영지와 막강한 권력은 고대 중국 3왕조 시절부터 천자(天子)들에게 가장 큰 골칫거리였습니다. 한(漢)나라 고조(高祖) 유방이 제후왕들을 제거하는 데 큰 노력을 기울인 이유도 분봉 받은 영토를 기반으로 제후왕들이 독립적인 세력으로 성장할 경우, 황제의 권력에 큰 위협이 되었기 때문입니다. 그래서 이왕이면 '한집 식구'라고, 자신의 자식들을 제후왕으로 삼았던 것입니다. 그럼 유방이 걱정했던 문제가 해결되었을까요? 천만의 말씀입니다.

시간이 흐를수록 광활한 영토와 막강한 재물과 군사력을 갖게 된 제후왕들이 황제의 명령이라고 호락호락 말을 들을 리 만무합니다. 유방이 죽고 난 후 5대가 지나 제6대 황제가 된 경제(景帝) 때, 마침내 제후왕들의 대반란 사건이 일어나게 됩니다. 황족인 오왕(吳王) 유비와 초왕(楚王) 유무가 주동이 되어 다섯 제후왕들과 함께 오초칠국(吳楚七國) 연합군을 결성하여 중앙 정부에 반란을 일으켰습니다. 이들이 반란을 일으킨 이유는, 경제의 측근 중 조착(晁錯)이라는 사람이 제후왕들의 영토를 삭감해 그 세력을 약화시키려 한 데 대해 크게 위기감을 느꼈기 때문입니다. 당시 경제는 조착을 죽여 반란 가담에 소극적이었던 제후왕들의 마음을 안심시키는 한편, 주동자인 오왕과 초왕의 배후를 공격해 보급로를 차단하는 전략을 사용해 불과 3개월 만에 '오초칠국 반란 사건'을 진압해버렸습니다.

사마천(司馬遷)은 『사기(史記)』에서, 이 사건을 제후왕들이 교만 방자해져 일으킨 반란으로 평가했습니다. 비록 이 사건은 손쉽게 진압되었으나, 강력한 지역 세력으로 독립한 제후왕과 장수들이 일으킨 중앙의 황제 권력에 대한 반란은 이후에도 끊이질 않았습니다.

高 높을 고	冠 갓 관	陪 모실 배	輦 수레 련
驅 몰 구	轂 바퀴통 곡	振 떨칠 진	纓 갓끈 영

제후들의 배를 불린
작위와 봉록의 세습

世_세祿_록侈_치富_부하니 車_거駕_가肥_비輕_경이라.

"대대로 녹을 받아 크게 부유해지니, 말은 살찌고 수레는 가볍다."

천자(天子)로부터 작위(爵位)와 봉록(俸祿)을 받은 제후왕과 공신(功臣)의 집안은 대를 이어 부귀영화와 권력을 누릴 수 있었습니다. 그 이유는 작위와 봉록이 자자손손 세습되었기 때문입니다. '世祿侈富', '대대로 녹을 받아 크게 부유해진다'는 세습을 통해 제후왕과 공신의 자손들이 큰 권력과 부를 쌓는 것을 말하고, '車駕肥輕', '말은 살찌고 수레는 가볍다'는 가볍고 잘 나가는 고급 수레와 살찐 말을 타고 다니는 제후왕과 공신의 자손들의 과시욕과 위세를 보여주는 말입니다.

이렇듯 작위와 봉록의 세습은 제후왕과 공신의 가문에 황제의 중앙 권력도 감히 어떻게 할 수 없는 막강한 힘을 선물했습니다. 그래서 제후왕과 공신 중 자신들이 다스리는 영지(領地)에서 누린 권력과 힘을 지나치게 믿고 날뛰는 사례가 끊이질 않고 나왔던 것입니다. 이 때문에 황제의 중앙 권력과, 제후왕과 공신들의 지역 권력 간에 갈등과 대립이 일어났고 그 와중에 작위와 봉록을 잃은 이들도 허다하게 나왔습니다.

유방을 도와 한(漢)나라를 세운 공신들 중 가장 윗자리를 차지한 장량(張良, 장자방)의 가문도 그 아들 대(代)에서 작위와 봉록을 박탈당하게 됩니다. 책사(策士)인 장량의 전략과 계책 그리고 지략이 없었다면 유방은 항우와의 전쟁에서 승리하기 힘들었을 것이고, 또한 제후왕들을 제거하고 황제 권력을 강화하는 일도 이루지 못했을 것입니다. 장량은 매우 현명하여 통일 후, 유방이 제(齊)나라 땅에 있는 3만 호(戶)를 봉지(封地)로 하사했으나 이를 거절하고 유후(留侯)의 작위와 봉록만을 챙겼습니다. 자신이 봉지를 받아 독립적인 세력을 이루게 되면, 유방으로부터 의심과 견제를 받을 수 있었기 때문에 이를 거절했던 것입니다.

그러나 장량의 현명함도 그 아들 대에서 끝이 나고 맙니다. 장량이 죽은 후, 작위와 봉록은 그의 아들인 장불의(張不疑)에게 세습됩니다. 장불의는 아버지 장량의 지략과 현명함을 닮지 않았던지, 황제를 모독하는 불경죄를 범해 결국 작위와 봉록을 박탈당하는 패가망신의 길을 밟게 됩니다. 자신의 가문이 이룬 명성과 권력에 대한 과신(過信)이 불러일으킨 참화였습니다.

중앙의 황제 권력을 무시하고 자신의 사욕을 채우기 위해 잔혹

무도하게 권력을 휘두른 제후왕도 적지 않았습니다. 한나라 제7대 황제인 무제(武帝)의 동생인 교서왕(膠西王) 유단은 중앙의 법률을 예사로 어기고, 신하들을 제멋대로 죽였습니다. 이에 무제가 분봉한 영지를 절반으로 줄이자, 아예 정사를 돌보지 않고 궁문(宮門)을 폐쇄해 나라 살림을 거덜 나게 하였습니다. 또 제6대 황제인 경제(景帝)가 '오초칠국의 반란 사건'을 평정한 후, 조왕(趙王)으로 봉한 유팽조는 중앙의 법률을 무시하고 독단적으로 나라를 다스렸으며, 첩과 자식들의 재산을 불려주기 위해 신하와 백성을 갈취했습니다. 또 조왕 유팽조의 태자였던 유단은 자신의 누이들과 성관계를 가질 만큼 문란하고 방탕했습니다. 제후왕들이 자신이 다스린 영지 내에서 행한 포악무도(暴惡無道)하고 잔인한 행위에 대해, 중앙의 황제 권력도 제대로 손을 쓸 수 없었던 것이 당시의 상황이었습니다.

世 인간 세	祿 녹록	侈 사치할 치	富 부자 부
車 수레 거	駕 멍에할 가	肥 살찔 비	輕 가벼울 경

진시황의 비문에 새겨진
유가와 법가의 가르침

策功茂實하고 勒碑刻銘이라.

"공로를 하나하나 따져 실적에 힘쓰게 하고, 비석에 새겨 명문(銘文)을 새긴다."

고대 중국의 제왕들은 나라와 백성에게 큰 업적과 공로를 세운 사람들의 발자취를 기념하는 것을 매우 중요하게 여겼습니다. 왜 그랬을까요? 그들을 본받아 나라와 임금에게 충성하도록 신하와 백성을 교화하고 싶었기 때문입니다. '策功茂實하고 勒碑刻銘이라', '공로를 하나하나 따져 실적에 힘쓰게 하고, 비석에 새겨 명문을 새긴다'는 말은 제왕과 공신들의 업적과 공로를 비문(碑文)에 새겨 영원무궁토록 기리겠다는 소망을 담고 있습니다.

중국에서 이처럼 사람의 행적과 발자취를 돌에 새겨 기리게 된 것은 언제부터였을까요? 그것은 중국 최초의 통일 왕국을 세운 진(秦)나라의 시황(始皇), 즉 진시황 때부터입니다. 통일 후 진시황은 중국 각지를 돌아다니는 '천하 순행'을 무척 즐겼는데 그것은 자신이 이룬 업적과 권력을 과시하기 위해서였습니다. 그래서 그는 들르는 곳마다 '자신의 위대함과 통일 제국의 무궁함'을 기원하는 비석을 세우는 데 열중했습니다. 현재까지 전해오는 진시황의 비석은 모두 여섯 개인데 여기에는 진시황의 업적과 공덕이 새겨져 있습니다.

진시황의 비문은 현재까지 전해오는 중국사 최초의 비문이라는 점에서도 관심을 끌지만, 특히 비문들이 그 내용 작성에 주도적으로 참여한 학자들의 학문과 사상의 입장에 따라 큰 차이를 보이고 있다는 사실이 더욱 흥미롭습니다. 독자들이 배운 교과서적 상식으로 보면 진시황은 분서갱유(焚書坑儒)와 같이 학문, 특히 유학을 탄압하는 데 앞장섰던 인물입니다. 그런데 진시황이 제1차 천하 순행 때 태산(泰山)에 올라 새긴 비문을 자세히 들여다보면, 진시황이 유학을 탄압하는 데 앞장섰다는 사실을 의심케 합니다. 왜냐하면 이 비문에 새겨진 '덕(德)으로 백성을 교화시킨다'는 내용이나 '옛 가르침과 경전(經典)을 널리 보급한다'는 내용 등은 분명 유가(儒家)의 냄새를 진하게 풍기고 있기 때문입니다. 왜 그럴까요? 그것은 이 비문 작성에 주도적으로 참여한 사람들이 옛 춘추전국시대 유학의 중심지였던 노(魯)나라와 제(齊)나라 지역의 유학자들이었기 때문입니다. 노나라는 공자(孔子)의 고향이고 제나라는 노나라와 동쪽으로 국경을 맞대고 있어서 예로부터 유학의 본고장 역할을 했습니다. 그래서 진시황이 제1차 순행 때 새긴 '태산의 비문'은 유가의 정치사상이 뚜렷하게 나타나게 된 것입니다.

반면 낭야대(琅琊臺)에 남긴 비문에는 유가 사상이 아닌, 법가(法家) 사상의 줄기가 뚜렷하게 드러나 있습니다. 법가 사상은 오래도록 진나라가 통치 이념으로 삼았던 것입니다. 법가 사상의 핵심은 '부국강병(富國强兵), 법치(法治), 중농억상(重農抑商), 왕권강화(王權强化), 정치개혁(政治改革)'이라고 할 수 있습니다. 낭야대의 비문에는 '중농억상책'과 백성과 관리들이 지켜야 할 법령과 제도 그리고 풍속의 기준에 관해 명확하게 지적해놓았습니다.

이렇게 보면 진시황이 천하를 통일한 초기부터 유학자들을 탄압하지는 않았다는 사실을 알 수 있습니다. 옛 노나라와 제나라 지역 출신의 유학자들은 통일 제국에서 나름대로 역할과 지위를 가지고 있었던 것입니다. 이들 유학자들은 진나라의 정책 수립 과정에 일정한 발언권과 영향력을 행사하고 있었습니다. 그러나 이들의 정치적 입지는 '분서갱유' 이후 급격하게 위축되었습니다. 재상 이사(李斯)가 주도한 '분서갱유'는 학문과 사상의 다양성이 인정되던 초기 정책이 폐지되고 진나라의 전통적인 통치 이념인 법가가 정치와 사상을 독점하는 상황을 불러왔기 때문입니다. 진시황의 비문은 이렇듯 중국사 최초의 돌에 새긴 문장이라는 의미뿐만 아니라, 진시황의 통치 정책을 엿볼 수 있는 역사적 자료의 역할도 하고 있습니다.

策 꾀 책	功 공 공	茂 무성할 무	實 열매 실
勒 새길 륵	碑 비석 비	刻 새길 각	銘 새길 명

세상을 바꾼 명재상, 이윤과 강태공

磻溪伊尹이 佐時阿衡이라.

"반계와 이윤은, 시기를 도운 여상과 아형이다."

중국 고대 3왕조를 세운 성왕(聖王)들을 기억하시겠지요? 그들은 하(夏)나라의 우왕(禹王), 상(商)나라의 탕왕(湯王), 주(周)나라의 문왕(文王)과 무왕(武王)입니다. 그럼 이들을 보좌하여 나라를 세우는 데 일등 공신(功臣)의 역할을 한 사람들 또한 기억하시겠지요? 우왕은 순(舜)임금으로부터 평화적으로 왕위를 물려받았으니까 예외로 하더라도, 탕왕은 이윤(伊尹) 그리고 문·무왕은 태공망(太公望) 여상(呂尙)의 도움을 받지 못했다면 왕좌(王座)를 차지하기 어려웠을 것입니다. 여기에서 '磻溪伊尹', '반계와 이윤'은 강태공 여상과 이윤을 뜻합니다. 이윤은 '이윤(伊尹)'인데 강태공 여상은 왜 '반계(磻溪)'냐고요? 강태공 여상과 주나라 문왕이 처음 만난 지명이 '반계'입니다.

여상은 '강태공'이라는 별호답게, 상나라 말기 폭군 주왕(紂王)이 다스리는 혼란스러운 세상을 피해 강에서 '미끼도 없이 세월을 낚는 일'을 벗삼아 지낸 사람입니다. 문왕이 그를 찾아갔을 때에도, 여상은 낚시질을 하고 있었는데 그곳이 바로 반계입니다. 여상은 당시 서백(西伯, 서쪽 제후들의 우두머리)이었던 문왕을 도와 주나라 개국의 기반을 만들었고, 또 문왕이 죽고 난 후 무왕을 도와 상나라를 멸망시키고 주나라를 세우는 데 일등 공신의 역할을 했습니다. 이 공로로 여상은 제(齊)나라를 분봉 받아 시조가 되었습니다.

이윤은 이름이 '아형(阿衡)'으로, 요리사 출신의 재상(宰相)으로 유명한 사람입니다. 그는 혼란스러운 세상을 피해 세월을 낚던 강태공과는 달리, 하나라의 마지막 왕인 폭군 걸왕(桀王)의 잔혹한 정치를 고치기 위해 요리사가 되어 궁궐로 들어갔습니다. 그러나 수차례의 간언(諫言)에도 불구하고 걸왕이 잔혹 무도한 정치를 고치지 않자, 이윤은 요리사답게 솥과 도마를 짊어지고 탕왕에게 귀순했습니다.

이윤은 요리하는 방법에 비유하여 나라를 다스리는 방법을 탕왕에게 가르쳤고, 이윤의 유세(遊說)에 감동받은 탕왕은 그를 재상으로 삼았습니다. 이윤은 선(善)과 덕(德)으로 나라를 다스려 천하의 민심이 탕왕에게 기울도록 했고, 이에 때가 무르익자 군사를 일으켜 하나라를 멸망시키고 상나라를 세우는 데 앞장섰습니다.

磻 돌반	溪 시내계	伊 저이	尹 만윤
佐 도울좌	時 때시	阿 언덕아	衡 저울대형

욕심을 버리고 왕을 보좌한 주공

奄宅曲阜하니 微旦孰營이리오.
<small>엄 택 곡 부   미 단 숙 영</small>

"곡부 땅을 어루만져 다스리니,
주공(周公) 단(旦)이 아니면 누가 다스리겠는가."

　'곡부(曲阜)'는 많이 들어보신 이름이지요? 예, 그렇습니다. 곡부
는 공자(孔子)의 출생지로서, 오늘날에도 우리나라 사람들이 많이 찾
는 관광지이지요. 아마 독자들 중에서도 이곳에 다녀오신 분이 꽤 있
지 않을까 싶군요. 지금은 공자 때문에 유명해진 곳이지만 고대 중국
사람들에게 곡부는 주(周)나라 무왕(武王)의 동생으로 어린 조카인
성왕(成王)을 도와, 주나라의 정치적 기틀을 짠 주공(周公) 단(旦) 때
문에 명성을 얻은 고장입니다.

　무왕이 주나라를 세운 후, 천하는 제후들에게 분봉돼 다스려졌
습니다. 이때 제후들은 다섯 등급, 즉 공작(公爵)·후작(侯爵)·백작
(伯爵)·자작(子爵)·남작(男爵)으로 분류되었습니다. 당시 이들 제
후에게 분봉된 제후국이 수백여 개에 달했으며, 그 가운데 큰 제후국

이 55개국이었습니다. 특히 주요 제후국 중 10여 개는 주나라 왕실의 친형제들이 차지했습니다. 이 분봉제후제의 기틀을 짠 사람은 다름 아닌 주공이었습니다. 당시 가장 규모가 큰 제후국은 노(魯)나라와 위(衛)나라였는데 주공은 이 중 노나라를 분봉 받았습니다. 이렇게 해서 주공은 공자의 출생지인 노나라의 시조(始祖)가 되었던 것입니다. 이 노나라의 도읍지가 바로 곡부입니다.

그러나 주공은 개국 초기에 형인 무왕을 도와 천하를 안정시켜야 했고, 더욱이 무왕이 죽고 난 후에는 어린 성왕을 대신하여 주나라를 다스리는 섭정(攝政)을 맡아야 했습니다. 그래서 자신의 제후국인 노나라로 떠나지 못하고, 계속해서 주나라의 도읍지인 호경(鎬京)에 머물러 있을 수밖에 없었습니다. 대신 주공은 자신의 아들인 백금(伯禽)을 노공(魯公)으로 삼아, 노나라에 보냈습니다. 이때 주공이 백금에게 남긴 유명한 말이 있습니다. 독자들이 꼭 한 번 새겨볼 만한 글이라고 생각되어, 여기에서 잠깐 소개하고 넘어가겠습니다.

"나는 주나라 문왕의 아들이요, 무왕의 동생이며, 성왕의 숙부로서 신분과 직위와 권위로 말하자면 세상에서 둘째가라면 서러운 사람이다. 그렇지만 나는 머리를 감다가도 손님이 오시면 머리채를 양손으로 감싸고 맞이하기를 하루에도 세 번씩, 밥을 먹다가도 손님이 오시면 바로 뱉어내기를 하루에 세 번씩, 이렇게까지 하면서 열성을 다했다. 그러면서도 현인을 모시지 못할까 항상 전전긍긍했다. 네가 노나라에 가면 제후랍시고 함부로 사람을 대해서는 안 되느니라."

어떻습니까? 충분히 새겨볼 만한 말이지 않습니까?

섭정을 맡아 주나라를 다스린 지 7년이 지나 성왕이 장성하자, 주공은 성왕에게 권력을 넘겨주고 신하의 위치로 돌아갔습니다. 7년 동안 그는 주나라의 국가 체제인 분봉제후제와 종법제를 완성시켰고, 왕실에 반란을 꾀했던 세력들을 평정하여 주나라를 반석 위에 올려놓았습니다. 이 기반 위에서 제2대 성왕과 제3대 강왕(康王)은 태평성대를 누렸는데 이것은 주공의 충성 어린 노력이 있었기 때문입니다. 그래서 주나라의 천자(天子)들은, 주공에게 생전에 천자에 버금가는 대우를 해주었을 뿐만 아니라 사후에도 천자의 신분에 맞추어 제사와 각종 의례를 지낼 수 있게 해주었습니다. 주공의 노력이 없었다면, 주나라가 개국 초기의 정치적 불안정과 반란 세력의 위험으로부터 왕실을 보존할 수 없었을 것이라고 생각했기 때문입니다.

奄 문득 엄	宅 집 택	曲 굽을 곡	阜 언덕 부
微 작을 미	旦 아침 단	孰 누구 숙	營 경영할 영

춘추오패의 으뜸이라 불리던 환공

桓公匡合하여 濟弱扶傾이라.

^{환 공 광 합} ^{제 약 부 경}

"환공은 천하를 바로잡고 제후들을 끌어모아,
약한 자를 구제하고 기우는 나라를 붙들어주었다."

중국사에서는 주(周)나라가 기원전 770년, 13대 임금인 평왕(平王) 시대에 중국 대륙의 북서쪽에 자리한 유목 민족의 침입을 피해 동쪽으로 수도를 옮긴 때부터 제후국인 진(晉)나라가 한(韓)·위(魏)·조(趙) 세 나라로 나누어지는 기원전 453년까지를 춘추시대(春秋時代)라고 부릅니다. 이 춘추시대에 주(周)나라 왕은 실권(實權) 없는 허울뿐인 천자(天子)였습니다. 이 때문에 중국 대륙은 혼란과 분열, 침략과 정복이 판치는 무법천지가 되었고, 제후들은 언제 주변 강국(强國)의 침략으로 나라를 잃을지 몰라 전전긍긍해야 했습니다. 이것은 모두 제후국 간의 평화와 질서를 잡아주던 주나라 천자의 권력이 쇠약해졌기 때문입니다. 이 같은 혼란 상황에서 천자의 권력을 대신하여 등장한 사람들이 바로 힘과 무력을 앞세워 수많은 제후국들을 제압한 소위 '패자(霸者)'입니다.

춘추시대에는 '패자'로 활약한 사람들이 여럿 있었지만, 이 중 특히 막강한 권력과 뛰어난 능력을 보인 다섯 사람을 일컬어 '춘추오패(春秋五霸)'라고 합니다. 이 춘추오패의 가장 윗자리를 차지하고 있는 사람이 바로 예순아홉 번째 이야기의 주인공인 제(齊)나라 환공(桓公)입니다. 그 뒤를 이어 진(晉)나라 문공(文公), 진(秦)나라 목공(穆公), 초(楚)나라 장왕(莊王), 월(越)나라 구천(勾踐)이 차례로 등장했습니다.

환공은 형제간의 '피비린내 나는 살육전'을 통해 제후가 된 사람입니다. 그의 형인 제나라 제14대 제후 양공(襄公)은 잔인무도한 사람이어서, 형제들은 목숨을 구하기 위해 이웃 제후국으로 도망쳐야 했습니다. 그 후 양공은 동생인 무지(無知)에게 살해되었고, 무지 역시 신하들에게 살해되는 등 제후의 자리를 둘러싼 혼란이 끊이질 않았습니다. 이 상황을 수습하기 위해 제나라의 중신(重臣)들은 당시 거(莒)나라에 피신해 있던 환공을 불러들였고, 이에 마침내 환공은 제나라의 제16대 제후가 될 수 있었습니다.

제후가 된 후, 환공은 '관포지교(管鮑之交)'의 고사로 유명한 재상 관중(管仲)의 보좌를 받아 정치적 안정을 되찾고 내치(內治)에 성공하는 한편 주변 이민족의 침입으로 위협을 받던 연(燕)나라를 구하고, 형(邢)나라와 위(衛)나라를 부흥시키고, 노(魯)나라의 내란을 평정해 외교적으로도 탁월한 역량을 보여주었습니다. 더욱이 왕권(王

權)을 둘러싸고 내란에 빠진 주나라 왕실을 바로잡아 혜왕(惠王)으로부터 제후의 우두머리라는 '백(伯)'의 칭호를 얻는 영광을 누리게 됩니다. 또한 규구(葵丘)에서의 회맹(會盟)를 통해 각국의 제후들에게 '패자'의 지위를 인정받음으로써, 주나라의 천자를 대신하여 중국 대륙을 호령하는 권력을 얻게 됩니다.

환공은 이렇듯 막강한 권력과 위엄을 누렸지만, 그 최후는 매우 비참했습니다. 명재상으로 환공을 보좌해 패업을 이루게 한 관중은, 죽으면서 환공에게 간신인 수조와 역아 그리고 위나라의 공자(公子)인 개방을 죽이거나 멀리하라고 충고합니다. 그러나 자신이 가진 권력의 힘에 취해 있던 환공은 관중의 충언을 대수롭지 않게 여겨 무시했습니다. 결국 이들 세 사람은 관중이 염려했던 대로 반란을 일으켰고 환공은 방에 갇힌 채 굶어 죽었습니다. 그의 시체는 이레가 지나도록 수습하지 못해, 시체에서 나온 구더기가 방 바깥으로 기어 나올 정도였다고 합니다. 그가 죽은 후 제나라는 패자의 지위를 잃게 되었고, 다시는 환공 시대에 누렸던 강대국으로서의 위용을 되찾지 못했습니다.

桓 굳셀 환	公 귀인 공	匡 바를 광	合 모을 합
濟 건널 제	弱 약할 약	扶 붙들 부	傾 기울어질 경

주군이 바라는 현명한 신하, 기리계와 부열

_기 _회 _한 _혜   _열 _감 _무 _정
綺回漢惠하고 說感武丁이라.

"기리계는 한나라 혜제를 제자리로 돌려놓았고,
부열은 상나라 임금 무정을 감동시켰다."

고대 중국의 성왕(聖王)들을 보면, 반드시 그들이 잘못된 길로 빠지지 않도록 도운 현신(賢臣)들이 곁에 있었습니다. '綺回漢惠', '기리계(綺里季)는 한(漢)나라 혜제(惠帝)를 제자리로 돌려놓았다'는, 현인(賢人) 기리계로 인해 혜제가 황제(皇帝)의 자리를 지킬 수 있었다는 뜻입니다.

혜제는 한나라를 세운 유방의 큰아들로서, 한나라 제2대 황제가 되는 사람입니다. 그런데 유방은 혜제가 태자 시절에, 그의 성품이 어질고 나약하다는 이유로 태자의 자리를 박탈하고자 했습니다. 그러나 태자의 성품을 문제 삼은 것은 핑계일 뿐, 유방은 자신이 총애하는 척 부인과의 사이에서 낳은 아들 여의(如意)에게 황제의 자리를 물려주고 싶었던 것입니다. 이 때문에 혜제는 수차례 태자의 직위를 잃을 뻔한 위기 상황을 맞았습니다. 이때 태자를 폐위시키려는 유방의 마음을 결정적으로 돌려놓은 사람이 바로 기리계입니다.

기리계는 소위 '상산사호(商山四皓)' 중 한 사람인데 '상산사호'란 '한나라가 개국하기 전 진시황 때 혼란스러운 세상을 피해 산시 성 상산(商山)에 은둔한 네 사람의 현인'을 말합니다. '사호(四皓)'는 이 네 사람이 모두 눈썹과 수염이 흰 노인들이어서 붙여진 것입니다. 따라서 '기리계가 혜제를 제자리로 돌려놓았다'는 말은, 태자의 자리를 박탈당할 뻔한 혜제를 태자의 자리로 다시 돌아가게끔 했다는 뜻이 됩니다.

'說感武丁', '부열(傅說)은 상(商)나라 임금 무정(武丁)을 감동시켰다'는, 스물세 번째 이야기에 나오는 부열과 상나라 제22대 임금인 무정과 관련되어 있는 것입니다. 무정이 부열을 만난 일은 한 편의 드라마와 같습니다. 무정은 즉위하면서부터, 쇠약해진 상왕조를 부흥시킬 생각에 밤잠을 못 이루었습니다. 그러나 자신을 도울 현신을 얻지 못해, 그 뜻을 이룰 수 없었습니다. 무정의 소망이 얼마나 간절했던지 매일 밤마다 꿈속에서 자신을 보좌할 현인을 만났는데 꿈속에 나타난 이는 '열(說)'이라는 사람이었습니다. 무정은 꿈속에서 만난 현인을 찾고자, 모든 대신과 신하들을 유심히 살펴보았으나 허사였습니다.

그러던 어느 날 무정은 부험(傅險)이라는 장소를 찾게 되었는데 그곳에서 길을 닦고 있던 죄수 신분의 열(說)이라는 사람을 만났습

214

니다. 그를 본 무정은 자신이 꿈속에서 본 바로 그 사람이라면서 이야기를 나누었습니다. 그리고 그가 숨어 있는 현인이라는 것을 알게 되었고, 즉시 자신의 재상(宰相)으로 삼아 상나라를 다스리게 했습니다. 그리고 이때부터 상나라는 태평성대의 치세(治世)를 맞게 되었습니다. 현신 부열의 이름은, 부험(傅險) 땅의 부(傅)를 성(姓)으로 삼았기 때문에 붙여진 것입니다.

| 綺 비단 기 | 回 돌아올 회 | 漢 한수 한 | 惠 은혜 혜 |
| 說 기쁠 열 | 感 느낄 감 | 武 호반 무 | 丁 고무래 정 |

어진 선비들의 절개와 지조

준 예 밀 물　　다 사 식 녕
俊乂密勿하니 多士寔寧이라.

"재주와 덕이 뛰어난 인재들이 힘써 일하니,
수많은 선비가 있어 나라가 평안하다."

앞서 이야기했던 이윤(伊尹), 여상(呂尙), 주공(周公), 관중(管仲), 장량(張良), 기리계(綺里季), 부열(傳說)과 같은 사람들을 얻은 임금은 반드시 왕업(王業, 성왕의 정치)과 함께 그 이름을 역사에 남길 수 있었습니다. 그만큼 천하를 얻고 성군(聖君)의 영광을 누리는 데는 보좌하는 신하의 능력과 현명함이 중요했던 것입니다. 그러나 원래 현사(賢士, 어진 선비)들은 아무나 섬기지 않는 자기 나름의 절개와 지조를 갖추고 있는 사람들입니다. 그들은 언제나 '자신을 진정으로 알아주고, 자신을 진정으로 믿는' 임금을 찾았고, 또한 '자신의 마음에서 진정으로 우러날 때'만 임금을 섬겼습니다. 그래서 한번 섬기기로 결심한 임금에 대해서는 자신이 지닌 모든 재주와 능력을 총동원하여 충성을 다했던 것입니다.

고대 중국인들은 임금을 가르쳐 큰 업적과 이름을 남기도록 노력한 현사들의 명단을 작성하여 후대에 기억하도록 했습니다. 스물다섯 번째 이야기에 나왔던 묵자(墨子)를 예로 들어 설명해보겠습니다. 묵자는 '墨悲絲染', '묵자가 실이 물드는 것을 보고 슬퍼했다'라는 문장을 통해 '사람이 누구에게 물드느냐', 즉 누구에게 가르침과 감화를 받느냐 하는 것이 얼마나 중요한가를 보여주었습니다. 묵자는 역사 속의 인물들을 통해 그 구체적 사례까지 열거해놓았습니다.

　　순(舜)임금은 허유(許由)와 백양(伯陽)에게, 하(夏)나라의 우왕은 고요(臯陶)와 백익(伯益)에게, 상(商)나라의 탕왕은 이윤(伊尹)과 중훼(仲虺)에게, 주(周)나라의 무왕은 여상(呂尙)과 주공(周公) 단(旦)에게 물들었기 때문에 왕업을 이룰 수 있었습니다.

　　또 춘추오패 중 제(齊)나라 환공은 관중(管仲)과 포숙(鮑叔)에게, 진(晉)나라 문공은 구범(舅犯)과 곽언(郭偃)에게, 진(秦)나라의 목공은 백리해(百里奚)와 건숙(蹇叔)에게, 초(楚)나라의 장왕은 손숙오(孫叔敖)와 심윤(沈尹)에게, 월(越)나라의 구천은 범려(范蠡)와 대부종(大夫種)에게 물들었기 때문에 패업(霸業, 제후들의 우두머리)을 이룰 수 있었습니다.

　　묵자는 어진 신하를 만나 제대로 물든 군주들만 예로 들지 않았습니다. 그는 간악한 신하를 만나 자신과 나라를 망친 군주들의 사례도 열거했습니다. 예를 들어 하나라의 걸왕은 간신(干辛)과 추치(推哆)를 만났기 때문에 나라와 왕권을 잃었습니다. 또 상나라의 주왕은 숭후(崇侯)와 악래(惡來)을 만나 처참한 죽음을 당했고, 주나라의 여왕은 괵공장보(虢公長父)와 영이종(榮夷終)에게 물들었기 때문에 왕위에서 쫓겨났습니다. 그리고 주나라의 유왕은 부공이(傅公夷)와 채공곡(蔡公穀)을 만났기 때문에 이민족인 견융(犬戎)의 침입을 받아 살해당하는 운명을 맞게 되었습니다.

어떤 신하를 만나 어떻게 가르침과 보좌를 받느냐에 따라, 군주들의 운명은 이렇듯 엇갈렸던 것입니다.

俊 준걸 준	乂 어질 예	密 빽빽할 밀	勿 말 물
多 많을 다	士 선비 사	寔 이 식	寧 편안할 녕

천하를 제패하기 위한
치열한 외교 전쟁

진 초 경 패 　　 조 위 곤 횡
晉楚更覇하고 趙魏困橫이라.

"진나라와 초나라는 번갈아 제후들의 우두머리가 되었고,
　조나라와 위나라는 연횡책으로 어려움을 겪었다."

　주(周)나라 개국 초기에 제후국에 봉해진 나라만 해도 수백 개에 달했다는 사실은 이미 말씀드렸지요? 또 이 중 큰 제후국이 55개국 정도 되었다는 것도 말씀드렸습니다. 주나라의 권력 기반이 튼튼했던 초기에는 천자(天子)가 제후들의 영토 확장에 대한 욕망과 독립 경향을 통제할 수 있었습니다. 그러나 기원전 770년 주나라 제13대 천자인 평왕(平王)이 북서쪽의 유목 민족에게 쫓겨 도읍지를 호경(鎬京)에서 동쪽의 낙읍(洛邑)으로 옮긴 후부터, 천자의 권력은 쇠약해질 대로 쇠약해져 더 이상 제후국을 통제할 능력이 없게 되었습니다. 이에 제후국들 간에 치열한 세력 다툼과 영토 확장을 위한 정복 전쟁이 자주 일어나게 되었지요. 중국 대륙은 이때부터 진시황의 진(秦)나라가 천하를 통일하기 전까지 550여 년 동안 혼란과 분열, 침략과 정복

전쟁의 참화 속에 놓이게 됩니다. 중국사에서는 이 550여 년의 시간을 한 시대로 묶기도 하고 혹은 두 개의 시대로 나누기도 합니다. 전자의 경우 이 시대는 '춘추전국시대'가 되고, 후자의 경우 이 시대는 '춘추시대'와 '전국시대'로 나누어집니다.

　비록 허울뿐인 소국(小國)의 지위로 전락했지만 천자국인 주나라가 엄연히 존재하고 있었던 시대였기 때문에 '춘추전국시대'를 '동주(東周) 시대'라고도 부릅니다. 주나라가 멸망하지 않고 천자국의 지위를 유지하고 있었기 때문에, 비록 제후가 천하의 권력을 장악했다 하더라도 그는 제왕이 아닌 패자(覇者)의 지위만 가질 수 있었습니다. 패자의 자리는 춘추시대의 수많은 제후국들 중 소위 '강대국 그룹'을 형성하고 있던 진(晉)나라, 제(齊)나라, 진(秦)나라, 초(楚)나라, 오(吳)나라, 월(越)나라 등이 번갈아 차지했습니다.

　'晉楚更覇', '진나라와 초나라는 번갈아 제후들의 우두머리가되었다'는 춘추시대의 '강대국 그룹' 중에서도 특히 진(晉)나라와 초(楚)나라가 가장 막강한 국력과 권력을 가졌음을 언급한 것입니다. 진(晉)나라는 중국 대륙의 북서쪽에 위치하고 있으면서, 서쪽으로는 진(秦)나라를 제압하고 동쪽으로는 중원의 여러 제후국들을 눌렀습니다. 특히 제24대 제후인 문공(文公) 때 가장 왕성한 국력을 자랑했습니다. 반면 초(楚)나라는 중국 대륙의 남쪽에 자리하고 있던 제후국입니다.

　고대 중국인들은 황하를 중심으로 한 중원(中原) 지역만을 중국이라고 여겼습니다. 그래서 중원 지역에 있던 송(宋)·위(衛)·조(曹)·진(陳)·정(鄭)·노(魯)·제(齊)·진(晉)나라 등의 제후국들은 서쪽 변방의 진(秦)나라나 남쪽 변방의 초(楚)나라, 북쪽 변방의 연(燕)나라, 동남쪽 변방의 오(吳)나라와 월(越)나라를 오랑캐라고 하며 업신여겼습니다. 그 때문인지 초(楚)나라는 중원의 제후들이 아무리 막강한 세력을 지니더라도 감히 사용하지 못했던 '왕(王)'이라는 칭호를 버젓이 사용했습니다. 전통적인 중국, 즉 중원의 문화와 역사에 큰 영향을 받지 않았기 때문입니다. 그러나 비록 오랑캐 취급을 받았더라도, 초나라 역시 주나라 천자로부터 작위를 받은 제후국임에는 틀림없습니다. 그 작위란 것이, 초나라의 국력과는 걸맞지 않는 자작(子爵)에 불과했지만 말입니다. 어쨌든 초나라는 남쪽의 강국(強國)으로서 중원의 제후국들을 두려움에 떨게 했습니다. 특히 제22대 제후인 장왕(莊王) 때 가장 왕성한 국력을 과시했습니다. 당시 장왕은 패자(霸者)가 되어 중원의 제후국은 물론 중국 대륙을 호령했습니다.

춘추시대가 끝나고 전국시대가 시작되는 이유에 대해서는 마흔여덟 번째 이야기에서 언급했었지요. 춘추시대의 최강대국이었던 진(晉)나라가 한씨(韓氏)·위씨(魏氏)·조씨(趙氏)라는 세도 가문에 의해 멸망하고, 이들 세 가문이 각각 한(韓)나라·위(魏)나라·조(趙)나라를 세운 기원전 453년을 전국시대가 시작되는 해라고 했습니다. 학자들에 따라서는, 주나라 천자가 이들 세 나라를 제후국으로 정식 승인한 기원전 403년을 전국시대의 시작으로 보기도 합니다. 여하튼

전국시대는 춘추시대와는 전혀 다른 '세력 판도'를 보입니다. 춘추시대에서 전국시대로 넘어오는 동안 멸망한 제후국만 해도 52개국에 달했으며, 전국 7웅(戰國七雄)이라고 불리는 7개 제후국을 제외하고는 모두 명맥만 유지하고 있는 소국으로 전락해버리게 됩니다. 전국 7웅은 제(齊)나라 · 초(楚)나라 · 연(燕)나라 · 진(秦)나라 · 한(韓)나라 · 위(魏)나라 · 조(趙)나라를 말합니다.

특히 전국시대의 세력 판도에서 가장 두드러진 특징은, 서쪽 변방의 진(秦)나라가 제25대 제후인 효공(孝公) 때 상앙(商鞅)이라는 사람을 등용하여 실시한 변법 개혁의 성공을 시작으로 초강대국으로 급부상한 것입니다. 이때부터 진(秦)나라의 영토 확장과 침략을 저지하려는 여섯 제후국들 간에 치열한 외교 전쟁이 벌어지게 됩니다.

이러한 역사적 상황 속에서 등장하게 되는 외교 전략이 바로 '합종책(合縱策)'과 '연횡책(連橫策)'입니다. 합종책은 천자국인 동주(東周) 낙양 출신의 소진이 주창한 것으로, 진(秦)나라에 대항하기 위해 6국(한 · 위 · 조 · 초 · 연 · 제나라)이 정치 · 군사 동맹을 맺는 외교 전략을 말합니다. 이 합종책 때문에 진나라는 15년 동안 중국의 동쪽, 즉 중원으로 진출할 수 없었습니다.

반면 연횡책은 6국의 정치 · 군사 동맹인 합종책을 깨뜨리기 위해 나온 것으로서, 진나라가 6국과 개별적으로 정치 · 군사 동맹을 맺는 외교 전략을 말합니다. 즉 진나라는 6국과 개별적인 외교 관계를 맺어 침략하지 않는다는 조건으로 자신들을 섬기도록 했던 것입니다. 이 연횡책이 성공함으로써, 진나라는 6국 동맹군의 위험에서 벗어날 수 있었던 반면 진나라와 동쪽으로 국경을 맞대고 있던 조(趙)나라와 위(魏)나라 그리고 한(韓)나라는 진(秦)나라의 위세에 눌려 국가 존망을 걱정해야 하는 곤궁한 처지가 되었습니다. '趙魏困橫', '조나라와 위나라는 연횡책으로 어려움을 겪었다'는 말은 바로 이 같은 상황을 지적한 것입니다.

晉 나라 진	楚 나라 초	更 번가를 경	霸 으뜸 패
趙 나라 조	魏 나라 위	困 곤할 곤	橫 가로 횡

일흔세 번째 이야기 ───────

춘추시대를 주름잡은 진^晉나라

가 도 멸 괵   천 토 회 맹
假途滅虢하고 踐土會盟이라.

"길을 빌려 괵나라를 멸망시키고, 천토에서 제후들을 모아 맹세하였다."

춘추시대의 최고 강대국은 진(晉)나라라고 했지요? '假途滅虢
하고 踐土會盟이라'는, 바로 그 진나라의 제19대 제후였던 헌공(獻
公)과 그의 아들인 제24대 제후 문공(文公)에 관한 이야기입니다.

먼저 헌공에 관한 이야기부터 살펴볼까요?

헌공은 제후국인 괵(虢)나라를 정벌해 차지하고자 했습니다. 그
런데 헌공의 군대가 괵나라로 가려면 또 다른 제후국인 우(虞)나라
를 거쳐야 하는 어려움이 있었습니다. 우나라가 헌공의 군대가 지나
갈 길을 빌려주지 않는다면, 괵나라를 정벌하는 것은 불가능한 일이
었습니다. 이로 인해 헌공은 적지 않은 고민을 했습니다. 그런데 당
시 진나라에서 명장(名將)으로 이름을 떨치고 있는 순식(荀息)이 묘
책을 내놓았습니다. 그 묘책은 헌공이 아끼는 보물인 수극의 구슬[垂

棘之璧, 수극지벽]과 명마인 굴산의 말[屈産之乘, 굴산지승]을 우나라의 제후에게 선물로 주어 환심을 산 뒤, 괵나라를 칠 길을 빌리자는 것이었습니다. 그러나 헌공은 보물과 명마가 아까웠던지, 순식의 요청을 거절했습니다. 그러자 순식은 그 보물과 명마는 잠시 우나라 왕에게 빌려주는 것일 뿐이고, 괵나라를 친 다음 다시 우나라를 공격해 헌공의 보물과 명마를 되찾아주겠다고 약속했습니다. 이에 헌공이 승낙하자, 순식은 우나라 제후에게 보물과 명마를 보냈습니다.

우나라 제후는 순식의 예상대로 보물과 명마에 눈이 어두워 앞뒤 상황도 따져보지 않고 헌공의 군대에게 길을 빌려주고자 했습니다. 그런데 당시 우나라에는 궁지기(宮之奇)라는 현명한 신하가 있었습니다. 그는 괵나라와 우나라의 관계는 '입술[脣, 순]과 이[齒, 치]'의 관계와 같다면서 '입술이 없어지면 이가 시리다'며 헌공의 군대에게 길을 내주는 것을 반대했습니다. 독자들이 잘 아시는 '순망치한(脣亡齒寒)'이라는 고사성어는 여기에서 비롯된 것입니다.

그러나 보물과 명마에 이미 눈과 마음을 빼앗긴 우나라 제후에게 궁지기의 충언이 들어올 리 만무했습니다. 결국 우나라 제후는 헌공의 군대에게 길을 빌려주었고, 헌공의 군대를 지휘하여 괵나라를 멸망시킨 순식은 돌아오는 길에 우나라를 공격하여 큰 승리를 거두었습니다. 그리고 우나라 제후에게 뇌물로 주었던 보물과 명마를 빼앗아 와서 헌공에게 바쳤습니다. 이로써 헌공은 괵나라를 얻었음은 물론 우나라를 약화시켰고, 뇌물로 준 보물과 명마까지 차지하게 되었

습니다. '假途滅虢', '길을 빌려 괵나라를 멸망시킨다'는 이를 두고
한 말로서, 우나라 제후처럼 '작은 이득을 얻으려다 정작 큰 손해를
보는 어리석은 사람'을 빗대는 의미도 갖고 있습니다.

　이렇듯 헌공은 숱한 전쟁에서의 승리를 통해 진나라를 강대국으
로 만들었습니다. 그러나 그는 애첩인 여희(驪姬)를 지나치게 총애한
나머지 권력을 둘러싼 피비린내 나는 살육전을 불러일으켰습니다.
헌공은 첫 부인에게서 낳은 신생(申生), 또 다른 두 명의 부인에게서
낳은 중이(重耳)와 이오(夷吾) 그리고 여희와의 사이에서 낳은 해제
(奚齊)와 탁자(卓子) 등의 아들이 있었습니다. 당시 태자는 신생이었
는데 여희는 자신이 낳은 해제를 태자로 삼고자 신생을 모함하여 죽
여버렸습니다. 그리고 중이와 이오마저 죽이려 했는데 두 사람은 이
미 낌새를 눈치채고 도망쳐버렸습니다.

　여희의 바람대로 헌공이 죽은 뒤 해제가 제후 자리에 올랐습니
다. 하지만 얼마 뒤 해제는 신하의 손에 살해되었고, 뒤를 이어 동생
인 탁자가 제후가 되었으나 그 역시 어머니인 여희와 함께 신하들에
의해 살해되고 말았습니다. 진나라의 신하들은 망명 중이던 이오를
데리고 와서 제후의 자리를 잇게 했습니다. 그러나 이오는 재위 15
년 만에 세상을 떠났고, 그의 아들 어(圉)가 다음 자리를 물려받았으
나 1년을 넘기지 못하고 살해당했습니다. 상황이 이렇게 되자, 진나
라의 신하들은 마지막으로 남은 헌공의 아들인 중이를 데리고 와서
제후의 자리에 오르게 했습니다. 이 중이가 바로 문공(文公)입니다.

5대에 걸친 골육상쟁(骨肉相爭) 끝에 비로소 제후 자리에 오른 문공은 빠르게 정치와 민심을 안정시켰습니다. 밖으로는 주나라 왕실의 내란(內亂)으로 제후국인 정나라에 피신해 있던 양왕(襄王)을 도와 천자의 자리를 찾아주었고, 남쪽 오랑캐인 초(楚)나라의 침입으로부터 중원의 제후국들을 지켜주었습니다. 문공은 기원전 632년 초나라를 성복 전투에서 크게 물리친 뒤 각국의 제후들을 모이도록 하는 한편, 주나라 천자 양왕을 불러와 천토(踐土)에서 동맹을 맺었습니다. '踐土會盟', '천토에서 제후들을 모아 맹세하였다'는 이를 두고 하는 말입니다. 이 천토의 회맹을 통해 문공은 명실상부하게 중국 대륙을 호령하는 패자(覇者)가 될 수 있었습니다. 이로써 문공은 역사상 제(齊)나라 환공에 이어 두 번째로 패자가 된 인물로 남게 되었으며, 진나라는 어느 누구도 넘볼 수 없는 국력과 위엄을 누리게 되었습니다.

假 빌릴 가	途 길 도	滅 멸할 멸	虢 나라 괵
踐 밟을 천	土 흙 토	會 모일 회	盟 맹세 맹

법치의 빛과 그늘, 소하와 한비자

何_하遵_준約_약法_법하고 韓_한弊_폐煩_번刑_형이라.

"소하는 간소한 법으로 나라를 다스렸고,
 한비자는 번거로운 형법으로 피폐해졌다."

'하(何)'는 한(漢)나라 시대의 명재상 소하(蕭何)을 두고 하는 말이며, 한(韓)은 전국시대 법가 사상가인 한비자(韓非子)를 가리키는 말입니다. '何_하遵_준約_약法_법하고 韓_한弊_폐煩_번刑_형이라'는, 이 두 사람을 비교하여 법치(法治)의 빛과 그늘을 극적으로 대비하여 놓은 것입니다.

소하는 한신(韓信), 장량(張良)과 함께 한나라 3대 개국 공신으로 불리던 사람입니다. 그는 유방의 책사이자 후방 보급을 총지휘하는 책임을 맡아 항우와의 전쟁을 승리로 이끌었습니다. 또한 당시 유방 군대의 하급 장교에 불과했던 한신의 재능을 알아보고, 그를 유방에게 대장군으로 추천한 사람도 소하였습니다. 유방이 항우와의 전쟁에서 승리하고 천하를 통일한 후, 그는 명재상으로 변신합니다. 특히 소하 같은 명신(名臣)들은 한나라를 오래도록 유지하기 위해, 진시황이 천하를 통일한 후 16년 만에 진(秦)나라가 멸망한 이유를 많이 연구한 듯합니다.

그들이 찾아낸 진나라 멸망의 중요한 이유 중의 하나가, 바로 지나치게 엄격하고 가혹하며 까다로운 진나라의 법령이었습니다. 진나라는 상앙(商鞅)의 변법 개혁 때부터 제자백가(諸子百家) 중 법가(法家)의 사상을 국가의 기본 이념으로 삼아 엄격하고 가혹한 법 적용을 통해 부국강병을 이룬 나라입니다. 분명 법가의 사상은 진나라가 천하를 통일할 수 있는 가장 큰 원동력을 제공했습니다. 그러나 천하를 통일한 후, 진나라의 국가 이념이자 통치 수단인 엄격하고 가혹한 법 적용은 민심과 정치를 불안정하게 하였고, 끝내 전국 각지에서 반란이 일어나 제국이 무너지고 마는 주요한 원인이 되어버렸습니다.

그래서 한나라 개국 후, 소하는 진나라의 엄격하고 가혹하고 까다로운 법령을 모두 없애고 '약법 3장(約法三章)'만 적용해 나라를 다스렸습니다. 약법 3장은, 첫째로 사람을 죽인 자는 사형에 처하고, 둘째로 사람을 다치게 하는 자나, 셋째로 도둑질을 하는 자는 모두 그에 해당하는 형벌을 받도록 한 것입니다. 법을 이렇게 간략하고 관대하게 적용하자, 동요하던 민심은 안정되고 정치는 평안해졌습니다. 후대 사람들은 한나라 황실이 400년을 지속하고 또한 공신과 그 자손들이 하나둘씩 멸문을 당하는 상황 속에서도 소하의 자손들이 오래도록 부귀영화를 누릴 수 있었던 것은, 모두가 소하의 관대하고 인

정 어린 정치의 혜택 때문이었다고 평가했습니다.

여기에서 소하가 법으로 다스리는 정치, 즉 법치의 빛을 대표하는 인물이라면 한비자는 법치의 그늘을 대표하는 인물로 묘사되고 있습니다. 한비자는 전국시대 한(韓)나라의 왕족 출신이었습니다. 그는 전국 7웅(戰國七雄) 중 가장 약소국인 한나라를 부국강병한 나라로 변화시키려고 '법치와 정치 개혁'을 주장한 10여 만 자(字)에 달하는 방대한 글을 썼습니다. 그 책이 바로 『한비자(韓非子)』입니다. 그러나 한나라의 제후왕은 한비자의 진언(眞言)을 받아들일 만한 그릇을 갖추지 못한 사람이었고, 한비자는 오히려 당시 천하 통일의 야망을 품고 있던 진시황의 눈에 띄게 됩니다. 진시황의 계책으로 진(秦)나라에 사신으로 오게 된 한비자는 진시황의 환심을 사지만, 진시황의 측근이자 순자(荀子) 밑에서 한비자와 함께 동문수학한 경험이 있던 이사(李斯)의 질투와 모략 때문에 독살을 당하게 됩니다.

그러나 한비자가 저서 『한비자』에 집대성해 놓은 춘추전국시대 법가 사상과 법치에 관한 내용은 진시황이 천하를 통일하고 나라를 다스리는 데 커다란 역할을 했습니다. 소하의 경우에서 말씀드린 것처럼, 후대 사람들은 진나라가 2대 황제를 넘기지 못하고 16년 만에 멸망한 이유를 엄격하고 번잡한 법률과 잔혹한 법 집행에서 찾았습니다. 그리고 그 같은 법치의 뿌리를 법가 사상, 특히 전국시대 말기 법가를 총정리한 한비자에게서 찾고 싶어 했습니다.

그래서 한비자가 법을 만들어, 세상의 모든 일에 대해 옳고 그른 것을 분명히 하였지만 모두 참혹하고 각박하고 인정이 부족해, 그로 인한 폐해(弊害)가 이만저만한 것이 아니었다고 비판했습니다. '韓弊煩刑', '한비자는 번거로운 형법으로 피폐해졌다'는 이것을 두고 하는 말입니다.

何 어찌 하	遵 좇을 준	約 요약할 약	法 법 법
韓 나라 한	弊 해질 폐	煩 번거로울 번	刑 형벌 형

전국시대를 빛낸 명장들

기 전 파 목　　　 용 군 최 정
起翦頗牧은 用軍最精이라.

"백기와 왕전과 염파와 이목은 용병술이 가장 정확했다."

　　춘추전국시대는 제후국들 간의 침략과 정복 전쟁으로 날을 새던 시대였던 만큼, 병법과 용병술이 무척 발달했습니다. 또한 수많은 명장(名將)이 나타났다 사라진 시대이기도 합니다. '起翦頗牧', '백기와 왕전과 염파와 이목'은 춘추전국시대 중 특별히 전국시대 말기에 크게 이름을 떨친 명장들을 모아놓은 문구입니다. 이들 가운데 백기(白起)와 왕전(王翦)은 진(秦)나라 장수이고, 염파(廉頗)와 이목(李牧)은 조(趙)나라의 장수입니다.

　　백기는 진시황의 할아버지인 진(秦)나라 소양왕(昭襄王) 시대의 사람으로 병법과 용병술의 대가(大家)였습니다. 그는 숱한 전쟁을 승리로 이끌고 한(韓)나라, 조(趙)나라, 위(魏)나라, 초(楚)나라의 땅을 빼앗아 진나라의 영토를 크게 확장시켰습니다. 그는 당시 남쪽의 강대국이었던 초나라의 도읍지인 영(郢)을 점령하여 초나라를 결정적으로 약화시켰을 뿐 아니라, 조나라와 치른 장평(長平) 전투에서는 조나라 군사 40만 명을 생매장시켜 조나라를 회생 불가능하게 만들어버렸습니다. 백기는 훗날 세력가였던 응후(應候)와의 권력 다툼에서 패배하여 자결하게 되었는데 그때 자신이 저지른 40만 명의 생목숨을 매장한 장평 전투에서의 참극을 크게 뉘우쳤다고 합니다.

왕전은 진시황 때의 장수로서 아들 왕분(王賁), 손자 왕리(王離)와 함께 진시황의 '통일 전쟁'에서 큰 공을 세웠습니다. 역사가들은 진시황의 통일 전쟁에서 가장 빛나는 전공(戰功)을 세운 장수 가문으로 왕전의 왕씨 집안과 몽염(蒙恬)의 몽씨 집안을 내세웁니다. 왕전은 뛰어난 용병술과 탁월한 지략으로 여섯 나라를 멸망시켰고, 당시 진시황은 그를 '스승'으로 모시기까지 했습니다. 그러나 왕전은 진시황에게 어진 정치와 민심 안정을 간언(諫言)하지 않고, 오로지 자신과 가문의 부귀영화에 취하여 살다가 죽었습니다. 이 때문에 왕씨 가문의 부귀영화는 3대를 넘기지 못하고 사라지게 됩니다.

진시황이 죽고 제2대 호해 황제가 즉위한 후, 중국 대륙 각지에서 반란이 일어납니다. 진나라의 군대와 항우가 이끈 반란 세력은 거록(鉅鹿)에서 운명을 결정짓는 대전투를 치르게 되는데 이때 진나라 군대를 이끈 장수가 왕전의 손자인 왕리였습니다. 이 거록 전투에서 왕리는 처참하게 패배했고, 결국 항우에게 포로로 사로잡히게 됩니다

염파와 이목은 진나라와 국경을 맞대고 있는 지정학적 조건 때문

에 항상 국가 존망의 위협에 시달려야 했던 조나라를 강성하게 만들기 위해 충성을 다한 장수들입니다.

먼저 염파는 용맹함과 뛰어난 용병술로 각국의 제후들을 두려움에 떨게 한 인물입니다. 조나라가 장평 전투에서 진나라 장군 백기에게 40만 명의 병사를 생매장당한 것도 염파를 대신하여 조괄(趙括)이라는 장수를 총지휘관으로 임명했기 때문입니다. 보루를 쌓고 성문을 굳게 닫아 성을 지킨 염파의 병법을 계속 썼다면 그 같은 참변을 당하지 않았을 것입니다. 염파는 늙어서도 '한 말 가량의 밥과 고기 열 근을 먹고, 갑옷을 입고 말에 뛰어올라 자신이 쓸모가 있음을 보여주는' 용맹함을 잃지 않는 용장(勇將)이었지만, 정적(政敵)들의 시기와 모함으로 더 이상 장수로서 부름을 받지 못하고 탄식 속에서 죽음을 맞아야 했습니다.

이목은 조나라의 북쪽 변방을 지키던 장수로, 당시 크게 위세를 떨친 북방의 흉노족에 맞서 싸워 공을 세운 사람입니다. 그는 특히 병사들을 잘 다루는 재주를 가지고 있었습니다. 이목은 흉노족 10여만 명을 죽이고 북쪽의 여러 유목 민족을 제압했는데 이 때문에 10여년 동안 흉노족은 조나라 국경을 넘어오지 못했습니다. 그 후 조나라의 대장군이 되어 진나라 군대를 여러 차례 크게 쳐부수는 전공(戰功)을 세웠으나, 진나라의 이간책(離間策)에 속은 조나라 왕이 보낸 자객의 손에 죽임을 당하게 됩니다.

백기, 왕전, 염파, 이목은 전국시대 말기를 풍미(風靡)한 명장들이었지만, 한결같이 좋지 않은 최후를 맞이했습니다. 왕전은 비록 자신의 불운은 피할 수 있었지만, 자신의 손자에 이르러 멸문을 당하는 비극을 피하지 못했습니다. '칼로 일어선 자 칼로 망하고, 피로 일어선 자 피로 망한다'는 이야기는 이런 경우를 말하는 것일까요?

| 起 일어날 기 | 翦 자를 전 | 頗 자못 파 | 牧 칠 목 |
| 用 쓸 용 | 軍 군사 군 | 最 가장 최 | 精 정할 정 |

오랑캐를 몰아내고
궁궐에 초상을 남기다

^{선 위 사 막} ^{치 예 단 청}
宣威沙漠하고 馳譽丹靑이라.

"사막에까지 그 위력을 날렸고, 단청으로 얼굴을 그려 명예를 드날렸다."

중국 대륙을 펼쳐보면 사막은 서북쪽 변방에 자리하고 있습니다. 춘추전국시대의 각 제후국이 위치하고 있는 형세로 보면, 서쪽으로는 진(秦)나라와 북쪽으로는 조(趙)나라가 사막을 맞대고 있습니다. 이 진나라와 조나라의 서북쪽 국경 지대 바깥에는 예로부터 끊임없이 중국 대륙을 위협한 용맹한 유목 민족들이 살고 있었습니다. 견융(犬戎), 흉노(匈奴), 선비(鮮卑), 동호(東胡), 임호(林胡) 등은 모두 이들을 가리키는 말입니다. 특히 흉노족은 진시황의 천하 통일 이후 한(漢)나라 시대까지 중국 대륙을 위협해 두려움에 떨게 했습니다.

'宣威沙漠', '사막에까지 그 위력을 날렸다'는 일흔다섯 번째 이야기에 나오는 진나라의 장수 백기와 왕전, 조나라의 장수 염파와 이목은 물론이고 한나라 시대의 장수인 곽거병과 소무, 장건 등이 서역

(西域)으로 진출하고 흉노족을 내쫓아 그 위세와 권위를 사막에까지 떨쳤다는 사실을 말하는 것입니다.

'馳譽丹靑', '단청으로 얼굴을 그려 명예를 드날렸다'는 말은, 한나라 제9대 황제인 선제(宣帝) 때 11명의 공신들의 초상을 그려놓은 기린각(麒麟閣)에 관련된 이야기입니다. 기린각은 한나라 제7대 황제인 무제(武帝)가 성인(聖人)이나 성군(聖君)이 출현하면 나타나는 기린을 포획했다고 하여, 이를 기념하기 위해 지은 장안(長安)의 미앙궁(未央宮) 안에 있던 전각의 이름입니다. 무제의 후손인 선제는 이 기린각에 곽광(霍光)이라는 신하를 비롯한 11명의 공신들의 얼굴을 그려 걸어놓았다고 합니다. 그것도 색이 바래지 않는 단청으로 그려서 그들의 명예가 후세 사람들에게 영원히 기억되게끔 했습니다. 황제가 거처하는 궁궐의 전각에 자신의 초상화가 걸려 있는 셈이니, 당시 그들이 얻은 명성과 명예가 얼마나 대단했을까요?

이때부터 중국인들은 기린각에 초상화를 거는 것을 최고의 출세와 영광으로 여기게 되었습니다. 또 나라의 큰 재목이 될 만한 자질을 갖춘 사람을 일컬어 '기린아(麒麟兒)'라고 불렀는데 거기에는 그 사람이 훗날 나라를 위해 크게 공을 세워 기린각에 초상화를 걸게 될 것이라는 뜻이 담겨 있었습니다.

宣 베풀 선	威 위엄 위	沙 모래 사	漠 아득할 막
馳 달릴 치	譽 기릴 예	丹 붉을 단	靑 푸를 청

제7강 난세에 태어난 역사의 주인공

'음독(音讀)', 즉 소리 내어 읽는 것은 오래 전부터 내려온 최고의 고전 읽기법입니다.
천자문을 소리 내어 읽으며 그 뜻과 의미를 다시 한 번 되새겨보시기 바랍니다.

호 봉 팔 현   가 급 천 병
戶封八縣하고 家給千兵이라.

"여덟 고을을 식읍(食邑)으로 봉하고, 그 가문에는 군사 1,000명을 주었다."

고 관 배 련   구 곡 진 영
高冠陪輦하고 驅轂振纓이라.

"높은 관을 쓴 사람들이 임금의 수레를 모시고,
수레를 몰 때마다 끈과 술이 휘날린다."

세 록 치 부   거 가 비 경
世祿侈富하니 車駕肥輕이라.

"대대로 녹을 받아 크게 부유해지니, 말은 살찌고 수레는 가볍다."

책 공 무 실   늑 비 각 명
策功茂實하고 勒碑刻銘이라.

"공로를 하나하나 따져 실적에 힘쓰게 하고, 비석에 새겨 명문(銘文)을 새긴다."

반 계 이 윤   좌 시 아 형
磻溪伊尹이 佐時阿衡이라.

"반계와 이윤은, 시기를 도운 여상과 아형이다."

엄 택 곡 부   미 단 숙 영
奄宅曲阜하니 微旦孰營이리오.

"곡부 땅을 어루만져 다스리니, 주공(周公) 단(旦)이 아니면 누가 다스리겠는가."

桓公匡合하여 濟弱扶傾이라.
"환공은 천하를 바로잡고 제후들을 끌어모아,
약한 자를 구제하고 기우는 나라를 붙들어주었다."

綺回漢惠하고 說感武丁이라.
"기리계는 한나라 혜제를 제자리로 돌려놓았고,
부열은 상나라 임금 무정을 감동시켰다."

俊乂密勿하니 多士寔寧이라.
"재주와 덕이 뛰어난 인재들이 힘써 일하니, 수많은 선비가 있어 나라가 평안하다."

晉楚更霸하고 趙魏困橫이라.
"진나라와 초나라는 번갈아 제후들의 우두머리가 되었고,
조나라와 위나라는 연횡책으로 어려움을 겪었다."

假途滅虢하고 踐土會盟이라.
"길을 빌려 괵나라를 멸망시키고, 천토에서 제후들을 모아 맹세하였다."

何遵約法하고 韓弊煩刑이라.
"소하는 간소한 법으로 나라를 다스렸고, 한비자는 번거로운 형법으로 피폐해졌다."

起翦頗牧은 用軍最精이라.
"백기와 왕전과 염파와 이목은 용병술이 가장 정확했다."

宣威沙漠하고 馳譽丹靑이라.
"사막에까지 그 위력을 날렸고, 단청으로 얼굴을 그려 명예를 드날렸다."

제8강

드넓은
대륙을
누비다

아홉 개의 주와 백 개의 군으로 이루어지다

구 주 우 적　　　백 군 진 병
九州禹跡이요 百郡秦幷이라.

"구주는 우왕의 발자취이고, 모든 군은 진나라가 아우른 것이다."

'구주(九州)'는 고대 중국의 영토를 말하는 것입니다. 전설에 따르면, 중국 대륙을 아홉 개의 주(州)로 나눈 사람은 황제(黃帝) 혹은 황제의 손자인 전욱(顓頊)이라고 합니다. 그것을 순(舜)임금이 다시 12개 주로 나누었는데 중국 대륙을 휩쓴 대홍수를 다스린 후 우왕(禹王)이 다시 9주로 되돌려놓았다고 합니다.

고대 중국인들은 9라는 숫자를 사용하여, 중국의 영토가 엄청나게 넓고 멀다는 것을 나타내고자 했습니다. 그래서 중국 대륙에는 아홉 개의 평야[九野, 구야], 아홉 개의 고을[九州, 구주], 아홉 개의 산[九山, 구산], 아홉 개의 변방[九塞, 구새], 아홉 개의 습지[九藪, 구수]가 있다고 여겼습니다.

이 중 구주에 대해 한 번 살펴볼까요?

먼저 예주(豫州)입니다. 이곳은 황하(黃河)와 한수(漢水) 사이에 자리하고 있으며, 무왕이 세운 주(周)나라의 영토에 해당한다고 했습니다.

두 번째 기주(冀州)입니다. 이곳은 청하(淸河)와 서하(西河) 사이에 자리하고 있으며, 춘추시대의 진(晉)나라에 해당합니다.

세 번째는 연주(兗州)입니다. 이곳은 황하와 제수(濟水) 사이에 자리하고 있으며, 춘추시대의 위(衛)나라에 해당합니다.

네 번째는 청주(靑州)입니다. 이곳은 중국 대륙의 가장 동쪽에 자리하고 있으며, 춘추시대의 제(齊)나라에 해당합니다.

다섯 번째는 서주(徐州)입니다. 이곳은 사수(泗水)가 흐르는 곳으로 춘추시대의 노(魯)나라에 해당합니다.

여섯 번째는 양주(攘州)입니다. 이곳은 중국 대륙의 동남쪽에 자리하고 있으며, 춘추시대의 월(越)나라에 해당합니다.

일곱 번째 형주(荊州)입니다. 이곳은 중국 대륙의 가장 남쪽에 자리하고 있으며, 춘추시대의 초(楚)나라에 해당합니다.

여덟 번째 옹주(雍州)입니다. 이곳은 중국 대륙의 가장 서쪽에 자리하고 있으며, 춘추시대의 진(秦)나라에 해당합니다.

아홉 번째 유주(幽州)입니다. 이곳은 중국 대륙의 가장 북쪽에 자리하고 있으며, 춘추시대의 연(燕)나라에 해당합니다.

중국의 영토를 구야, 구주, 구산, 구새, 구수로 나타낸 것은, 전국시대 말기 진(秦)나라의 여불위가 3,000여 명의 식객(食客)을 모아 편찬한 『여씨춘추(呂氏春秋)』 중 「팔람(八覽)」편에 나오는 이야기입니다.

앞에서 말한 구주는 주나라를 세운 후 무왕과 주공이 시행한 분봉제후제에서, 각 제후국의 영토를 분할하는 데 기준이 되었을 것입니다. 분봉제후제는 고대 중국의 왕조들이 계속 실시해온 국가의 기본 체제였습니다. 그런데 진시황은 춘추전국시대의 혼란과 분열, 침략과 정복 전쟁의 근본 원인이 이 분봉제후제에 있었다고 판단해, 이 체제를 철저하게 파괴해버립니다. 그리고 전국을 36개의 군(郡)으로 나누어 중앙의 황제가 직접 통치하는 군현제(郡縣制)를 시행합니다. 황제가 직접 통치했다는 것은 군현의 독립성과 자치권을 인정하지 않고, 황제가 손수 임명하고 파견한 관리들에 의해 통치하게 했다는 뜻입니다. 진시황 이후 역대 중국의 황제들은 이 군현제를 통해 황제 권력의 안정과 지방 토착세력들의 발호를 막을 수 있었습니다.

중국 대륙에 군현제를 최초로 실시한 진시황은 전국을 36개의 군으로 나누고 그 아래에 현(縣)을 두었습니다. 이것이 한(漢)나라 시대에 이르러 다시 103군으로 나누어졌습니다. 따라서 여기에서 '백군(百郡)'이란 100개의 군이라기보다는 중국 전역을 뜻하는 상징적인 말이라고 하겠습니다.

九 아홉 구	州 고을 주	禹 임금 우	跡 자취 적
百 일백 백	郡 고을 군	秦 나라 진	幷 아우를 병

하늘과 땅에 올리는 제사

_{악 종 항 대}　　　_{선 주 운 정}
嶽宗恒岱하고 禪主云亭하니라.

"오악은 항산과 대산을 으뜸으로 삼고,
　봉선은 운운산과 정정산에서 주로 한다."

오악(五嶽)은 고대 중국인들이 성스럽게 여겨온, 중앙과 동서남북의 5대 산을 말하는 것입니다. 중앙은 숭산(崇山, 하남성), 동쪽은 태산(泰山, 산동성), 서쪽은 화산(華山, 섬서성), 남쪽은 형산(衡山, 호남성), 북쪽은 항산(恒山, 산서성)이 자리하고 있습니다.

'_{악 종 항 대}嶽宗恒岱', '오악은 항산과 대산을 으뜸으로 삼는다'는 이들 오악 중에서 북쪽의 항산과 동쪽의 대산(岱山)을 종주(宗主)로 여긴다는 뜻입니다. 여기에서 대산은 태산(泰山)을 가리킵니다.

특히 태산은 고대 중국의 황제들이 제위에 오를 때 반드시 올라 하늘에 드리는 천제(天祭)의 의식을 행하던 곳입니다. 고대 중국인들은 천자(天子)는 '하늘의 자식'이라는 글자 뜻 그대로 천명(天命), 즉 하늘의 명령을 받아 인간 세상을 다스리는 존재라고 생각했습니다.

또 천명을 잃은 제왕은 그 나라와 백성도 잃게 된다고 믿었습니다. 이 같은 '천명 이데올로기' 때문에 모든 제왕은 자신은 하늘의 뜻과 명령을 충실히 좇아 나라와 백성을 잘 다스리겠다는 것을 증명이라도 해보이듯이 즉위와 동시에 태산에 올라 하늘에 제사를 올렸던 것입니다. 이렇게 태산에 올라 하늘에 올리는 제사를 '봉(封)'이라고 합니다.

태산에 올라 하늘에 제사를 드린 다음, 제왕은 태산 아래에 있는 양보산(梁父山)으로 가 이번에는 땅에 올리는 제사를 드렸습니다. 땅에 올리는 이 제사를 '선(禪)'이라고 했는데 양보산의 가운데 있는 운운산(云云山)과 정정산(亭亭山)에서 의식을 행했습니다. 이 의식은 땅을 하나처럼 평평하게 고른 다음 제단을 만들고 땅의 공덕에 감사를 드리는 형식으로 치러졌습니다.

'천명'이 황제 권력의 정당성과 그 권위와 위엄을 보장해주었다면, 땅은 황제가 실질적인 권력을 행사할 수 있는 힘과 재물을 제공해주는 가장 막강한 수단이었습니다. 그래서 역대 중국의 제왕들은 하늘과 땅에 대한 숭배와 믿음을 끈질기게 지킬 수밖에 없었던 것입니다.

嶽 산마루악	宗 마루종	恒 항상항	垈 뫼대
禪 터닦을선	主 주인주	云 이를운	亭 정자정

대륙의 변방으로 시선을 돌리다

안 문 자 새　　계 전 적 성
雁門紫塞요 雞田赤城이라.

"안문과 자새가 있고, 계전과 적성이 있다."

안문(雁門)과 자새(紫塞)는 중국 대륙의 북쪽 변방을 가리키는 말입니다. 안문은 중국 대륙의 북쪽에 자리하고 있는 곳으로, 진시황이 정한 36군(郡) 중 하나였습니다. 봄에 기러기가 북쪽으로 돌아갈 때 이곳을 통해 넘어가므로 '기러기가 지나는 관문'이라는 뜻의 '안문'이라는 이름을 얻게 되었습니다.

자새는 땅 이름으로 진시황은 진(秦)나라의 명장 몽염(蒙恬)을 시켜 이곳에 북방 유목 민족의 침입을 막을 수 있는 장성(長城)을 쌓게 했습니다. '자새'라는 이름은 변방의 흙 색깔이 자색(紫色)을 띠고 있었기 때문에 붙여진 것입니다.

계전(雞田)은 중국 대륙의 서쪽에 자리하고 있는 옹주(雍州)에 있는 땅 이름입니다. 옹주가 춘추시대 진나라의 영토에 해당한다는 사실은 일흔일곱 번째 이야기에서 말씀드렸지요? 그래서인지 이 계전은 춘추오패 중의 한 사람인 진나라 목공(穆公)과 관련한 이야기를 남겼습니다. 주(周)나라 문왕(文王)이 암탉을 얻고 왕업(王業, 제왕의 업적)을 이루었듯이, 진나라 목공은 이곳에서 암탉을 얻어 천하를 호령하는 패업(霸業, 제후의 우두머리인 패자가 된 업적)을 이루었다고 합니다. 이 계전 아래에 보계사(寶雞祠)라는 사당이 있는데 진나라는 이곳에서 국가의 가장 중요한 제례(祭禮)였던 교제(郊祭, 제후가 하늘에 올린 제사)를 지냈다고 합니다.

적성은 만리장성 밖의 변방으로 중국 신화에 따르면, 황제(黃帝)와 천하의 패권을 놓고 겨루다 패배한 전쟁의 신 치우(蚩尤)가 살던 곳으로 알려져 있습니다.

이렇듯 계전과 적성 역시 안문과 자새처럼 중국 대륙의 서북쪽 변방에 자리하고 있는 땅 이름입니다. 따라서 '雁門紫塞요 雞田赤城이라', '안문과 자새가 있고, 계전과 적성이 있다'는 중국 대륙의 북쪽과 서북쪽에 위치하고 있는 변방 지역을 이른다고 하겠습니다.

雁 기러기안	門 문문	紫 붉을자	塞 변방새
雞 닭계	田 밭전	赤 붉을적	城 성성

끝이 없는 호수와 강을 따라서

곤 지 갈 석   거 야 동 정

昆池碣石이요 鉅野洞庭이라.

"곤지와 갈석이 있고, 거야와 동정이 있다."

'곤지(昆池)'는 중국 대륙의 서남쪽 운남성(雲南省)에 있는 곤명지(昆明池)를 가리키는 말입니다. 이곳은 중국의 고대 왕조가 천축국(天竺國)이라고 부른 인도로 가는 통로이자 중요한 무역로였습니다. 그런데 여기에는 중국 왕조에 대항하는 이민족 국가인 곤명국(昆明國)이 자리하고 있어, 인도와 중국 간의 왕래와 무역을 자주 방해했습니다. 이에 한(漢)나라 제7대 황제인 무제(武帝)는 곤명국을 토벌하기로 결심하고 수군(水軍)을 조직했습니다. 이때 한나라의 도읍지인 장안(長安)의 서남쪽 근교에 곤명지를 그대로 본떠 만든 인공 호수를 파고 수군들에게 수전(水戰) 훈련을 시켰습니다. 이 인공 호수는 곤명지를 모방해 만들었다고 해서 곤명호(昆明湖)라고 불렀다 합니다.

'갈석(碣石)'은 하북성(河北省)에 있는 갈석산(碣石山)을 가리키는 말입니다. 이 갈석산은 중국 고대 제왕들이 중국 대륙을 돌아보는 순행(巡行)에 자주 등장하는 곳입니다. 예를 들어 하(夏)나라의 우왕은 치수(治水)를 위해 이곳에 들렀고, 한나라 무제 역시 태산(泰山)에 갔다가 이곳 갈석산에 들렀습니다. 또 진시황은 신하들을 보내 갈석산 입구에 자신의 '위대한 공로와 업적'을 기리는 비문을 새기게 했습니다. 이렇게 보면, 갈석산은 고대 중국의 제왕들이 매우 중요시 여겼던 장소 중 하나였다고 짐작해볼 수 있습니다.

'거야(鉅野)'는 태산의 동쪽에 있는 고대 중국의 큰 늪지대를, '동정(洞庭)'은 호남성(湖南省) 북부와 양자강(揚子江) 남안에 위치한 중국에서 두 번째로 큰 담수호(潭水湖)를 말합니다. 이 호수는 '팔백리(八百里) 동정호'라는 말이 있을 정도로 크고 넓은 호수입니다. 얼마나 넓고 컸던지 이 호수를 처음 찾는 사람은 이곳이 호수인지 아니면 강이나 바다인지 헷갈릴 정도였다고 합니다. 동정호는 호수 가운데에 섬이 많아 풍경이 아름답기로 이름이 높았습니다. 더욱이 호수 주변에는 악양루(岳陽樓)를 비롯한 명승고적이 많아 더 큰 유명세를 얻었습니다. 따라서 '昆池碣石이요 鉅野洞庭이라', '곤지와 갈석이 있고, 거야와 동정이 있다'는 고대 중국의 유명한 호수와 산 그리고 늪지대를 가리키는 말이라고 하겠습니다.

昆 맏곤	池 못지	碣 돌갈	石 돌석
鉅 클거	野 들야	洞 골동	庭 뜰정

드넓은 고대 중국의 산천

曠_광遠_원綿_면邈_막하고 巖_암岫_수杳_묘冥_명이라.

"땅이 드넓어 아스라이 멀고,
바위와 산봉우리는 높이 솟고 물은 아득하고 깊다."

'중국' 하면 어떤 이미지가 떠오르나요? 중국을 상징하는 여러 이미지가 있겠지만, 그 대표적인 것 중의 하나가 '대(大, 크다 혹은 많다)' 아닐까요? '중국' 하면 땅덩어리도 크고 인구도 많다는 이미지를 쉽게 떠올릴 수 있기 때문입니다.

'曠_광遠_원綿_면邈_막하고 巖_암岫_수杳_묘冥_명이라', 즉 '땅이 드넓어 아스라이 멀고, 바위와 산봉우리는 높이 솟고 물은 아득하고 깊다'는 말은 이렇듯 큰 땅덩어리를 가진 중국을 나타내고자 한 것입니다.

고대 중국인들은 이처럼 드넓고 아스라이 먼 중국의 땅덩어리를 '9(九)'라는 숫자로 표현하기를 좋아했습니다. 이미 앞에서 말씀드렸지요? 그들은 드넓은 벌판에는 구야(九野)가 있고, 땅에는 구주(九州)가 있고, 산에는 구산(九山)이 있고, 변방에는 구새(九塞)가 있으며,

늪지대에는 구수(九藪)가 있다고 여겼습니다. 또한 고대 중국의 땅덩어리의 크기를 동서(東西)로는 2만 8,000리, 남북(南北)으로는 2만 6,000리, 물길은 8,000리라고 했고, 이름이 널리 알려진 강만 600개요, 내륙으로 흘러들어가는 물길만 6,000개이며, 작은 강의 숫자까지 따진다면 그 수가 1만 여 개를 넘는다고 했습니다.

이것은 전국시대 말기 진(秦)나라 여불위가 편찬한 『여씨춘추(呂氏春秋)』에 나오는 기록이니까, 현재 중국의 영토보다 훨씬 작은 규모라고 할 수 있습니다. 그러나 우리가 살고 있는 한반도의 크기가 동서(東西)로 3,000리라는 것을 생각한다면, 그 엄청난 크기에 놀랄 만하지 않나요?

曠 빌 광	遠 멀 원	綿 이을 면	邈 멀 막
巖 바위 암	岫 묏부리 수	杳 아득할 묘	冥 어두울 명

광활한 평원에 씨를 뿌리다

치 본 어 농　　　　무 자 가 색
治本於農하여 務玆稼穡이라.

"정치는 농사를 근본으로 하니, 바로 심고 거두는 일에 힘쓰게 한다."

춘추전국시대의 제자백가(諸子百家)는 모두 농업을 자신들의 정치 철학의 근본으로 삼았지만 그 내용에 있어서는 큰 차이를 보였습니다. 유가(儒家)의 맹자(孟子)는, 임금은 백성이 농업을 생활의 근본으로 삼도록 가르쳐야 한다고 했습니다. 그는 백성이 자신의 생계를 유지할 수 있는 일정한 생업(生業)을 갖고 있어야 나라와 임금, 부모와 형제, 스승과 친구들에게 변함없는 마음을 가질 수 있다고 주장했습니다. 그래서 경지(耕地)를 정리하고 땅을 공평하게 배분하는 정전(井田) 개혁이야말로 사랑[仁, 인]과 올바름[義, 의]으로 나라를 다스리는 왕도정치(王道政治)를 실현하기 위한 필수 불가결한 요소라고 생각했습니다.

법가(法家) 역시 농업을 정치의 근본이라고 주장했습니다. 그러나 그들은 농업을 왕도정치가 아닌 부국강병(富國强兵)의 수단으로 여겼습니다. 법가들은 농업과 전쟁에만 온 힘을 집중하는 '농전국가 (農戰國家)'를 이상적인 국가 모델로 삼았습니다. 이는 미개척지를 개간하고 농업 생산력을 높여 부국(富國)을 이루고, 또 나라의 경제 력을 바탕으로 강한 군대를 길러 이웃 나라를 침략·정복하는 데 국 가와 백성의 역량을 총동원하는 것입니다. 법가들은 이 목표를 이루 기 위해 백성이 오직 농업에만 전념하도록 하고, 상공업에 종사하는 백성에게 큰 불이익과 처벌을 가했습니다.

제자백가 중에는 유가와 법가처럼 크게 명성을 얻은 학파들도 있 지만, 거의 알려져 있지 않은 학파도 수두룩합니다. 이들 가운데 농 가(農家)라는 학파가 있습니다. 농가는 농업을 중시하고 농경에 힘써 의식주를 자급자족해야 한다고 주장했습니다. 특히 이들은 임금도 백성과 똑같이 직접 농사를 짓고, 손수 밥을 지어 먹으며 나라를 다 스려야 한다고 여겼습니다. 이들에게 이상적인 사회란 '자급자족하 는 농업 공동체'를 말하는 것입니다.

앞에서 언급한 세 학파의 주장을 비교해보면 '治本於農하여 務茲稼穡이라', 즉 '정치는 농사를 근본으로 하니, 바로 심고 거두 는 일에 힘쓰게 한다'는 말도 각자의 사상과 정치철학에 따라 크게 달라질 수 있음을 알 수 있습니다.

治 다스릴 치	本 근본 본	於 어조사 어	農 농사 농
務 힘쓸 무	茲 이 자	稼 심을 가	穡 거둘 색

노래를 부르며 농사를 짓다

^{숙 재 남 무} ^{아 예 서 직}
俶載南畝하니 我藝黍稷하니라.

"남쪽 이랑에서 일을 시작하니, 나는 기장과 피를 심었네."

유가(儒家)에서 사서삼경(四書三經)의 하나로 삼아 경전 취급하는 책 중에 『시경(詩經)』이라는 것이 있습니다. 이 책이 공자가 편찬한 고대 중국의 노래 모음집, 즉 민요집(民謠集)이라는 사실은 앞에서 말씀드렸지요? 농경 사회의 민요에 농사와 관련된 내용이 많이 등장하는 것은 당연한 일입니다. 『시경』도 예외는 아닙니다.

'俶載南畝하니 我藝黍稷하니라', '남쪽 이랑에서 일을 시작하니, 나는 기장과 피를 심었네'는 바로 『시경』에 나오는 농사와 관련된 노래, 즉 농요(農謠)라고 할 수 있습니다.

먼저 '俶載南畝', '남쪽 이랑에서 일을 시작하네'는 『시경』 중 「소아(小雅)」편에 나오는 '대전(大田, 드넓은 밭)'이라는 시의 한 구절입니다.

大田多稼 旣種旣戒
旣備乃事 以我覃耜
俶載南畝 播厥百穀
旣庭且碩 曾孫是若

드넓은 밭에 농사지으리. 씨앗 고르고 농구 찾아

농사 준비하고 예리한 보습 들고 들에 나가니

남쪽 이랑에서 일을 시작하여 온갖 곡식 씨 뿌리니

싹은 곧고 크게 자라네. 증손자가 이에 순해지네.

그리고 뒤의 '我藝黍稷(아예서직)'은 『시경』 중 「소아」편에 나오는 '초자
(楚茨, 무성한 찔레꽃)'라는 시의 한 구절입니다.

楚楚者茨 言抽其棘
自昔何爲 我蓺黍稷
我黍與與 我稷翼翼
我倉旣盈 我庾維億
以爲酒食 以享以祀
以妥以侑 以介景福

빽빽하고 무성한 찔레꽃, 그 찔레꽃 없앤 것은

예로부터 무엇하는 것인가, 나는 기장과 피를 심었네.
내 기장은 무성하고 내 피도 잘 자라네.
내 창고 가득하고 내 노적가리* 산처럼 쌓였네.
술 빚고 음식 만들어 잔 올리고 제사지내
시동이 술 올리니 큰 복 더욱 크게 하네.

* 한데에 수북이 쌓아 둔 곡식 더미.

俶 비로소숙	栽 실을 재	南 남녘 남	畝 이랑 무
我 나 아	藝 심을 예	黍 기장 서	稷 피 직

제8강 드넓은 대륙을 누비다

'음독(音讀)', 즉 소리 내어 읽는 것은 오래 전부터 내려온 최고의 고전 읽기법입니다.
천자문을 소리 내어 읽으며 그 뜻과 의미를 다시 한 번 되새겨보시기 바랍니다.

구 주 우 적　　　　백 군 진 병
九州禹跡이요 百郡秦幷이라.

"구주는 우왕의 발자취이고, 모든 군은 진나라가 아우른 것이다."

악 종 항 대　　　　선 주 운 정
嶽宗恒垈하고 禪主云亭하니라.

"오악은 항산과 대산을 으뜸으로 삼고,
봉선은 운운산과 정정산에서 주로 한다."

안 문 자 새　　　　계 전 적 성
雁門紫塞요 雞田赤城이라.

"안문과 자새가 있고, 계전과 적성이 있다."

곤 지 갈 석　　　　거 야 동 정
昆池碣石이요 鉅野洞庭이라.

"곤지와 갈석이 있고, 거야와 동정이 있다."

_{광 원 면 막} _{암 수 묘 명}
曠遠綿邈하고 巖岫杳冥이라.
"땅이 드넓어 아스라이 멀고,
바위와 산봉우리는 높이 솟고 물은 아득하고 깊다."

_{치 본 어 농} _{무 자 가 색}
治本於農하여 務玆稼穡이라.
"정치는 농사를 근본으로 하니, 바로 심고 거두는 일에 힘쓰게 한다."

_{숙 재 남 무} _{아 예 서 직}
俶載南畝하니 我藝黍稷하니라.
"남쪽 이랑에서 일을 시작하니, 나는 기장과 피를 심었네."

법과 제도, 사상을 정비하다

여든네 번째 이야기 ─────

백성을 위한 맹자의 세제 개혁

세　숙　공　신　　　　　권　상　출　척
稅熟貢新하고 勸賞黜陟이라.

"익은 곡식에 세금을 매기고 새로운 것을 공물로 바치며,
타이르고 상 주면서 내치기도 하고 올려주기도 한다."

맹자(孟子)는 이상적인 정치 모델로 여겼던 '왕도정치(王道政治)'
를 실현하기 위한 수단으로, 여든두 번째 이야기에서 잠깐 언급했던
'토지 개혁'과 함께 두 가지를 더 주장했습니다. 그 하나가 '도덕 교
육'이고, 다른 하나는 '세제 개혁'입니다.

맹자는 토지 개혁을 통해 경작지의 공평한 배분을 실시하고자 했
고, 세제 개혁으로는 각각의 경작지에 대해 시행할 '공정한 세금의
기준'을 정해놓고자 했습니다. 그럼 맹자가 생각한 공정한 세금의 기
준은 무엇이었을까요?

맹자는 중국 고대 3왕조인 하(夏)나라와 상(商)나라 그리고 주
(周)나라의 사례를 들어 그 기준을 제시합니다. 그는 하나라 왕조는
백성에게 땅 50묘(五十畝)를 주고 공법(貢法)이라는 조세 징수 제도

에 의해 세금을 내게 했고, 상나라 왕조는 백성에게 땅 70묘(七十畝)를 주고 조법(助法)이라는 조세 징수 제도에 따라 세금을 내게 했으며, 주나라 왕조는 백성에게 땅 100묘(百畝)를 준 뒤 철법(徹法)이라는 조세 징수 제도에 따라 세금을 내게 했다고 했습니다. 그리고 이들 세 나라의 조세법은 조금씩 달랐지만, 모두 수확물의 10분의 1을 세금으로 내게 한 것이라고 설명했습니다.

하나라에서 실시한 공법은 여러 해 동안 평균 수확량을 비교한 후, 그 평균 수확량을 조세의 기준으로 삼은 것입니다. 이 법은 풍년이 들건 흉년이 들건 상관하지 않고 이 평균 수확량에 따라 세금을 징수해 갔으므로, 특히 흉년이 들어 생계가 위태로워질 경우 백성에게 큰 원성과 불만을 샀습니다.

상나라에서 실시한 조법은 백성이 공전(公田)에서 함께 농사를 짓도록 한 후, 그 수확량에 대해 세금을 매기는 제도입니다. 이 법에 따르면 백성은 공전의 수확물 중 일정량을 세금으로 내게 됩니다.

주나라에서 실시한 철법은 백성이 함께 논밭을 갈고 수확물을 거두어 균등하게 나눈 후, 그렇게 나눈 수확물의 일정량에 대해 세금을 매기는 제도입니다. 이 법에 따르면 세금은 조법과 달리 개개인에게 매겨지게 됩니다.

맹자는 고대 중국의 현인(賢人)인 용숙(龍叔, 용자)의 말을 빌려, 군주가 농지(農地)를 다스릴 때 상나라의 조법보다 좋은 것이 없으며 또한 하나라의 공법보다 나쁜 것이 없다고 했습니다. 이렇게 보면 맹자가 귀족들의 토지 사유와 세습제를 반대하고, 정전(井田) 혹은 공전으로의 개혁을 통해 토지의 공유제를 시행하고자 한 것을 알 수 있습니다.

稅 거둘 세	熟 익을 숙	貢 바칠 공	新 새 신
勸 권할 권	賞 상줄 상	黜 물리칠 출	陟 오를 척

삶의 바탕과 올곧음을 보여준
맹자와 사어

<ruby>맹<rt>맹</rt></ruby> <ruby>가<rt>가</rt></ruby> <ruby>돈<rt>돈</rt></ruby> <ruby>소<rt>소</rt></ruby>

孟軻敦素하고 **史魚秉直**이라.

"맹가는 바탕을 두텁게 하였고, 사어는 올곧음을 끝까지 지켰다."

    '맹가(孟軻)'에서 '가(軻)'는 맹자(孟子)의 이름입니다. 맹자는 유학의 본고장이라고 할 수 있는 공자(孔子)의 고향 노(魯)나라와 이웃하고 있는 추(鄒)나라 출신입니다. 이 추나라는 노나라에 종속되어 있던 나라로서, 노나라의 풍속과 문화의 영향력 아래 놓여 있었습니다. 그래서 공자와 그 제자들이 주창한 유가(儒家)의 학설과 사상이 노나라만큼 유행하던 곳입니다.

    맹자는 공자가 사망한 후 100여 년이 지난 기원전 372년에 태어났습니다. 따라서 맹자는 공자로부터 직접 배운 적이 없습니다. 일부 학자들은 그가 공자의 손자인 자사(子思)의 제자라고 주장하는데 이 수상은 많은 학사로부터 외면당하고 있습니다. 맹자가 '공자 → 증자(曾子) → 자사'로 이어지는 유가의 정통 학맥을 계승하고 있는 것은 분명하지만, 자사가 사망한 년도를 기원전 402년경으로 추정하는데 어떻게 그 후에 태어난 맹자를 가르칠 수 있느냐는 이야기입니다. 따라서 맹자는 자사의 제자라기보다는 자사 사후, 자사학파의 문하생으로 들어와 유학을 공부했다고 보는 편이 정확하다는 것입니다. 어쨌든 맹자는 비록 자사학파의 문하생으로 유학 공부를 시작했지만, 이 학파의 공부 수준을 훨씬 뛰어넘어 유가의 창시자인 공자를 사숙(私淑)하고, 공자에 버금가는 아성(亞聖)의 지위를 얻게 됩니다.

이처럼 맹자의 업적이 후세에 높이 평가받는 이유는 맹자가 공자 사후 아무도 오르지 못한 수준까지 유가의 사상과 철학을 끌어올렸기 때문입니다. 그리고 맹자가 이 같은 학문적 성취와 사상적 지위를 얻게 된 것은, 인간으로서나 학자로서나 그 소양(素養, 바탕)이 두터웠기 때문입니다. '孟軻敦素', '맹가는 바탕을 두텁게 하였다'는 이것을 두고 이르는 말입니다.

그럼 사어(史魚)는 누구일까요? 여기에서는 맹가와 사어를 비교해놓았지만, 사실 두 사람은 아무 관련이 없습니다. 사어는 춘추시대 영공(靈公)이 지배하던 위(衛)나라의 대부(大夫)입니다. 위나라는 제후국을 봉한 주(周)나라 초기에 노나라와 함께 가장 큰 규모를 자랑한 나라였습니다. 그러나 나라의 풍속과 문화가 매우 음란 방탕하여 국력은 날로 쇠약해졌고, 영공이 제후 노릇을 하기 훨씬 이전부터 이미 소국(小國)으로 전락해 있었습니다. 실제로 공자는 정(鄭)나라와 함께 위나라의 문화와 풍속을 매우 미워하였는데 그 이유 역시 앞에서 밝힌 바와 같습니다.

영공의 시대 역시 위나라의 공실(公室, 제후의 집안)은 음란 방탕과 권력 다툼으로 얼룩져 있었습니다. 당시 사어는 대부의 신분으로 숱하게 영공에게 올바른 정치를 직간(直諫)하였는데 특히 거백옥(遽伯玉)이라는 신하를 가까이 하고 미자하(彌子瑕)를 멀리하라고 하였습니다. 그러나 영공은 사어의 충언(忠言)을 귀담아듣지 않았고 결국 사어는 죽음을 맞게 되었습니다.

그런데 사어는 죽으면서 자식들에게 세상 사람이 깜짝 놀랄 만한 유언을 남겼습니다. 사어는 자신이 살아서는 현명한 신하인 거백옥을 영공에게 등용시키지 못했고 또 간악한 신하인 미자하를 내쫓지 못했다면서, 자신의 시체를 거적에 말아서 묻고 빈소도 차리지 말라고 하였습니다. 대부라는 신분으로 최고의 벼슬을 살았던 사어가, 자신의 장례를 일반 백성의 장례만도 못하게 치르라고 하였으니, 당시 위나라 사람들이 놀라 자빠질 만하지 않았겠습니까?

사어의 유언은 빠르게 세상 사람들에게 퍼져 나갔고 결국 영공의 귀에도 들어가게 되었습니다. 그래도 영공은 아주 막가는 사람은 아니었던지, 사어의 유언을 전해 듣고 자신의 잘못을 뉘우칩니다. 그리고 사어의 빈소를 차려 대부의 신분에 걸맞은 장례를 치르게 하고, 거백옥을 등용하여 재상으로 삼고 미자하는 멀리 쫓아내버렸습니다. 후대 사람들은 이 '사어의 유언 사선'을 일러 '시체가 되어서도 군주에게 직간하였다'고 하여 '시간(屍諫)'이라고 부르며, 사어의 올

곧은 마음을 높게 평가하였습니다.

사어와 동시대를 살았던 공자는 훗날 이 '시간 사건'에 대해 말하면서, 사어는 나라가 잘 다스려질 때에도 화살처럼 곧게 나아갔고 또 나라가 어지러울 때에도 화살처럼 곧게 나아갔다고 했습니다. 공자는 사어를 통해, 제자들에게 어떤 상황과 어려움에 처하더라도 올바른 말과 행동을 지켜야 한다는 점을 가르치고자 한 것입니다. '史魚秉直', '사어는 올곧음을 끝까지 지켰다'는 바로 이 '사어의 유언 사건'을 두고 한 말입니다.

孟 맏 맹	軻 수레 가	敦 도타울 돈	素 흴 소
史 역사 사	魚 물고기 어	秉 잡을 병	直 곧을 직

치우치거나 기울지 않고
지나치거나 모자람이 없다

서 기 중 용
庶幾中庸이면 勞謙謹勅이라.
노 겸 근 칙

"중용에 가까워지려면, 부지런히 일하고 겸손하고 삼가고 경계해야 한다."

유가(儒家)학파의 정통 학맥이 '공자(孔子) → 증자(曾子) → 자사 (子思) → 맹자(孟子)'로 계승되었다는 사실은 바로 이전 이야기에서 말씀드렸지요? 공자의 뒤를 이은 증자는, 공자의 직계 제자로서 유 학의 13경전(十三經典) 중 하나인 『효경(孝經)』의 저자입니다. 자사 는 이 증자의 제자이자 공자의 손자입니다. 공자에게는 자신보다 먼 저 세상을 떠난 백어(伯魚)라는 아들이 있었는데 자사가 바로 백어의 아들입니다. 여기서 자사는 자(字)이고 이름은 공급(孔伋)입니다. 이 렇게 보면, 자사는 공자 가문의 대(代)를 잇는 장손(長孫)이었던 셈입 니다. 그리고 자사가 가문의 대뿐만 아니라 학문의 대까지 이었으니, 공자는 손자 하나는 정말로 잘 두었던 셈입니다.

사람들은 왜 자사를 두고 유가의 정통 학맥을 계승했다고 할까요? 그것은 그가 지었다고 전하는 『중용(中庸)』을 보면 금방 이해할 수 있습니다. 이 책은 공자의 사상을 가장 압축적으로 보여주고 있습니다. 전체가 109자밖에 안 되는 짧은 글이지만 유가의 근본 철학이 응축되어 있습니다. 그래서 훗날 남송(南宋) 성리학(性理學)의 태두인 주희(朱熹, 주자)는 『예기(禮記)』의 한 편(篇)이었던 『중용』을 『대학(大學)』과 함께 따로 뽑아내어 사서(四書, 논어 · 맹자 · 중용 · 대학)로 삼았습니다. 비록 『예기』가 유가 사상을 총망라한 백과사전이고 오경(五經) 중의 하나로서 유가학파에서의 지위야 말로 표현할 수 없을 정도로 높지만, 『중용』을 단지 『예기』의 한 편으로 남겨놓기에는 그것의 사상적 가치가 너무나 훌륭했기 때문이었습니다.

그럼 자사가 『중용』을 통해 나타내고자 한 공자 사상의 핵심은 무엇이었을까요? 그것은 소위 '중용(中庸)의 도(道)'라는 것입니다. 여기에서 '중(中)'은 치우치거나 어느 한쪽으로 기울지 않으며 지나치거나 모자람이 없는 것을 말하며 '용(庸)'은 항상 존재하는 이치로서 결코 바뀌지 않는 도리를 말합니다. 다시 말하자면 '치우치거나 어느 한쪽으로 기울지 않으면서도 결코 지나치거나 모자람이 없는 상태로서 모든 유학자가 추구하는 결코 바뀔 수 없는 이치'가 바로 중용(中庸)입니다. '중용'이라는 말의 뜻풀이만으로도, 그것이 얼마나 실천하기 힘들고 또 이루기 힘든 것인가를 짐작하고도 남습니다.

'庶幾中庸이면 勞謙謹勅이라', '중용에 가까워지려면, 부지런히 일하고 겸손하고 삼가고 경계해야 한다'는 바로 중용을 실천하고 이루는 길이 얼마나 험난한 것인가를 단적으로 보여주는 글입니다. 부지런히 일하고 겸손하고 삼가고 경계해야 하는 일을 실천하는 것도 보통 일이 아니건만, 이렇게 해도 단지 중용에 가까워지는 것일 뿐 중용을 이룬 것은 아니니 말입니다.

庶 무리 서	幾 거의 기	中 가운데 중	庸 떳떳할 용
勞 힘쓸 로	謙 겸손할 겸	謹 삼갈 근	勅 경계할 칙

음악으로 현실과 미래를 예측한 사마천

<ruby>聆<rt>영</rt></ruby><ruby>音<rt>음</rt></ruby><ruby>察<rt>찰</rt></ruby><ruby>理<rt>리</rt></ruby>하고 <ruby>鑑<rt>감</rt></ruby><ruby>貌<rt>모</rt></ruby><ruby>辨<rt>변</rt></ruby><ruby>色<rt>색</rt></ruby>이라.

"소리를 듣고 이치를 살피며, 모양을 보고 낌새를 가려낸다."

사마천(司馬遷)하면 역사가라는 생각이 먼저 떠오르지요? 그렇다면 사마천이 살았던 당시에도 사람들은 그를 역사가라고 생각했을까요? 아닙니다. 고대 중국 왕조에서 사관(史官)들은 단순히 역사를 기록하는 일만 하지 않았습니다. 그들에게 맡겨진 더 중요한 일은 천문(天文)과 역법(曆法) 그리고 제례(祭禮) 의식을 관장하는 일이었습니다. 그들은 중국 고대 국가와 왕조의 제도와 문물을 총체적으로 관리하던 사람들이었습니다. 따라서 사마천은 요즘식의 전문적인 역사가는 결코 아니었습니다. 아니 그 당시는 역사가라는 개념 자체가 아직 생겨나지 않았던 시대였습니다.

특히 사마천과 같은 사관의 우두머리는 일흔여덟 번째 이야기에서 언급했던 봉선(封禪, 하늘과 땅에 올리는 황제의 제사) 의식을 총지휘하는 막중한 역할을 했습니다. 그래서 제례의식에 사용하는 예(禮, 의식 절차)와 악(樂, 음악과 무용)에 정통해야 했습니다. 물론 사마천도 예와 악에 정통한 사람이었습니다. 아니, 당시 그는 중국 고대 국가와 왕조의 예악(禮樂) 문화를 한눈에 꿰고 있던 거의 유일한 사람이었습니다. 어떻게 그것을 확인할 수 있냐고요? 그것은 사마천이 남긴 저서인 『사기(史記)』의 「8서(八書)」 중 '예서(禮書)와 악서(樂書)'을 살펴보기만 해도 쉽게 알 수 있습니다.

여기에서는 이 여든일곱 번째 이야기의 주제와 관련이 있는 '악서(樂書)'에 대해서만 잠깐 말씀드리겠습니다. 이 '악서'는 중국 역사상 가장 오래된 음악 이론서라고 할 수 있습니다. 사마천은 여기에서 음악을 통해 한 개인과 나라의 앞날을 예측할 수 있다고 했습니다. 서양 음악에 '도레미파솔라시도'라는 음(音)이 있는 것처럼 동양 음악에 '궁상각치우(宮商角徵羽)'라는 음(音)이 있다는 사실은 학교에서 배웠을 것입니다. 사마천은 바로 이 궁상각치우로 한 개인과 나라의 현실과 앞날을 예측할 수 있다고 여겼습니다. 한번 살펴볼까요?

먼저 궁음(宮音)은 임금을 상징합니다. 이 궁음이 어지러우면 음악은 산만해지는데 이로써 그 나라의 군주가 거만하고 포악하다는 것을 알 수 있습니다. 상음(商音)은 신하를 상징합니다. 이 상음이 혼란스러우면 음악은 사악함이 가득한데 이로써 그 나라의 신하들이 부패하다는 것을 알 수 있습니다. 각음(角音)이 혼란해지면 음악은 근심이 가득한데 이로서 백성이 원한과 분노에 가득 차 있다는 것을 알 수 있습니다. 치음(徵音)이 혼란스러우면 음악은 슬프고 애달파지는데 이로써 백성이 짊어진 부역(賦役, 나라가 백성에게 부과하는 강제 노동)의 고통이 막중함을 알게 됩니다. 우음(羽音)이 혼란해지면 음악은 위기감이 가득한데 이로써 개인과 나라의 재물이 바닥나 궁핍함을 알 수 있습니다. 마지막으로 이 5음(五音)이 모두 혼란스러우면 음악은 서로 배척하고 충돌을 일으키는데 이로써 개인과 국가의 멸망이 눈앞에 닥쳐왔음을 알게 됩니다.

그리고 사마천은 오음이 모두 혼란스러워 멸망한 나라와 백성의 역사적 사례를 춘추시대의 정(鄭)나라와 위(衛)나라에서 찾았습니다. 이렇듯 고대 중국에서 음악(音樂)은 단순한 노래가 아니라 한 개인과 국가의 현실을 바라보고 그 앞날을 정확하게 내다볼 수 있는 거울과 같은 존재였습니다.

'聆音察理하고 鑑貌辨色이라', '소리를 듣고 이치를 살피며, 모양을 보고 낌새를 가려낸다'는 바로 이를 두고 이른 것이라 하겠습니다.

聆 들을 령	音 소리 음	察 살필 찰	理 이치 리
鑑 거울 감	貌 모양 모	辨 분별할 변	色 빛 색

성인과 현인의 가르침을 후세에 전하다

_{이 궐 가 유}　　　_{면 기 지 식}
貽厥嘉猷하고 勉其祇植하라.

"그 아름다운 계책을 주니, 공경히 심기에 힘써라."

'가유(嘉猷, 아름다운 계책)'를 주는 사람은 누구일까요? 맹자(孟子)의 입을 빌어 한번 알아보겠습니다. 맹자는 자신이 지은 저서 『맹자(孟子)』에서, 고대 중국인들이 현인(賢人) 또는 성인(聖人)이라고 추앙하는 네 사람이 후대 사람들에게 무엇을 물려주었는지를 평가했습니다. 그 네 사람은 중국 고대 3왕조 중 상(商)나라의 명재상 이윤(伊尹), 상나라 말기와 주(周)나라 초기의 은둔 현인 백이(伯夷), 춘추시대 말기 노(魯)나라의 현신(賢臣) 유하혜(柳下惠) 그리고 유가(儒家)의 창시자인 공자(孔子)입니다.

먼저 이윤은 탕왕을 도와 상나라를 세운 사람입니다. 그는 "누구를 섬긴들 임금이 아니며, 누구를 다스린들 백성이 아니겠는가?"라고 하면서 세상이 잘 다스려져도 벼슬을 하였고, 세상이 어지러워도 벼슬을 하며 정치에 참여했습니다. 그는 하늘이 백성을 세상에 내보낼 때 먼저 깨달은 사람으로 하여금 뒤늦게 깨달은 사람을 깨우치게 했다면서, 자신은 이들 백성 중 먼저 깨달은 사람으로서 세상을 다스리는 막중한 책임을 스스로 맡고 나선 사람이라고 했습니다. 맹자는 이 모습을 두고 "이윤은 성인 중 책임감이 가장 우수하다"라고 말했습니다.

백이는 상나라 말기 폭군 주왕(紂王)이 세상을 다스리던 때, 고죽국(孤竹國)이라는 나라에서 제후의 장자(長子)로 태어났지만 제후의 부귀영화를 사양하고 은둔한 사람입니다. 그는 은둔해 살면서 세상이 맑아지기를 기다려 다시 돌아오고자 했으나, 무왕(武王)이 상나라의 폭군 주왕을 정벌하고 주나라를 세우자 주나라에서 나는 곡식은 먹지 않고 수양산(首陽山)에서 고사리만 캐먹고 살다 굶어 죽었습니다. 그는 올바르지 않은 것은 보지 않았고, 올바르지 않은 소리는 듣지 않았고, 올바른 임금이 아니면 섬기지 않았고, 올바르지 않은 백성은 다스리지 않았습니다. 맹자는 이를 두고 "백이는 성인 중 청렴결백함이 가장 뛰어났다"라고 말했습니다.

유하혜는 춘추시대 말기 노나라 사람입니다. 그는 공자와 동시대를 산 인물로서, 오늘날까지 '도적의 대명사'로 전해오는 '도척(盜蹠)'의 친형이기도 합니다. 도척은 살아 있는 인간의 생간을 꺼낼 정도로 악랄했는데 공자가 그를 훈계하러 가자 그 자리에서 생간을 씹어 먹으면서 공자를 위협했다는 일화는 유명합니다. 그런데 동생인 도척과는 달리 형 유하혜는 공자마저도 존경하던 당대의 현인이었습니다.

그는 보잘것없고 비열한 임금이라도 부끄러워하지 않고, 낮은 벼슬자리라도 사양하지 않고 최선을 다했습니다. 벼슬에 나아가서는 자신의 재주와 능력을 최대한 발휘하면서도 정당하지 않은 방법은 사용하지 않았습니다. 어려운 처지에 빠져도 근심하지 않고, 도리를 모르는 시골 사람들과 함께 있어도 자연스럽고 너그럽게 대했습니다. 그래서 당시 노나라 사람들 중 아무리 도량이 좁고 박정한 사람이라도 유하혜를 대하면 그 잘못을 깨달았습니다. 맹자는 이를 두고 "유하혜는 성인 중 중용과 조화의 기질이 가장 뛰어났다"라고 했습니다.

그럼, 자신의 학문적 스승이자 정신적 지주였던 공자는 어떻게 평가했을까요? 독자들의 짐작대로, 맹자는 공자는 이 세 사람의 뛰어난 점만을 한데 모아 집대성한 사람이라고 했습니다. 맹자가 보기에 공자는 인간의 경지를 넘어섰던 모양입니다. 책임감, 청렴결백함, 중용과 조화의 기질은 인간으로서 어느 한 가지도 실천하기 버거운 덕목이라고 할 수 있습니다. 그런데 이 세 가지 덕목 모두를 한데 모아놓은 인물이라니, 어떻게 인간이라고 할 수 있겠습니까?

어쨌든 맹자는 '貽厥嘉猷^{이 궐 가 유} 하고 勉其祗植^{면 기 지 식} 하라', 즉 ' 그 아름다운 계책을 주니, 공경히 심기에 힘써라'는 말 속의 '가유'를 책임감, 청렴결백함, 중용과 조화의 기질로 보았다고 할 수 있겠습니다.

貽 줄 이	厥 그 궐	嘉 아름다울 가	猷 꾀 유
勉 힘쓸 면	其 그 기	祗 공경 지	植 심을 식

명재상 손숙오의 가르침

^{성 궁 기 계}　　　　^{총 증 항 극}
省躬譏誡하고 寵增抗極하라.

"자신의 몸을 살피고 경계하며,
　임금의 총애가 더할수록 그 마지막을 걱정하라."

　춘추시대의 패자(覇者) 중 뛰어난 인물 다섯 명을 일컬어 '오패
(五覇)'라고 한다는 사실은 이미 말씀드렸지요? 이 오패 중 세 번째
로 꼽는 인물이 춘추전국시대 당시 중국 대륙 남쪽의 강대국이었던
초(楚)나라의 장왕(莊王)입니다. 그러나 장왕은 즉위 초 수렵(狩獵)과
무용(武勇)을 너무 좋아해 통 정사를 돌보지 않았습니다. 그러나 손
숙오(孫叔敖)라는 현자(賢者)를 재상으로 등용한 이후에는, 나라 안
팎의 정치에 힘써 불과 3년 만에 중국 대륙을 호령하는 패자가 될 수
있었습니다. 후대의 중국 학자나 사상가들은 손숙오가 낮과 밤을 가
리지 않고 쉴 새 없이 노력한 덕택에 장왕이 비로소 패자가 될 수 있
었다면서, 초나라가 손숙오를 만난 것을 행운이라고 했습니다.

　손숙오를 유명하게 만든 것은 이 뿐만이 아닙니다. 그는 초나라

의 정사를 담당하는 최고 벼슬인 영윤(令尹)의 자리에 세 번이나 올라서도 기뻐하지 않았고, 또 세 번이나 영윤의 자리에서 물러나면서도 언짢아하지 않았습니다. 오로지 자신의 할 일에 전념했을 뿐 부귀영화나 권력에 대한 욕심을 갖지 않았기 때문입니다. 오히려 그는 죽음 직전까지 자신이 가진 부귀영화나 권력을 경계하고 두려워했습니다. 이런 사실들이 그를 더욱 현명한 사람으로 유명하게 만든 것입니다. 특히 죽음을 앞두고 그가 아들에게 남긴 유언과 관련한 이야기는 고대 중국의 선비들이 오래도록 기억한 듯합니다.

손숙오는 임종이 가까워지자 자신의 아들을 불러 부귀영화와 권력을 경계하라면서 "혹시 왕이 너에게 봉지(封地)를 주려고 하면, 절대로 기름진 땅을 받지 마라. 다만 초나라와 월(越)나라 중간에 '침(寢)'이라는 그다지 높지 않은 산지(山地)가 있는데 그 땅은 기름지지도 않고 그다지 좋지도 않다. 그래서 누구도 그 땅을 바라지 않는다. 오래도록 지닐 수 있는 땅은 그곳 이외에는 없으니, 그 땅을 봉지로 받아라" 하고 유언했습니다.

손숙오가 죽자, 그의 유언대로 왕은 손숙오의 아들에게 좋은 땅을 주고자 했습니다. 그러나 손숙오의 아들은 아버지의 유언대로 좋은 땅을 사양하고 '침' 지역의 구릉(丘陵) 지대를 봉지로 받았습니다. 그 후 숱한 왕권의 교체와 권력 투쟁 속에서 좋은 땅을 차지한 귀족과 신하들은 그 땅 때문에 목숨을 잃고 멸문의 재앙을 만났습니다. 그러나 손숙오의 후손들만은 오래도록 땅을 유지한 채 가문의 맥을 이을 수 있었습니다.

　이렇게 보면 손숙오야말로 '省躬譏誡 하고 寵增抗極 하라', 즉
'자신의 몸을 살피고 경계하며, 임금의 총애가 더할수록 그 마지막을
걱정하라'는 말을 몸소 실천한 현인이었던 셈입니다.

省 살필 성	躬 몸 궁	譏 나무랄 기	誡 경계할 계
寵 고일 총	增 더할 증	抗 겨룰 항	極 다할 극

노자와 장자의 정치철학

태 욕 근 치   임 고 행 즉
殆辱近恥하니 林皐幸卽하라.

"위태로움과 욕됨은 치욕에 가까우니, 숲이 우거진 언덕으로 나아가야 한다."

아흔 번째 이야기는 제자백가(諸子百家) 중 도가(道家)를 대표하는 두 사람, 즉 노자(老子)와 장자(莊子)에 관한 것입니다. 오늘날 우리들은 '도가' 하면 세상을 등진 은둔의 철학이나 속세의 삶을 던져 버리고 신선(神仙)의 삶을 추구하는 사상 정도로 이해하고 있지만, 노자와 장자와 동시대를 산 춘추전국시대의 사상가들은 이들의 철학을 정치철학으로 이해하고 있었습니다.

이 같은 사실은 춘추전국시대의 현실 정치에 가장 직접적이고 깊게 관여하고 있던 법가(法家)들을 통해 확인할 수 있습니다. 춘추전국시대 법가 사상을 총망라하여 집대성한 『한비자(韓非子)』는 노자의 밀 하나하나를 인용하여, 그것을 징지직으로 해석하고 비평합니다.

'殆辱近恥', 즉 '위태로움과 욕됨은 치욕에 가깝다'는 말은 '한 개인과 나라가 위태로워지고 굴욕을 당하는 사건의 시작을 추적해 보면, 항상 만족할 줄 모르는 욕망과 허황한 명성을 좇아 무도(無道)한 짓을 일삼는 데 있다'는 의미입니다. 이 말을 다시 노자의 입을 빌어 풀어보자면 '만족할 줄 알면 욕됨과 부끄러움을 당하지 않고, 머무를 줄 알면 위태로운 상황에 빠지지 않는다'는 것입니다. 그런데 한비자(韓非子)는 노자의 말의 정치적 의미를 '위태로움과 부끄러움을 당한다고 해서 만족 이상의 일을 바라지 않는 사람은 노자뿐이며, 민중을 만족하게 하면 잘 다스려질 것이라고 생각하는 것은 민중을 모두 노자와 같이 여기는 것'이라며 노자를 비판합니다. 다시 말해 한비자는 인간의 끝없는 욕망을 탓하고, 그 욕망을 통제하고 억제하고자 한 노자의 정치철학을 비판한 것입니다.

한비자는 오히려 백성에게 노력하면 부자가 되고, 업적을 쌓으면 벼슬이 올라가 출세를 하며, 잘못을 저지르면 벌을 받고, 공로를 세우면 상을 받도록 해 특혜와 불로소득을 감히 생각하지 못하도록 하는 것이 현실 세계를 다스리는 올바른 정치라고 주장합니다. 즉 한비자는 백성의 욕망을 탓하고 그것을 억압할 것이 아니라, 백성의 부귀영화와 권력에 대한 현실적인 욕망을 인정하고 그 불공평과 부당함을 바로잡는 것이 더 올바른 정치라고 본 것입니다. 어떤 정치가 더 현실적인가에 대한 판단은 독자들의 몫으로 남겨두겠습니다.

'林皋幸卽', '숲이 우거진 언덕으로 나아가야 한다'는 말은 장자의 말입니다. 이 말의 의미는 세상에서의 삶과 출세란 항상 위태로움과 욕됨 그리고 치욕에 가까이 있으니, 부귀영화와 권력에 대한 욕망을 버리고 숲이 우거진 언덕으로 가 자연과 벗하고 즐기며 사는 것이 어떠냐는 것입니다. 이 말 또한 장자보다 2,000여 년 후대의 사람인 우리들은 세상의 삶과 욕망을 버리고 자연 속에서 숨어 살라는 것이라 해석하지만, 장자와 동시대를 산 사상가들은 부귀영화와 권력에 대한 욕망만을 좇으면 위태로움과 욕됨 그리고 치욕을 당하기 쉬우니 항상 우주와 자연의 이치와 도리를 좇아 욕망을 다스리고 억제하며 살라는 뜻으로 해석했습니다.

어떻습니까? 노자와 장자를 정치철학자 혹은 정치사상가로 보는데 공감하시나요?

殆 위태할 태	辱 욕될 욕	近 가까울 근	恥 부끄러울 치
林 수풀 림	皐 언덕 고	幸 다행 행	卽 나아갈 즉

제9강 법과 제도, 사상을 정비하다

'음독(音讀)', 즉 소리 내어 읽는 것은 오래 전부터 내려온 최고의 고전 읽기법입니다.
천자문을 소리 내어 읽으며 그 뜻과 의미를 다시 한 번 되새겨보시기 바랍니다.

세 숙 공 신　　권 상 출 척
稅熟貢新하고 **勸賞黜陟**이라.

"익은 곡식에 세금을 매기고 새로운 것을 공물로 바치며,
타이르고 상주면서 내치기도 하고 올려주기도 한다."

맹 가 돈 소　　사 어 병 직
孟軻敦素하고 **史魚秉直**이라.

"맹가는 바탕을 두텁게 하였고, 사어는 올곧음을 끝까지 지켰다."

서 기 중 용　　노 겸 근 칙
庶幾中庸이면 **勞謙謹勅**이라.

"중용에 가까워지려면, 부지런히 일하고 겸손하고 삼가고 경계해야 한다."

영 음 찰 리 　　　감 모 변 색
聆音察理하고 鑑貌辨色이라.
"소리를 듣고 이치를 살피며, 모양을 보고 낌새를 가려낸다."

이 궐 가 유 　　　면 기 지 식
貽厥嘉猷하고 勉其祗植하라.
"그 아름다운 계책을 주니, 공경히 심기에 힘써라."

성 궁 기 계 　　　총 증 항 극
省躬譏誡하고 寵增抗極하라.
"자신의 몸을 살피고 경계하며,
임금의 총애가 더할수록 그 마지막을 걱정하라."

태 욕 근 치 　　　임 고 행 즉
殆辱近恥하니 林皐幸卽하라.
"위태로움과 욕됨은 치욕에 가까우니,
숲이 우거진 언덕으로 나아가야 한다."

제10강

맑고
향기로운
군자의 삶

소광과 소수, 권력을 미련 없이 버리다

_{양 소 견 기}   _{해 조 수 핍}
兩疏見機하니 解組誰逼이리오.

"소광과 소수 두 사람은 낌새를 알아차리고,
도장끈을 풀었으니 누가 핍박하겠는가."

  '양소(兩疏)'는 두 사람의 소씨(疏氏), 즉 소광(疏廣)과 그 조카인 소수(疏受)를 일컫는 말입니다. 이들은 한(漢)나라 제9대 황제인 선제(宣帝) 때 사람입니다. 두 사람은 당대의 유명한 학자로서, 태자를 가르치는 스승이었습니다.

  소광과 소수가 벼슬을 살았던 당시의 한나라는 황실의 권력 투쟁으로 한 치 앞을 내다보기 어려운 정치적 상황 속에 있었습니다. 그 혼란의 시작은 제7대 황제이자 선제의 증조할아버지인 무제(武帝) 때로 거슬러 올라갑니다. 무제는 신하 강충(江充)이 주도한 '무고(巫蠱) 사건'으로 황태자인 여태자(戾太子)를 죽이게 됩니다. 그 후 무제(武帝)가 죽자, 8살의 어린아이인 소제(昭帝)가 황제의 자리에 오르게 됩니다. 당시 8살의 어린 황제를 대신하여 정사를 독단한 신하가 있었는데 그가 바로 곽광(霍光)입니다. 곽광은 일흔여섯 번째 이야기의 기린각(麒麟閣)에 등장하는 인물입니다. 곽광은 소제가 즉위한 지 8년째인 기원전 80년, 소제의 형인 연왕(燕王) 단(旦)의 반란을 기회 삼아 자신의 정적(政敵)들을 죽이고 한나라의 권력을 완전히 장악하게 됩니다. 그리고 소제가 죽은 후, 황위 계승권자인 창읍왕(昌邑王)의 제위를 박탈하고 '무고(巫蠱) 사건' 때 죽은 여태자(戾太子)의 증손자인 선제를 황제로 옹립합니다. 이쯤 되면 곽광이 왜 기린각에 자신의 초상화를 걸 수 있었는지 이해가 되셨을 것입니다.

황족의 신분이면서도 여태자가 죽은 후 민가(民家)에서 자랐던 선제는 18세의 나이에 황제가 되었지만, 자신을 황제로 만들어준 곽광의 위세와 권력에 눌려 지내야 했습니다. 곽광의 위세와 권력은 하늘 높은 줄 모르고 치솟아, 그는 황후 허씨(許氏)를 독살하고 자신의 딸을 황후로 만들어 권세를 더욱 강화했습니다. 그러나 기원전 68년 곽광이 병사(病死)하자, 선제는 그의 가문을 반역죄로 몰아 집안사람들을 모두 죽여버렸습니다.

이렇듯 혼란스러운 정치 상황 속에서 권신(權臣)의 바짓가랑이라도 붙잡아 권력과 출세를 얻고자 한 사람이 한둘이었겠습니까? 그러나 소광(疏廣)과 그 조카인 소수(疏受)는 태자의 스승이라는 높은 관직에 있으면서 출세가도를 달리고 있었지만, 자신들이 물러나야 할 때를 알아차리고는 미련 없이 관직을 버리고 초야(草野)에 묻힌 것입니다. 권력의 향방이 어떻게 될지 한 치 앞을 내다볼 수 없는 상황에서 최선의 처신(處身)은 당장의 부귀영화와 권력을 찾아 권신(權臣)들에 빌붙는 것이 아니라, 자신을 살피고 경계하는 것이라고 여겼던 것입니다. '해조(解組, 도장끈을 풀다)'란 관직의 표시인 도장을 묶은 끈을 풀었다는 뜻으로, 소광과 소수가 관직을 버렸음을 말하는 것입니다.

이렇듯 '兩疏見機하니 解組誰逼이리오', '소광과 소수 두 사람은 낌새를 알아차리고, 도장끈을 풀었으니 누가 핍박하겠는가'는 현명한 사람은 눈앞의 부귀영화와 권력을 좇지 않고, 다가올 앞날의 일을 미리미리 대비하여 행동한다는 뜻을 담고 있다고 하겠습니다.

兩 두 량	疏 성글 소	見 볼 견	機 시기 기
解 풀 해	組 끈 조	誰 누구 수	逼 핍박할 핍

청빈과 절개를 지킨 은둔 선비, 백이와 숙제

索居閒處하니 沈黙寂寥라.

"홀로 떨어져 살고 한가롭게 머무니, 잠긴 듯 말이 없고 고요하구나."

'索居閒處하니 沈黙寂寥라', '홀로 떨어져 살고 한가롭게 머무니, 잠긴 듯 말이 없고 고요하구나'는 은둔한 채 살아가는 군자(君子)의 삶과 일상을 가리키는 말입니다. 이와 같은 삶과 생활을 누렸던 중국사 최초의 인물은 누구였을까요? 그 사람은 백이(伯夷)와 그의 동생 숙제(叔齊)였습니다.

이들은 상(商)나라 때 제후국인 고죽국(孤竹國) 제후의 아들이었습니다. 당시 두 사람의 아버지인 고죽국의 제후는 아우인 숙제에게 제후의 자리를 잇게 할 생각이었습니다. 그러나 아버지가 죽자 숙제는 형인 백이에게 제후 자리를 넘겼는데 백이는 '아버지의 유언'을 어기는 짓이라면서 나라 밖으로 달아나버렸습니다. 숙제 역시 제후의 자리를 버리고 나라를 떠나버렸지요. 두 사람은 은둔해 살면서 밝은 세상이 오기를 기다렸는데 때마침 훗날의 문왕이 된 서백(西伯) 창(昌)이 나라와 백성을 잘 다스린다는 소문을 듣고 찾아가게 되었습니다.

안타깝게도 그들이 서백 창을 찾아갔을 때는 이미 서백 창이 죽고 난 뒤였습니다. 그의 아들인 무왕이 상나라의 폭군 주왕(紂王)을 정벌하기 위해 군사를 동원하고 있는 상황이었죠. 이를 본 백이와 숙제는 "아버지(문왕)의 장례도 치르지 않고 전쟁을 일으키는 것은 효(孝)가 아니고, 신하가 군주(주왕)를 죽이는 것은 인(仁)이 아니다"라고 말하며 무왕의 군사 출정을 온몸으로 막았습니다. 이에 분노한 무왕의 신하들은 백이와 숙제를 죽이려고 했으나, 강태공 여상(呂尙)의 만류로 둘은 겨우 살아남을 수 있었습니다.

그 후 주나라 무왕이 주왕을 죽이고 상나라를 멸망시켰다는 소식을 들은 백이와 숙제는, 주나라의 백성이 되는 것을 수치스럽게 여겨 수양산(首陽山)으로 들어가 고사리만을 뜯어 먹고 지내다 굶어 죽었습니다.

백이와 숙제의 죽음을 기려 고대 중국인들은, 두 사람을 청빈과 절개를 지킨 은둔 선비의 대명사로 부르게 되었습니다. 맹자는 이 두 사람을 두고, 세상이 다스려지면 나아가 벼슬을 하고 세상이 어지러워지면 물러났다고 했습니다. 또 아무리 탐욕한 사람이라도 백이와 숙제의 이야기를 들으면 청빈해지고, 아무리 나약한 사람이라도 올바른 의(義)를 세울 수 있다고 했습니다.

백이와 숙제가 보여준 실천은, 바로 '索居閒處하니 沈黙寂寥
라', 즉 '홀로 떨어져 살고 한가롭게 머무니, 잠긴 듯 말이 없고 고요
하구나'로 이야기할 수 있는 삶과 일상 속에서 비로소 그 바탕을 얻
은 것이라고 하겠습니다.

索 한가로울 삭	居 살 거	閒 한가할 한	處 곳 처
沈 잠길 침	黙 잠잠할 묵	寂 고요할 적	寥 고요할 요

배우고 사색하며 실천하는 공자의 삶

求古尋論하고 散慮逍遙하니라.
"옛것과 옛 생각을 찾고 의논하며, 근심을 버리고 한가로이 거닐며 노닌다."

'求古尋論하고 散慮逍遙하니라', '옛것과 옛 생각을 찾고 의논하며, 근심을 버리고 한가로이 거닐며 노닌다'는 옛 성인(聖人)들의 행적과 고전의 기록을 찾아 끊임없이 진리와 이치를 토론하고 연구하는 군자의 삶과 일상을 말하는 것입니다. 이러한 삶을 이야기할 때 가장 적합한 인물은 누구일까요? 바로 공자(孔子)입니다.

중국 각지의 제후들에게 세상을 올바르게 다스리는 이치를 가르치고자 한 공자의 노력은 결국 헛수고로 돌아갔습니다. 피나는 노력에도 불구하고, 공자에게 돌아온 것은 '상갓집 개'니 '되지도 않는 일만 하고 다니는 사람'이라는 불명예였습니다. 하지만 공자는 그런 세상의 무시에도 아랑곳하지 않고, 죽기 직전 몇 년 동안 자신이 평생토록 추구해온 삶과 사상을 기록으로 남겼습니다. 그것은 주나라 초기의 질서를 회복해 혼란과 분열, 침략과 정복만이 판치는 세상을 다시 태평성대로 만들고자 한 공자 최후의 노력이었습니다. 『시경(詩經)』 『서경(書經)』 『역경(易經)』 『춘추(春秋)』는 그 노력의 결과물입니다.

『논어(論語)』에는 공자가 '옛것과 옛 생각'을 어떻게 찾고 배워서 자신의 것으로 만들었는지에 대한 기록이 있습니다. 공자는 옛것과 옛 생각을 배우는 데 있어서 배우기만 할 뿐 사색(思索)하지 않는다면 깊은 진리를 얻지 못할 뿐 아니라 오히려 혼란에 빠지게 된다고 했습니다. 또 사색만을 즐기고 옛것과 옛 생각을 배우는 노력을 하지 않으면 위험한 사상에 빠져 학문은 불안해진다고 했습니다. 옛것과 옛 생각을 끊임없이 찾아 배우고 또 그것을 자신의 것으로 만들기 위한 생각과 연구를 게을리하지 말라는 것입니다.

그러나 '옛것과 옛 생각을 찾고 의논하는 일'에만 몰두한다면, 아무리 공자라도 시야는 편협해지고 견문은 좁아지기 마련이며 삶은 여유가 없으며 생각은 고루해지기 쉽습니다. 다시 말하자면 군자의 또 다른 도(道)라고 할 수 있는 중용과 조화를 잃게 됩니다. 그래서 공자와 그 제자들인 유가(儒家)들은 '求古尋論', '옛것과 옛 생각을 찾고 의논한다'는 것 못지않게 '散慮逍遙', '근심을 버리고 한가로이 거닐며 노닌다'는 삶의 실천 또한 중요하게 여겼던 것입니다.

求 구할 구	古 옛 고	尋 찾을 심	論 의논할 론
散 흩어질 산	慮 생각 려	逍 거닐 소	遙 노닐 요

자신을 알아주는 시대를 기다리다

흔 주 루 견   척 사 환 초
欣奏累遣하고 感謝歡招라.

"기쁜 일은 아뢰어지고 근심은 내쳐지며,
슬픔은 사라지고 기쁨은 손짓하여 부른다."

한적한 곳에 살면서 몸을 감추어 세상의 풍속과 관습에 얽매이지 않는다면 항상 느긋하고 편안한 마음을 가지고 여유롭게 살 수 있을 것입니다. 이렇게 산다면 마음에는 거리낄 것이 없고 또한 걱정할 일이 없어 슬픔은 사라지고 기쁨만이 찾아올 것입니다. 너무 꿈같은 이야기인가요? '欣奏累遣하고 感謝歡招라', 즉 '기쁜 일은 아뢰어지고 근심은 내쳐지며, 슬픔은 사라지고 기쁨은 손짓하여 부른다'는 바로 그런 삶을 사는 군자(君子)에 관한 이야기로, 아직 때를 못 만나 비록 숨어 살지만 스스로 만족하는 삶을 사는 군자를 두고 하는 말입니다.

중국사에서 이 같은 삶을 산 사람을 찾는다면 누가 있을까요? 필자는 문왕과 무왕을 도와 주(周)나라를 세우는 데 일등 공신의 역할을 한 강태공(姜太公) 여상(呂尙)을 꼽고 싶습니다. 여상은 본래 성(姓)이 강씨(姜氏)입니다. 여상은 그의 선조가 하(夏)나라 시대에 여(呂)라는 땅을 분봉 받았기 때문에, 그 봉지를 성(姓)으로 삼아 여상(呂尙)이라고도 한 것입니다. 강태공은 오늘날에는 '할 일 없이 낚시하는 노인 혹은 일반인'을 상징하는 말이 되었지만, 본래는 여상의 성(姓)인 강씨(姜氏)에 태공(太公)이라는 호칭을 붙인 극존칭어라고 할 수 있습니다.

어쨌든 문왕을 만나기 전, 여상은 먼 동쪽 바닷가의 위수(渭水)에 은둔한 채 살았습니다. 생활은 가난했고 나이도 많았지만 덕망이 높고 학문과 견문이 넓어 사람들의 존경을 받았습니다. 그는 낚시질로 세월을 보내며 자신을 알아주는 시기가 오기만을 조용히 기다렸습니다.

그러던 어느 날 훗날 문왕이 되는 서백(西伯) 창(昌)이 사냥을 나가려고 점을 쳤는데 이상한 점괘가 나왔습니다. 그것은 '용도 아니고, 이무기도 아니고, 호랑이도 아니고, 곰도 아니다. 천하의 왕이 될 사람을 도울 사람을 잡을 것이다'라는 점괘였습니다. 그 점괘를 보고 사냥에 나간 서백 창은 위수의 북쪽 기슭에서 낚시를 하고 있는 노인을 만났습니다. 노인은 이상하게도 미끼도 없이 낚시를 하고 있었는데 서백 창이 무엇을 낚고 있느냐고 묻자 자신은 세월을 낚고 있다고 말했습니다. 그것은 세월을 낚으면서 자신을 알아주는 시대와 사람을 만날 날을 기다리고 있었다는 뜻이었습니다.

여상과 대화를 나누던 서백 창은, 그가 바로 점괘에서 말한 사람임을 깨닫고 자신의 수레에 여상을 모시고 와서 스승으로 삼는 한편 나라의 정치를 맡겼습니다. 그리고 서백 창은 태공망 여상의 현명한 정치로 말미암아 왕업(王業)의 기반을 튼튼하게 마련했고, 서백 창의 아들인 무왕은 다시 여상의 보좌를 받아 상나라를 멸망시키고 주나라를 개국할 수 있었습니다.

이렇듯 강태공 여상은 부귀영화와 권력을 찾아 세상을 헤매지 않고도, 스스로 만족하는 삶을 살면서 자신을 알아주는 시대와 사람을 기다려 큰 뜻을 이룬 군자(君子)의 풍모를 보여주었던 것입니다.

| 欣 기쁠 흔 | 奏 아뢸 주 | 累 여러 루 | 遣 보낼 견 |
| 慼 슬플 척 | 謝 물러갈 사 | 歡 기쁠 환 | 招 부를 초 |

아흔다섯 번째 이야기 ————

연꽃과 잡초의 군자다움

거 하 적 력　　　　원 망 추 조
渠荷的歷하고 **園莽抽條**라.

"도랑의 연꽃은 빛이 또렷하고, 동산의 잡초는 죽죽 뻗어 우거졌다."

　　연꽃과 잡초는 더러운 물과 척박한 토양에서도 자라는 대표적인 식물들입니다. 좋은 환경과 토양에서 자라나는 아름다운 화초와는 대조되는 식물이라고 할 수 있겠지요? 부귀와 영화, 권력과 출세의 삶을 추구하는 사람에게는 아름답고 화려한 화초만이 값진 것으로 보이지만, 자신을 알아주지 않더라도 스스로 만족하는 삶을 사는 군자(君子)에게는 누구 하나 눈길조차 주지 않는 잡초마저 군자의 풍모를 지닌 것으로 보입니다.

　　보통 사람들은 앞서 군자를 상징하는 식물이라고 말씀드렸던 매화, 국화, 난, 대나무처럼 보기 좋고 아름답고 화려한 화초만이 군자나움을 산식하고 있다고 생각할 것입니다. 하지만 진실로 군자다운 삶은 더러운 물에서 자라나는 연꽃과 누구도 아랑곳하지 않는 잡초를 닮은 삶이라고 해야 하지 않을까요?

'천해야 세상을 볼 수 있고, 귀해야 세상을 바꿀 수 있다'는 말이 있습니다. 이 말은 천한 삶을 살아야 세상의 구석구석을 알 수 있고, 사람과 세상을 귀하게 여기는 마음이 있어야만 천하를 바꿀 수 있다는 뜻이라고 할 수 있습니다. 따라서 진정한 군자의 삶과 실천이란 연꽃과 잡초의 '눈'으로 세상을 볼 수 있고 또 매화와 국화, 난과 대나무의 '마음'으로 세상을 바꿀 수 있는 사람일 것입니다. 천한 눈으로 세상을 볼 수 없는 사람은 세상 구석구석에 존재하는 백성들의 고통과 아픔을 알지 못하며, 귀한 마음이 없다면 자기 한 몸의 부귀영화와 출세를 얻고자 할 뿐 사람들의 더 나은 삶과 더 나은 세상을 만들기 위해 자신을 바치지 않을 것이기 때문입니다.

이렇듯 '渠荷的歷하고 園莽抽條라', 즉 '도랑의 연꽃은 빛이 또렷하고, 동산의 잡초는 죽죽 뻗어 우거졌다'는 군자의 삶과 실천은 비록 천하고 보잘것없는 것 속에서도 군자다움을 찾는 눈과 마음을 지녀야 한다는 것을 가리키는 말이라고 할 수 있습니다.

渠 개천 거	荷 연꽃 하	的 과녁 적	歷 지날 력
園 동산 원	莽 풀 망	抽 뽑을 추	條 가지 조

비파나무와 오동나무의 기상

<ruby>枇<rt>비</rt></ruby><ruby>杷<rt>파</rt></ruby><ruby>晚<rt>만</rt></ruby><ruby>翠<rt>취</rt></ruby>하고 <ruby>梧<rt>오</rt></ruby><ruby>桐<rt>동</rt></ruby><ruby>早<rt>조</rt></ruby><ruby>凋<rt>조</rt></ruby>라.

"비파나무는 늦게까지 푸르고, 오동나무는 일찌감치 시든다."

　더럽고 척박한 곳에서 살아가는 연꽃과 잡초에서 군자다움을 보았듯이, 비파나무와 오동나무에서도 군자다움을 찾을 수 있습니다.

　군자의 기상과 위용을 상징하는 나무를 들자면, 보통 대나무와 소나무를 가장 먼저 떠올립니다. 하지만 '枇杷晚翠', '비파나무는 늦게까지 푸르다'는 말처럼 비파(枇杷)나무 역시 장미과에 속하는 열매를 맺는 나무로 사시사철 푸른빛을 간직하고 있는 나무입니다. 안타깝게도 사람들은 대나무와 소나무만이 사시사철 푸른빛을 간직하며 군자의 기상을 뽐내고 있다고 여긴 나머지 비파나무 또한 사시사철 푸른빛을 띠고 있다는 것을 잊고 지냅니다. 마치 큰 벼슬과 높은 명성을 얻은 사람에게서는 너무나 쉽게 군자다운 기상과 풍모를 찾으면서, 스스로 만족하는 삶을 살아가는 군자가 풍기는 기상은 도무지 알아보지 못하듯이 말입니다.

그럼 오동(梧桐)나무는 어떻습니까? '梧桐早凋', '오동나무는 일찌감치 시든다'는 말처럼 오동나무는 잎이 커서 가장 먼저 서리를 맞고 시들어버리는 나무입니다. 그래서 계절의 변화를 가장 먼저 알려주는 나무이기도 합니다. 사람들은 사시사철 푸른빛을 띠는 나무들에서만 변하지 않는 굳센 절개와 의리를 지키는 군자를 떠올립니다. 그래서 가장 먼저 시들어버리는 오동나무에게서는 결코 군자다움을 찾을 수 없다고 여깁니다. 그러나 오동나무는 비록 항상 푸르지는 않지만 자신을 희생하여 시간의 변화를 가장 먼저 알려주는 나무입니다. 소나무와 대나무가 굳센 지조와 절개로 군자다움을 보여주듯이, 오동나무 또한 기꺼이 자신을 희생하여 세상의 변화를 사람들에게 가장 먼저 알려주는 군자의 기상을 지니고 있습니다. 선각자(先覺者)로서의 삶과 실천 또한 군자의 기상과 풍모이기 때문입니다.

枇 비파나무 비	杷 비파나무 파	晚 늦을 만	翠 푸를 취
梧 오동나무 오	桐 오동나무 동	부 이를 조	凋 시들 조

삶을 정리하는 황혼의 풍경

_{진 근 위 예} _{낙 엽 표 요}
陳根委翳하고 落葉飄颻라.

"묵은 뿌리는 말라 시들고, 낙엽은 바람에 이리저리 흩날린다."

'陳根(진근, 묵은 뿌리)', '委翳(위예, 말라 시들다)', '落葉(낙엽, 떨어지는 잎)', '飄颻(표요, 바람에 이리저리 흩날리다)'는 모두 생(生)의 마감을 앞둔 생명의 풍경을 떠올리게 합니다. 고대 중국의 지식인들은 생의 마지막을 어떻게 보내고자 했을까요?

유가(儒家)의 종합백과사전인 『예기(禮記)』에 보면 고대 중국 지식인의 표준적인 삶, 즉 그들의 생애주기에 관한 기록이 있습니다. 예를 들어 학문을 시작하는 나이는 10세라고 되어 있습니다. 20세가 되면 관례(冠禮, 성인식)를 치르고, 30세가 되면 아내를 맞이합니다. 그리고 40세가 되면 벼슬에 나아가며, 50세가 되면 나라의 정치를 맡아 나스릴 수 있다고 했습니다. 60세가 되면 모든 일을 지시하고 사람을 부리며, 70세가 되면 모든 집안일을 자식에게 넘겨준다고 했습니다. 80세에서 90세가 되면 비록 죄를 지었더라도 형벌을 가하지 않으며, 100세가 되면 봉양을 받습니다.

이 기록에 따르면, 고대 중국의 지식인들은 50세가 되어야 비로소 나라와 백성을 다스릴 수 있는 경륜과 식견을 갖출 수 있으며, 60세가 되면 남의 부림을 받지 않고 모든 일을 지시하여 처리할 수 있다고 여겼습니다. 그럼 정치적 은퇴 시기는 어떻게 보았을까요?

『예기(禮記)』에서는 대부(大夫, 고대 중국의 고위 관직)의 벼슬은 70세가 되면 반납한다고 했습니다. 만약 사양할 수 없다면 반드시 편안한 자리와 지팡이를 하사받아 업무를 보아야 한다고 했습니다. 즉 70세를 정치적 은퇴시기로 보았는데 이것은 70세가 되면 집안일을 자식에게 넘겨준다는 것과도 일맥상통하는 이야기입니다. 이렇게 보면 고대 중국의 지식인들은 70세를 생을 마감하는 나이로 여겼던 듯합니다.

'陳根委翳하고 落葉飄䬒라', '묵은 뿌리는 말라 시들고, 낙엽은 바람에 이리저리 흩날린다'는 모든 벼슬과 집안일에서 은퇴하여 생(生)의 마지막을 준비하는 고대 중국 지식인의 황혼을 떠올리게 하는 구절이라고 하겠습니다.

陳 묵을 진	根 뿌리 근	委 맡길 위	翳 가릴 예
落 떨어질 락	葉 잎사귀 엽	飄 나부낄 표	䬒 나부낄 요

세속의 더러움을 벗어던지다

유 곤 독 운　　　　능 마 강 소
遊鯤獨運하여 凌摩絳霄라.

"곤어(鯤魚)는 홀로 자유롭게 놀다가,
붉은 하늘을 넘어서 미끄러지듯 날아간다."

곤어(鯤魚)는 장자(莊子)의 저서인 『장자(莊子)』에 나오는 상상 속의 물고기입니다. 이 물고기는 그 크기가 몇천 리나 되는지 가늠조차 할 수 없을 정도로 큰 물고기로, 홀로 자유롭게 푸르른 북쪽 바다를 마음껏 휘젓고 다닌다고 합니다. 또한 곤어는 나중에 붕(鵬)이라는 큰 새로 변하여 하늘로 날아올라 남쪽 바다로 간다고 했습니다. 이 붕(鵬)이라는 큰 새가 바로 9만리장천(九萬里長天)을 난다는 전설의 새인 '붕새'입니다.

'유 곤 독 운 능 마 강 소
遊鯤獨運하여 凌摩絳霄라', 즉 '곤어(鯤魚)는 홀로 자유롭게 놀다가, 붉은 하늘을 넘어서 미끄러지듯 날아간다'는 곤어가 동쪽 하늘에 붉은 빛이 띠올라 아침 해가 솟아오를 때, 붕새가 되어 하늘 높이 날아오르는 웅장한 모습을 묘사한 것입니다.

전설의 새인 붕새는 한 번의 날개 짓으로 9만 리를 날아올랐는데 날개는 구름처럼 하늘을 뒤덮고 파도가 3천 리에 이를 정도였다고 합니다. 고대 중국인들은 붕새의 이 날갯짓으로 '바람'이 만들어진다고 믿었습니다.

붕새는 자신이 살고 있는 북쪽 바다를 벗어나 끊임없이 남쪽 바다로 날아갑니다. 장자는 북쪽 바다를 세속의 삶에 비유하고 남쪽 바다를 모든 욕망과 권력 그리고 세속의 더러움으로부터 벗어난 이상향으로 그렸습니다. 곤어가 붕새로 변하는 과정 역시 이와 비슷한 이치로 이해할 수 있습니다. 따라서 붕새는 모든 욕망과 권력 그리고 세속의 더러움을 벗어던진 자유롭고 위대한 존재를 상징합니다.

遊 놀 유	鯤 큰고기 곤	獨 홀로 독	運 옮길 운
凌 능멸할 릉	摩 만질 마	絳 붉을 강	霄 하늘 소

아흔아홉 번째 이야기 ─────

한나라 시대의 책벌레, 왕충

耽讀翫市하니 寓目囊箱이라.

"저자의 책방에서 글 읽기를 즐기니,
  눈길을 주어 책을 보면 주머니와 상자에 담아두는 것과 같다."

후한(後漢) 시대에 왕충(王充)이라는 대학자가 있었습니다. 서기 30년경, 절강성 회계 상우라는 곳에서 태어난 왕충은 지방의 말단 관리로 평생을 불우하게 지냈습니다. 그는 서책 읽기를 즐겨하고 학문을 좋아했으나 가난하여 책을 사 볼 수가 없었다고 합니다. 그러나 어떤 서책이든지 한 번 보기만 하면 그 내용을 평생토록 잊어버리지 않는 뛰어난 기억력과 집중력의 소유자였습니다.

'耽讀翫市', '저자의 책방에서 글 읽기를 즐기다'가 가난한 왕충이 책을 사 볼 수가 없어 저잣거리(시장)의 책방을 찾아 서책을 보는 풍경을 말한 것이라면, '寓目囊箱', '눈길을 주어 책을 보면 주머니와 상사에 담아두는 것과 같다'는 왕충이 한 번만 눈길을 주어 책을 보면, 그 내용을 모두 암기하여 마치 주머니와 상자 속에 책을 넣어

둔 것과 같다는 이야기입니다. 왕충은 이와 같은 방법으로 서책을 읽고 학문을 연구하여, 가난이라는 굴레를 딛고 대학자로 이름을 남겼습니다.

특히 왕충은 유교적 권위를 거부하는 독창적인 사고로, 한나라 시대 이후 전개되는 위진남북조시대의 자유로운 학문과 사상의 분위기를 이끈 선구자가 되었습니다. 이 때문에 그는 중국철학사에서 차지하는 역할과 비중이 매우 큰 인물입니다. 왕충이 남긴 저서인 『논형(論衡)』 85편에는, 그가 당대의 정치나 학문을 비판한 내용들이 가득합니다. 이 책에는 유가(儒家)의 여러 가지 학설과 이론, 전국시대 제자백가의 학설과 이론은 물론 왕충이 살던 당대의 정치와 풍속과 풍습 그리고 문화 현상 등 다양한 방면에 대한 비판이 남겨져 있습니다. 사상적 권위를 비판하고 언론의 자유를 주창한 왕충의 자유주의적 사고 때문에, 후대 사람들은 그를 후한(後漢) 시대의 진보주의자로 기억하게 되었습니다.

耽 즐길 탐	讀 읽을 독	翫 가지고놀 완	市 저자 시
寓 붙일 우	目 눈 목	囊 주머니 낭	箱 상자 상

군자가 첫 번째로 경계해야 할 것은 무엇인가

<ruby>易<rt>이</rt></ruby><ruby>輶<rt>유</rt></ruby><ruby>攸<rt>유</rt></ruby><ruby>畏<rt>외</rt></ruby>이니 <ruby>屬<rt>속</rt></ruby><ruby>耳<rt>이</rt></ruby><ruby>垣<rt>원</rt></ruby><ruby>牆<rt>장</rt></ruby>이니라.

"쉽고 가볍게 하는 것을 두려워해야 하니, 귀가 담장에 붙어 있기 때문이다."

세속의 부귀영화와 권력의 욕망에 굴복하지 않고 스스로 만족하는 삶을 즐기는 군자도 두려워하는 것이 있었습니다. 어떤 것이었을까요?

그것은 '易輶(이유, 말을 쉽고 가볍게 하는 것)'입니다. 이와 관련해 중국 고대 왕조인 주(周)나라와 춘추시대의 시가(詩歌) 모음집인 『시경(詩經)』에 실려 있는 「소반(小弁)」이라는 시가 있습니다. 그 시의 일부 내용은 다음과 같습니다.

> 莫高匪山 莫浚匪泉
> 君子無易由言 耳屬于垣

無逝我梁 無發我笱
我躬不閱 遑恤我後

높지 않으면 산이 아니고, 깊지 않으면 샘이 아닌가.
군자는 말을 함부로 하지 않네. 담에도 사람들의 귀가 있기 때문이네.
내 그물에 가지 말고 내 통발을 꺼내지 말라 했건만
이 내 몸도 들어가지 못하는데 어느 틈에 뒷일을 걱정하겠는가.

이 시는 주나라의 제12대 천자인 폭군 유왕(幽王)이 태자인 의구
(宜臼)을 폐한 사건을 두고 지은 것이라고 전해옵니다. 당시 유왕은
애첩인 포사(褒姒)에게 깊게 빠져 있었는데 그녀는 자신이 낳은 아
들인 백복(伯服)을 태자로 삼고자 했습니다. 결국 태자인 의구는 외
가인 신(申)나라의 제후에게로 몸을 피해 달아났습니다. 이에 유왕이
신나라를 정벌했고 화가 난 신나라의 제후가 유목 민족인 견융(犬戎)
을 끌어들여 유왕에 대항하게 됩니다. 이로 말미암아 유왕은 유목민
족인 견융의 침입을 받게 되고, 결국 견융족(犬戎族)의 손에 살해되
고 맙니다. 말을 쉽게 하고 행동을 가볍게 한 유왕의 군자답지 못함
이 유목민족에게 참살당하는 끔찍한 사건을 초래한 것입니다. 유왕
이 견융족에게 참살당한 후 천자의 자리에 오른 평왕(平王)은 더 이
상 도읍지인 호경(鎬京)을 지키지 못하고, 기원전 770년에 동쪽의 낙
읍(洛邑, 오늘날의 낙양)으로 도읍지를 옮기게 됩니다. 이때부터 주나

라의 국력과 천자의 권력은 쇠약해질대로 쇠약해져 더 이상 제후들을 통제할 수 없게 됩니다. 제후들의 세상인 춘추시대가 시작된 것입니다. 이 모든 것은 유왕의 군자답지 못한 처신에서부터 시작된 것이었습니다.

그래서 예로부터 고대 중국의 지식인들은 '易^이輶^유攸^유畏^외이니 屬^속耳^이垣^원牆^장이니라', 즉 '쉽고 가볍게 하는 것을 두려워해야 하니, 귀가 담장에 붙어 있기 때문이다'를 군자가 두려워하고 경계해야 할 첫 번째로 꼽았던 것입니다.

易 쉬울 이	輶 가벼울 유	攸 바 유	畏 두려울 외
屬 붙일 속	耳 귀 이	垣 담 원	牆 담 장

청빈낙도를 실천한 안지추

^{구　선　손　반}　　　　　^{적　구　충　장}
具膳飧飯하고 適口充腸이라.

"반찬을 갖추어 밥을 먹고, 입에 맞추어 창자를 채운다."

　　고대 중국의 지식인들은 '청빈낙도(淸貧樂道, 가난하지만 깨끗하고 도리를 즐기는 삶)'를 최선의 삶으로 여겼습니다. 그래서 공자는 "군자는 배불리 먹는 것을 바라지 않고 편안하게 사는 것을 바라지 않는다"라고 했습니다. 또한 가난하게 살면서도 삶을 즐겁게 여기는 것을 군자다운 삶의 조건으로 꼽았습니다.

　　이렇듯 재물과 부귀에 대해 군자가 추구한 '중용과 조화의 삶'을 실천하기란 말처럼 쉬운 일이 아닐 것입니다. 중국 역사를 뒤져보아도 그런 인물들을 찾기란 쉽지 않습니다. 그러나 굳이 찾아본다면, 필자는 위진남북조시대의 대학자 안지추(顔之推)를 뽑고 싶습니다. 당나라의 대서예가이자 문장가인 안진경(顔眞卿)의 5대조(五代祖)인 안지추는 남북조시대 말기를 산 인물로서, 남조(南朝)와 북조(北朝)

모두에서 크게 명성을 떨친 대학자이자 문인이었습니다. 특히 그는 자신의 학문 연구와 삶의 경험을 모은 『안씨가훈(顔氏家訓)』이라는 저서를 후손들에게 남겨주었는데 이 책에 재물과 부귀에 대한 '중용과 조화의 삶'을 고스란히 담아놓았습니다.

안지추는 사람에게 옷이란 추위와 노출을 덮어주는 것으로 충분하고, 음식은 배고픔에 주린 창자를 채우는 것으로 충분하다고 했습니다. 천하를 모두 가진 천자(天子)들 중에도 끝없는 욕심을 채우려다 패망과 죽음을 당한 경우가 수도 없이 많은데 보통 사람들이 부귀와 재물에 욕심을 부리면서 오래 살기를 바란다는 것은 어리석다고 했습니다. 그래서 그는 자신의 후손들에게 재물과 부귀의 구체적인 수량을 정해주기까지 했습니다. 거기에 그 수량 이상의 재물과 부귀를 결코 얻으려고 하지 말라는 경고까지 담았는데 경고란 이렇습니다. "가득 채우는 욕심은 귀신도 싫어한다." 귀신에 대한 신앙심이 두터웠던 고대 중국인에게 이보다 더 무서운 경고는 없었을 것입니다.

그럼 안지추가 후손들에게 정해준 재물과 부귀의 수량은 어느 정도였을까요? 안지추는 식구가 20명 정도면 그 노비도 20명을 넘어서는 안 된다고 했습니다. 좋은 농토가 10경(頃)이면 집은 겨우 비바람을 막을 정도면 되고, 수레와 마차는 겨우 지팡이를 대신할 정도면 된다고 했습니다. 그리고 재물은 집안의 길흉사(吉凶事) 등 급하게 사용할 때 부족하지 않을 정도만 지니고 있어야 한다고 했습니다. 만약 이보다 더 많은 재물과 부귀를 가졌을 경우에는 즉시 형제와 나누고 이웃들에게 베풀라고 했습니다. 그리고 자신이 정해준 재물과 부귀의 수량에 혹시 미치지 못한다고 해도 절대로 잘못된 방법과 수단을 사용하여 그것을 모으려고 하지 말라고 했습니다.

안지추야말로 '具膳飡飯하고 適口充腸이라', 즉 '반찬을 갖추어 밥을 먹고, 입에 맞추어 창자를 채운다'를 평생 실천한 고대 중국의 지식인 중 한 사람이었다고 할 수 있겠습니다.

具 갖출 구	膳 반찬 선	飡 밥 손	飯 밥 반
適 마침 적	口 입 구	充 채울 충	腸 창자 장

굶주림 속에서도
학문과 배움을 추구하다

포 어 팽 재 　 　 기 염 조 강
飽飫烹宰하고 飢厭糟糠이라.

"배부르면 고기 요리도 먹기 싫고,
굶주리면 술지게미와 쌀겨조차도 달갑게 먹는다."

공자(孔子)에게는 3,000여 명의 제자가 있었습니다. 그중 뛰어난
제자만 해도 72명에 달했습니다. 이 72명의 제자 중에서 또 뛰어난
재주와 능력을 갖춘 10대 제자가 있었습니다. 그러나 이 10대 제자
중에서도 공자가 학문을 좋아한다고 칭찬한 유일한 단 한 사람이 있
었는데 그가 바로 안연(顏淵)입니다.

안연은 안타깝게도 31세의 비교적 젊은 나이에 죽었습니다. 아
마도 잘 먹지 못해 병을 얻어 죽은 것으로 보입니다. 도대체 얼마나
가난했기에 그랬을까요? 안연의 가난에 대해서는 여러 기록에서 전
하고 있습니다. 먼저 사마천(司馬遷)은 『사기(史記)』에서 "안연은 평
생 가난해서 술지게미와 쌀겨조차도 배부르게 먹지 못하고 끝내 젊
은 나이에 죽고 말았다"라고 했습니다. '飢厭糟糠', '굶주리면 술지

게미와 쌀겨조차도 달갑게 먹는다'는 바로 『사기(史記)』에 실린 안연의 고사를 인용한 것입니다. 또 『논어』에서는 공자가 안연의 어짊을 칭찬하면서 한 소쿠리의 밥을 먹고 한 표주박의 물을 마시며 누추한 곳에 사는 것을 다른 사람들 같으면 괴로워 견디지 못할 텐데 안연은 그것을 즐거움으로 받아들인다고 했습니다.

공자는 안연의 죽음을 얼마나 슬퍼했던지 '하늘이 나를 망치는구나!'라는 탄식을 연거푸 내뱉으면서 대성통곡을 했다고 합니다. 부모의 죽음이 아니면 결코 통곡하지 않았던 공자였습니다. 공자가 안연의 죽음을 얼마나 안타까워했던지 그의 죽음을 꽃에 비유하여 "싹이 틀 때는 아름다우나 꽃 중에는 피지 못하는 꽃도 있고, 또 꽃은 피었으나 열매를 맺지 못하는 것도 있다"라고 하였습니다. 또한 훗날 노(魯)나라의 임금인 애공(哀公)이 제자 중에서 누가 배우기를 가장 좋아하냐고 질문하자, 주저하지 않고 안연이라고 답변했습니다. 공자는 안연은 오직 배우기를 좋아해 자신의 노여움을 남에게 옮기지 않았고 잘못을 두 번 이상 저지르지 않았다고 말하며, 안연의 죽음 이후 자신은 배우기를 좋아하는 자에 대해 들어본 적이 없다고 했습니다.

왕족과 권문세족 및 그 자손들이 '鮑飫烹宰', '배부르면 고기 요리도 먹기 싫다'라고 할 정도의 부귀영화를 누린 반대편에는 오직 학문과 배움을 위해 술지게미와 쌀겨조차 배불리 먹지 못하는 안연의 가난한 삶이 있었습니다. 기억해야 할 것은 고기 요리조차 먹기 싫을 정도의 부귀를 누린 왕족과 권문세족의 시대는 기껏해야 몇십 년을 지나지 못하고 끝났지만 굶주린 삶 속에서도 학문과 배움을 추구한 안연의 삶은 몇천 년 동안 살아남아 오늘날까지 전해오고 있다는 사실입니다. 만약 여러분에게 선택권이 주어진다면 어떤 삶을 선택하시겠습니까?

飽 배부를 포	飫 배부를 어	烹 삶을 팽	宰 재상 재
飢 주릴 기	厭 싫을 염	糟 술지게미 조	糠 겨 강

제10강 맑고 향기로운 군자의 삶

'음독(音讀)', 즉 소리 내어 읽는 것은 오래 전부터 내려온 최고의 고전 읽기법입니다.
천자문을 소리 내어 읽으며 그 뜻과 의미를 다시 한 번 되새겨보시기 바랍니다.

_{양 소 견 기}　　_{해 조 수 핍}
兩疏見機하니 **解組誰逼**이리오.
"소광과 소수 두 사람은 낌새를 알아차리고,
도장끈을 풀었으니 누가 핍박하겠는가."

_{삭 거 한 처}　　_{침 묵 적 요}
索居閒處하니 **沈黙寂寥**라.
"홀로 떨어져 살고 한가롭게 머무니, 잠긴 듯 말이 없고 고요하구나."

_{구 고 심 론}　　_{산 려 소 요}
求古尋論하고 **散慮逍遙**하니라.
"옛것과 옛 생각을 찾고 의논하며, 근심을 버리고 한가로이 거닐며 노닌다."

_{흔 주 루 견}　　_{척 사 환 초}
欣奏累遣하고 **慼謝歡招**라.
"기쁜 일은 아뢰어지고 근심은 내쳐지며,
슬픔은 사라지고 기쁨은 손짓하여 부른다."

_{거 하 적 력}　　_{원 망 추 조}
渠荷的歷하고 **園莽抽條**라.
"도랑의 연꽃은 빛이 또렷하고, 동산의 잡초는 죽죽 뻗어 우거졌다."

318

_{비 파 만 취}　_{오 동 조 조}
枇杷晚翠하고 梧桐早凋라.
"비파나무는 늦게까지 푸르고, 오동나무는 일찌감치 시든다."

_{진 근 위 예}　_{낙 엽 표 요}
陳根委翳하고 落葉飄䬟라.
"묵은 뿌리는 말라 시들고, 낙엽은 바람에 이리저리 흩날린다."

_{유 곤 독 운}　_{능 마 강 소}
遊鯤獨運하여 凌摩絳霄라.
"곤어(鯤魚)는 홀로 자유롭게 놀다가,
붉은 하늘을 넘어서 미끄러지듯 날아간다."

_{탐 독 완 시}　_{우 목 낭 상}
耽讀翫市하니 寓目囊箱이라.
"저자의 책방에서 글 읽기를 즐기니,
눈길을 주어 책을 보면 주머니와 상자에 담아두는 것과 같다."

_{이 유 유 외}　_{속 이 원 장}
易輶攸畏이니 屬耳垣牆이니라.
"쉽고 가볍게 하는 것을 두려워해야 하니, 귀가 담장에 붙어 있기 때문이다."

_{구 선 손 반}　_{적 구 충 장}
具膳飡飯하고 適口充腸이라.
"반찬을 갖추어 밥을 먹고, 입에 맞추어 창자를 채운다."

_{포 어 팽 재}　_{기 염 조 강}
飽飫烹宰하고 飢厭糟糠이라.
"배부르면 고기 요리도 먹기 싫고,
굶주리면 술지게미와 쌀겨조차도 달갑게 먹는다."

제11강

고대
중국인들의
일상생활

친척과 친구를 대하는 마음의 자세

친 척 고 구   노 소 이 량
親戚故舊는 老小異糧이라.

"친척들과 어릴 적 친구는, 늙고 젊음에 따라 음식을 다르게 한다."

같은 성(姓)을 사용하는 집안사람들을 친(親)이라고 합니다. 그리고 다른 성(姓)을 사용하는 집안사람들을 척(戚)이라고 합니다. 쉽게 말하자면, 전자는 친가(親家)를 말하고 후자는 외가(外家)를 말하는 것입니다. 이 둘을 합하여 보통 '친척(親戚)'이라고 합니다. 흔히들 육친이라고 하는데 그 의미는 한자에 따라 다릅니다. 육친(肉親)은 부모·형제처럼 혈족 관계를 말하는 반면 육친(六親)은 부자(父子)와 형제(兄弟) 그리고 부부(夫婦)간을 말하는 것입니다. '고구(故舊)'는 오랫동안 사귄 친구, 즉 어릴 적부터 사귄 불알친구를 말합니다.

공자는 친(親)한 사람을 친하게 대하는 것을 인(仁)이라고 하였습니다. 친한 사람조차 친하게 대하지 못하는 사람이 어떻게 다른 사람을 인(仁)으로 대할 수 있겠느냐는 이야기겠지요? 물론 친하게 대하는 데에도 나이와 신분 그리고 직분에 따른 차이가 있습니다. 공자는 천자와 제후, 대부와 선비 그리고 백성 간의 신분 질서와 군신(君臣) · 부자(父子) · 부부(夫婦) · 붕우(朋友) · 장유(長幼) 간의 상하 질서를 확실하게 세우는 것을 또한 인(仁)이라고 여겼던 사람입니다. 즉 신분과 상하 관계에서, 윗사람은 아랫사람을 자식처럼 사랑하고 보호하며 아랫사람은 윗사람에게 충성과 존경을 보인다면, 세상은 인(仁)과 덕(德)으로 가득 찬 태평성대를 이룰 것이라고 주창한 사람이었습니다. 그것은 공자가 꿈꾼 이상 국가이자 이상 사회였습니다.

'老小異糧'은 노인과 젊은이의 대접하는 음식을 달리해야 한다는 말입니다. 노인의 음식은 연해야 하고, 항상 신경을 써서 대접해야 한다는 뜻입니다. 보다 구체적으로 말하면 50세가 되면 젊은이와 달리 음식을 준비해 드려야 하며, 60세의 노인에게는 고기 반찬을 드려야 합니다. 70세 노인에게는 맛있는 반찬을 올려야 하고, 80세 노인에게는 진귀한 음식을 구하여 드리고, 90세 노인에게는 음식이 항상 옆에 놓여 있도록 해야 합니다.

이처럼 어찌 보면 너무나 쉽고 당연한 이야기가 『천자문』에 떡하니 자리 잡고 있는 이유 역시 그것이 공자와 유가(儒家)들이 이루고자 한 이상 사회의 한 단면을 보여주기 때문입니다.

親 친할 친	戚 겨레 척	故 연고 고	舊 옛 구
老 늙을 로	小 젊을 소	異 다를 이	糧 양식 량

여자의 미덕, 길쌈과 시중

妾^첩御^어績^적紡^방하고 侍^시巾^건帷^유房^방이라.

"아내와 첩은 길쌈을 하고, 장막 친 안방에서 수건 들고 시중든다."

고대 중국인은 물론 유교 문화권에 속하는 동아시아 사회에서 이 상적인 여성상이 '현모양처(賢母良妻)'라는 것은 모두 잘 알 것입니 다. 이 현모양처는 다르게 표현하면, 팔방미인형 여성이라고 할 수 있습니다. 의식주(衣食住), 자녀 교육, 남편 시중, 하인 관리, 친척 접 대 등에 이르기까지 집안의 모든 대소사(大小事)를 주관하여 처리하 는 사람이 바로 현모양처이기 때문입니다.

'妾^첩御^어績^적紡^방하고 侍^시巾^건帷^유房^방이라', 즉 '아내와 첩은 길쌈을 하고, 장막 친 안방에서 수건 들고 시중든다'는 말은 현모양처가 해야 할 수만 가지의 일 중에서도 길쌈과 남편 시중의 중요성을 특히 강조한 것입니다.

길쌈은 가정에서 삼·누에·모시·목화 등의 섬유 원료로 베·

명주·모시·무명 등을 짜내는 모든 과정을 말합니다. 이 가운데에서도 특히 고대 중국인들은 비단(명주)의 원료가 되는 누에고치를 치는 농사인 양잠(養蠶)과 비단 길쌈을 국가의 제례 행사로 특별히 중요하게 여겼습니다. 비단은 금(金)의 가치와 맞먹는다고 해서 한자도 금(錦)이라고 쓸 정도로 값비싼 재료였기 때문입니다.

그래서 고대 중국의 왕조들은 아예 국가 제도로서 계춘(季春, 늦봄)에는 양잠에 사용하는 모든 기구를 갖추게 한 다음 왕실의 후비(后妃)들이 도읍지 동쪽 교외로 나가 몸소 뽕잎을 따다 누에를 치는 행사를 갖도록 했습니다. 그리고 단 한 사람의 부녀자도 놀리지 않고 다른 모든 일을 제쳐둔 채 오직 누에 치는 일에만 전념하도록 했습니다. 누에가 성장하면 고치를 따내고 길쌈을 하여 먼저 하늘과 조상에 제사 올리는 데 사용하는 의복을 지었습니다. 이렇듯 고대 중국 왕조는 계춘에는 왕실과 고관대작은 물론 일반 가정에 이르기까지 부녀자들을 총동원하여 양잠과 길쌈 노동에 매달렸습니다. 따라서 여자가 성년이 되었는데도 길쌈을 하지 못하면 천하가 추위에 시달릴 것이라는 사회적 관념이 자연스럽게 자리 잡게 되었고, 길쌈을 하지 못하는 여자는 가정은 물론 사회의 냉대를 피할 수 없었습니다.

'侍巾帷房', '장막 친 안방에서 수건 들고 시중든다'는 아내와 첩이 남편을 시중드는 법도와 절차에 관한 것입니다. 고대 중국인들에게 관습법과 같은 역할을 했던 『예기(禮記)』에는 아내와 첩이 남편을 시중들 때 지켜야 할 구체적인 내용이 자세하게 규정되어 있습니다. 예를 들어 아내와 첩은 남편의 옷걸이에 옷을 걸지 못하고, 남편의 옷장에 옷을 넣지 못하며, 욕실을 함께 쓰지 못합니다. 남편이 외출했을 때는 베개를 상자에 넣어 두고, 남편이 눕고 앉은 자리를 말끔하게 치우고, 남편이 쓰던 그릇은 넣어두어야 합니다.

또한 아내와 첩은 일정한 법도에 따라 남편의 잠자리 시중을 들어야 했습니다. 아내는 70세까지 남편의 잠자리 시중을 들어야 했고, 첩은 50세 이전까지는 5일에 한 번은 잠자리 시중을 들어야 했습니다. 그리고 잠자리 시중을 들 때는 목욕재계하고 양치질과 세수를 하며, 옷을 단정하게 입고, 머리를 빗어 검은 비단으로 싸매고, 비단으로 묶어 쪽지어 비녀를 꽂고, 앞머리를 털고, 향주머니를 차고, 신을 신고 끈을 맨다고 했습니다. 그리고 남편이 방에 들어서면 수건 시중에서 잠자리 시중까지 어른을 섬기고 귀한 사람을 섬기듯 해야 합니다. 고대 중국에서는 남자와 여자의 귀하고 천함의 차이가 이렇게 컸던 것입니다.

妾 첩첩	御 모실어	績 길쌈적	紡 길쌈방
侍 모실시	巾 수건건	帷 장막유	房 방방

속세를 초월한 여유로운 삶

환 선 원 결   은 촉 위 황
紈扇圓潔하고 銀燭煒煌이라.
"흰 비단 부채는 둥글고 깨끗하며, 은빛 나는 촛불은 환하게 빛난다."

'紈扇(환선)'은 흰 비단으로 만든 둥근 부채이고 '銀燭(은촉)'은 밀랍으로 만든 초의 은빛 나는 촛불입니다. 비단으로 만든 부채와 밀랍으로 만든 초를 사용할 수 있는 사람이라면 분명 평민(平民)은 아닐 것입니다. 맞습니다. 이 문장에서는 벼슬에서 은퇴하고 낙향한 군자의 한적하고 여유로운 삶의 냄새가 느껴집니다.

둥글고 깨끗한 흰 비단 부채는 속세의 풍속과 관습을 초월한 군자의 고결하고 드높은 인품과 삶의 모습을 나타냅니다. 그래서 '환선'은 군자에게 속세의 삶과 군자의 삶을 구분해주는 도구이며, 스스로 만족하며 즐기는 군자의 삶 자체를 상징합니다.

고대 중국에서는 집안을 환하게 밝히기 위해서 나무 섶을 묶어 횃불을 만들어 사용했습니다. 이때 땅에 세워놓는 횃불을 '료(燎)'라고 하고, 손에 쥐고 있는 횃불을 '촉(燭)'이라고 하였습니다. 시간이 흘러 나중에는 밀랍으로 만든 손에 쥐는 횃불, 즉 촉(燭)을 사용하게 되었는데 그것이 바로 오늘날 우리가 '초'라고 부르는 것의 시작이라고 할 수 있습니다. 나무 섶을 묶어 만든 횃불보다는 밀랍으로 만든 촉이 훨씬 사용하기에도 편리할 뿐 아니라 밝기도 우수했습니다. 그래서 사람들은 촉의 밝음이 마치 은빛과 같다고 하여 밀랍으로 만든 촉을 '은촉(銀燭)'이라고 불렀습니다. 은(銀)에 비유하여 촉(燭)의 귀중함과 밝음을 찬양한 것입니다.

그렇다면 '紈扇圓潔하고 銀燭煒煌이라', '흰 비단 부채는 둥글고 깨끗하며, 은빛 나는 촛불은 환하게 빛난다'는 온 집안의 어둠을 밝히는 촛불의 찬란함을, 온 세상의 어둠을 밝히는 군자(君子)에 비유했다고 해석할 수도 있지 않을까요?

紈 흰비단환	扇 부채 선	圓 둥글 원	潔 깨끗할 결
銀 은은	燭 촛불촉	煒 빛날위	煌 빛날황

백여섯 번째 이야기 ──────

부귀영화와 안락한 삶에 빠지다

^{주 면 석 매} ^{남 순 상 상}
晝眠夕寐하니 藍筍象床이라.

"낮에 졸고 밤에 자니, 대나무 침상과 상아로 장식한 긴 의자이다."

공자의 10대 제자 가운데 재여(宰予, 재아)라는 사람이 있습니다. 그는 공자의 제자 중 가장 연설과 변론을 잘했고, 설득력이 뛰어났다고 합니다. 그러나 천성이 게으르고 반항심이 강해 공자의 가르침을 잘 따르지 않았습니다. 그는 자주 공자의 가르침을 어겼을 뿐 아니라 어떤 때는 은근히 공자를 비난하기도 했습니다. 그 때문인지 공자는 뛰어난 말재주에도 불구하고, 말과 행동이 다른 재여를 자주 꾸짖었다고 합니다. 그중 한 일화가 『논어(論語)』에 나옵니다.

어느 날, 공자는 재여가 낮잠 자는 모습을 보았습니다. 이에 공자는 너 같은 제자를 내 무슨 말로 꾸짖어야 할지 모르겠다면서 "썩은 나무에는 조각할 수 없고, 썩은 흙으로 쌓은 담장은 흙손질을 할 수 없다"라고 했습니다. 그러면서 자신은 사람을 평가할 때 여태까지 그 말만 듣고 그 행동을 믿었는데 재여로 인해 사람을 평가할 때 그 말을 듣고 그 행동까지 함께 살피게 되었다고 했습니다. 공자는 뛰어난 말재주만 믿고 '晝眠夕寐', 즉 낮에 졸고 밤에는 자며 학문을 게을리하는 재여의 행동에 화가 치민 것입니다.

그럼 재여는 공자의 가르침과 꾸중에 자신의 단점을 고쳤을까요? 전하는 기록을 보면, 그렇지 못한 것 같습니다. 훗날 재여는 노(魯)나라와 이웃한 나라인 제(齊)나라로 가서 임궤(臨賣)란 곳에서 대부(大夫)가 되어 벼슬을 하였습니다. 그런데 당시 제(齊)나라의 권문세도가인 전상(田尙)의 반란에 참여했다가 삼족(三族)이 죽임을 당하는 멸문지화(滅門之禍)를 입게 되었습니다. 공자는 이 사건을 두고, 그 비극의 원인은 결국 재여의 사람됨에서 비롯되었다면서 스승으로서 매우 부끄럽게 여겼다고 합니다.

'藍筍象床', '대나무 침상과 상아로 장식한 긴 의자이다'라는 말의 뜻은, 안락한 대나무 침상과 좋은 상아로 장식한 긴 의자 때문에 너무나 편안하게 낮에 졸고 밤에 잔다는 것입니다. 즉 부귀영화와 안락함에 빠져 아무 걱정과 모자람이 없이 편안한 생활을 하고 지내는 것을 뜻합니다.

晝 낮주	眠 잘면	夕 저녁석	寐 잘매
藍 쪽람	筍 죽순순	象 코끼리상	床 평상상

예의와 품위를 지키는 술 예절

현 가 주 연　　　접 배 거 상
絃歌酒讌하고 接杯擧觴이라.

"거문고를 타서 노래하고 술로 잔치하고,
　잔을 공손히 쥐고 두 손으로 들어 권한다."

　　고대 중국에서는 주연(酒宴)을 베푸는 자리에서도 반드시 지켜야
할 예법(禮法)에 따라, 그곳에 참석한 모든 사람이 행동하도록 했습니
다. 이것은 아흔일곱 번째 이야기에 나오는 고대 중국의 귀족과 지식
인들의 삶과 일상생활을 규제하고 지배한 질서였습니다. 만약 주연
을 베푸는 자리에서 주인이나 손님이 예법을 지키지 못했을 경우, 그
사람은 귀족이나 지식인들로부터 '제대로 배우지 못한 놈'이라는 손
가락질을 받아야 했습니다.

　　또한 연회의 주인이 어떤 시를 읊어 자신의 심경을 나타내면 손
님은 반드시 그 시에 걸맞은 시로 화답을 해야 했습니다. 그것은 반
대의 경우도 마찬가지입니다. 혹 시로 답변을 하지 못한다거나 걸맞
지 않은 시로 답변을 할 경우 역시 손가락질을 피하기 어려웠습니다.

이 때문에 귀족과 지식인들은 옛 기록인『시경(詩經)』과『서경(書經)』
『춘추(春秋)』를 공부하지 않을 수 없었습니다. 이 책 속에 있는 시(詩)
나 서(書)를 인용하여 상대방이 자신의 심경을 표현할 때, 그에 합당
한 답변을 내놓아야 했기 때문입니다. 어쨌든 주연을 베푸는 자리에
서 반드시 지켜야 할 예법을 주례(酒禮)라고 했는데 고대 중국인들은
이 주례를 성왕(聖王)들이 만든 제도로 이해했습니다.

주례란 한잔의 술을 주고받을 때에도 주인과 손님은 수많은 절
을 주고받으면서 예의와 품위를 잃지 않도록 마셔야 한다는 것입니
다. 그리하면 하루 종일 술을 마셔도 결코 취하지 않고, 사람이 지켜
야 할 예의를 잃지도 않는다고 여겼던 것입니다. 이것은 술로 인해
일어나는 재앙과 비극을 예방하는 효과도 있었습니다. 그들에게 술
이란 서로 기쁨과 즐거움을 얻기 위한 것이고, 음악이란 덕(德)을 밝
히기 위한 것이며, 예의는 음란함을 막기 위한 것이었습니다. 그래서
고대 중국의 지식인, 특히 유가(儒家)들은 관례(冠禮, 성인식)·혼례(婚
禮, 결혼식)·상례(喪禮, 장례의식)·제례(祭禮, 제사의식)와 빈례(賓禮, 손
님을 대접하는 예절) 등의 중요한 의식과 행사에서 주인과 손님이 서로
간에 술을 주고받는 절차와 방법을 자세하게 규정해놓았습니다. 그
기록이 바로 유가의 13경전 중 하나인『의례(儀禮)』입니다.

絃 줄현	歌 노래가	酒 술주	讌 잔치 연
接 접할 접	杯 잔배	擧 들 거	觴 잔 상

춤으로써 백성들을 교화하다

교 수 돈 족   열 예 차 강
矯手頓足하니 悅豫且康이라.

"손을 들고 발을 구르며 춤을 추니, 기쁘고 즐겁고 또한 걱정이 없다."

잔치의 술은 주인과 손님 모두가 기쁨과 즐거움을 얻기 위한 것이고, 잔치의 음악은 주인과 손님의 덕(德)을 밝히기 위한 것이었습니다. 그럼 고대 중국의 지식인에게 춤은 어떤 존재였을까요?

그들은 13세가 되면 음악을 배우고, 시가(詩歌)를 읊고, 주나라의 주공(周公)이 만든 춤인 작무(勺舞)를 배웠습니다. 15세가 되면 활쏘기, 말 다루는 방법과 함께 창과 방패를 들고 추는 춤인 상무(象舞)를 배웠고, 20세가 되어 관례(冠禮, 성인식)를 치른 후에는 하나라를 세운 우왕이 만들었다고 전하는 춤을 추었습니다.

고대 중국의 지식인들이 반드시 배워야 할 학문에는 시가과 함께 음악 그리고 춤이 있었던 것입니다. 그런데 그들은 왜 춤을 그토록 중요하게 여겼을까요?

고대 중국의 지식인들은 예(禮)란 백성의 마음을 조절하여 평화롭게 하는 것이고, 악(樂)은 백성의 소리를 조화롭게 하는 것이라고 여겼습니다. 그래서 그들은 예악(禮樂)을 표현하는 방법과 수단을 특별히 중요하게 생각했습니다. 공자 또한 예악이 바로 서야 천하가 바로 선다고 하지 않았습니까? 이때 예악을 표현하는 방법이자 수단이 되었던 것이 바로 춤입니다. 몸을 굽히고 펴며 굽어보고 우러러보는 것, 멈춰 서고 움직이며 돌고 몸을 느리게 하거나 빠르게 하는 것들을 통해 예(禮)과 악(樂)을 표현한 것입니다.

공자는 천하가 잘 다스려지는 태평성대의 음악은 평화롭고 조화로운 춤을 나오게 하는 반면 춘추시대 정(鄭)나라나 위(衛)나라에서처럼 음란한 음악은 음란한 춤을 만들어낸다고 여겼습니다. 춤 또한 음악과 마찬가지로 나라와 백성의 현실과 미래를 내다볼 수 있는 도구라고 생각한 것입니다. 그래서 그들은 예(禮)와 덕(德)에 걸맞은 음악을 추구한 것과 똑같은 이치로, 예와 덕에 걸맞은 춤을 만들어 가르치고 배웠던 것입니다. 그것은 학문과 마찬가지로 나라와 백성을 교화하는 데 반드시 필요한 수단이었습니다. 이쯤 되면 왜 어려서부터 고대 중국의 지식인들이 그토록 열심히 춤을 배워야 했는지를 이해할 수 있지 않겠습니까?

矯 바로잡을 교	手 손 수	頓 두드릴 돈	足 발 족
悅 기쁠 열	豫 미리 예	且 또 차	康 편안할 강

맏아들이 대를 이어 제사를 지내다

적 후 사 속
嫡後嗣續하여 祭祀蒸嘗이라.

제 사 증 상

"맏아들로 대를 잇고, 증제(蒸祭)와 상제(嘗祭)의 제사를 지낸다."

맏아들로 대(代)를 이어가는 풍속과 문화는 언제 생겨났을까요? 중국 역사에서는 중국 고대 3왕조 중 하나인 주(周)나라의 주공(周公) 단(旦)이 만든 '종법제(宗法制)'에서 그 시작을 찾습니다. 잘 아시다시피 주나라는 분봉제후제를 국가의 근간으로 삼았습니다. 즉 왕족이나 공신 혹은 각 부족의 수장(首長)들에게 제후의 직위를 주고, 그들은 각각 독립적인 영토를 분봉 받아 다스리며 천자국인 주나라의 왕을 섬기도록 한 것입니다. 당시 제후국들은 천자의 간섭을 받지 않는 독자적인 제후 계승권을 지니고 있었습니다. 따라서 그 제도는 제후국의 권력 계승권을 둘러싼 혼란과 분쟁의 '씨앗'을 시작부터 지니고 있었습니다. 이 혼란과 분쟁으로 인한 권력 투쟁을 예방하기 위해 당시 주공 단이 만든 제도가 바로 '종법제'입니다.

이 제도에 따르면, 적장자(嫡長子, 본처에게서 낳은 맏아들)만이 유일한 계승권자가 될 수 있었습니다. 이 제도는 이후 왕실에서부터 일반 백성의 집안에 이르기까지 권력과 가문 계승권의 기준이 되었습니다. 이렇게 하여 적장자가 대(代)를 이어 왕실과 가문을 지킨다는 고대 중국 사회의 풍속과 문화가 자리 잡게 된 것입니다.

왕실과 가문의 대(代)를 물려받은 적장자는 권력 못지않게 지키고 보호해야 할 수많은 의무와 책임을 떠맡게 됩니다. 그중 가장 중요한 것이 왕실과 가문의 조상을 섬기는 제사 의식을 충실하게 챙기는 일입니다. 제사(祭祀)는 사계절의 변화에 맞추어 지내야 했습니다. 이 중 여기에 나오는 증제(蒸祭)는 겨울에 지내는 제사이고, 상제(嘗祭)는 가을에 지내는 제사입니다. 그럼 봄과 여름에 지내는 제사는 무엇이냐고요? 봄에 지내는 제사는 약제(礿祭)라 했고 여름에 지내는 제사는 사제(祀祭)라고 했습니다. 이들 사계절의 제사는, 그 계절에 첫 수확한 곡식과 과실을 조상에게 올리는 의식입니다. 봄에는 수확하는 곡식과 과실이 없으므로 대신 가죽과 비단을 놓고 제사를 올렸고, 여름에는 보리를 올렸습니다. 또 가을에는 기장과 조를 올렸고, 겨울에는 1년 동안 가꾸고 길러 수확한 여러 종류의 곡식과 과실들을 조상들께 올렸습니다.

嫡 정실 적	後 뒤 후	嗣 이을 사	續 이을 속
祭 제사 제	祀 제사 사	蒸 찔 증	嘗 맛볼 상

세 권의 책에 세상의 질서를 담다

稽顙再拜하고 悚懼恐惶이라.

"이마를 땅에 조아리며 두 번 절하고, 두렵고 두려워서 거듭 공경한다."

　　공자는 자신이 살던 시대를 구하고자 학문을 한 사람입니다. 그가 구하고자 한 시대는 주(周)나라의 천자를 중심으로 한 천하의 질서가 무너진 이후 벌어진 제후국 사이의, 또는 제후국 내부의 피비린내 나는 영토 전쟁과 권력 투쟁의 시대였습니다. 춘추시대의 역사서인 『춘추(春秋)』에서 공자가 밝히고 있는 군주 시해 사건만도 36건이나 되고, 멸망한 제후국만 해도 52개국이나 됩니다. 그럼 공자는 자신의 시대를 어떤 방법을 통해 구하고자 했을까요?

　　그것은 예악(禮樂)의 질서를 바로 세우는 것이었습니다. 이때 예(禮)란 신분 질서에 따른 차별을 뜻합니다. 즉 천자가 할 수 있는 일은 제후가 결코 할 수 없습니다. 또한 제후가 할 수 있는 일을 공경대부(公卿大夫)는 결코 할 수 없으며, 공경대부가 할 수 있는 일을 선비나 일반 백성이 해서는 결코 안 됩니다. 예를 들어 제후들은 사방 100리 이상의 영토를 가져서는 안 되며 삼군(三軍, 3만7천5백 명) 이상의 군대를 보유해서는 안 됩니다. 또한 제례나 행사 때 함부로 하늘과 땅에 제사지낼 수 없었으며, 무희(舞姬)들의 숫자를 마음대로 해서도 안 되었습니다. 그러나 공자가 살던 춘추시대 말기에는 주나라가 세운 이 모든 질서가 철저하게 무너져버린 시대였습니다. 신분 질서가 철저하게 무너져버려 재주와 능력 그리고 힘과 무력을 갖추고 있으면 보잘것없는 신분의 사람도 공경대부, 심지어 제후의 반열에 오를 수 있었고 왕후장상의 씨를 물려받아서도 하루아침에 죽은 사람이 되어버리는 시대였습니다.

그래서 공자는 예악의 질서를 세우는 것을 천하를 구제하는 방법으로 삼아, 고대 중국 왕조의 예악 전통을 연구하고 그것을 세상에 퍼뜨리는 데 몰두했습니다. 공자의 사후 그의 제자들 역시 스승의 유지를 받들어 예악 전통을 발굴하고 예악 문화를 연구하는 데 온 힘을 쏟았습니다. 그렇게 해서 공자와 그 제자인 유가(儒家)들은 주공(周公)이 저술·편찬했다고 전해오는 주나라 시대의 행정 직제와 국가 제도를 담은 『주례(周禮)』와 관혼상제 등 각종 의식과 행사에 관한 기록인 『의례(儀禮)』를 발굴해내고, 유가(儒家)들이 연구한 예악 문화를 집대성한 백과사전이라고 할 수 있는 『예기(禮記)』를 세상에 내놓을 수 있었습니다.

이 세 권의 책은 공자와 유가들이 세상을 구제하고자 주창하고

다닌 예악(禮樂) 질서와 문화 그리고 중국 고대 왕조의 예악 전통을
총망라하고 있다고 할 수 있습니다. 이들 책은 오늘날에도 3례(三禮)
라고 불리며, 유가의 기본 경전인 13경(十三經)에 그 이름을 올리고
있습니다. 공자가 천하를 구제하여 이루고자 꿈꾼 이상 국가와 이상
사회를 이해하기 위해서는 한 번쯤은 읽어둘 만한 책들입니다.

'稽顙再拜하고 悚懼恐惶이라', 즉 '이마를 땅에 조아리며 두
번 절하고, 두렵고 두려워서 거듭 공경한다'라는 말은 윗사람을 두려
움과 공경하는 마음으로 섬기는 아랫사람의 도리를 밝힌 것으로, 바
로 공자가 말한 신분 차별에 따른 질서의 첫 번째 조건이라고 할 수
있습니다.

| 稽 조아릴 계 | 顙 이마 상 | 再 다시 재 | 拜 절 배 |
| 悚 두려울 송 | 懼 두려울 구 | 恐 두려울 공 | 惶 두려울 황 |

대나무에 편지를 쓰다

_{전 첩 간 요}   _{고 답 심 상}

牋牒簡要하고 顧答審詳이라.

"편지는 간략하게 요점만 적고, 묻거나 답하는 일은 자세하게 살펴야 한다."

　'전(牋)'은 윗사람에게 올리는 편지이고 '첩(牒)'은 친구나 동년배 간에 주고받는 편지입니다. 또 '고(顧)'는 서로 안부를 묻는 것이고 '답(答)'은 회답하는 것을 말한다고 했습니다. 따라서 이 문장은 윗사람 또는 친구나 동년배 사이에 주고받는 편지를 어떻게 써야 하는지에 대한 글이라고 하겠습니다.

　편지나 서찰을 보내기 위해서는, 자신의 심경을 글로 적어 보낼 필기도구가 필요했을 것입니다. 그런데 우리가 상식적으로 알고 있는 글과 기록을 남기는 재료인 종이는 후한(後漢)시대 사람인 채륜(蔡倫)이 만든 것으로, 그 제작 년대는 서기 100여 년경입니다. 따라서 중국 고대 3왕조는 물론 춘추전국시대, 진(秦)나라와 전한(前漢)시대에도 종이가 아닌 다른 필기 재료를 사용하여 기록을 남기고 또

340

편지나 서찰을 주고받아야 했습니다.

　그 당시 사용되었던 재료로는 비단과 대나무 그리고 나무를 들수 있습니다. 그러나 비단은 워낙 값비싼 귀중품이었으므로, 왕실이나 고관대작들도 쉽게 사용할 엄두를 내지 못했습니다. 그래서 대개는 구하기 쉬운 대나무와 나무를 사용하여 책을 만들고 문서와 서찰 등을 작성했습니다. 이때 대나무와 나무는 평평한 패(牌) 모양으로 다듬어 한 개만 사용하거나 혹은 여러 개를 엮어서 사용했습니다. 그리고 여러 개의 대나무쪽을 엮어서 책을 만들 경우 이것을 죽간(竹簡)이라고 했고, 여러 개의 나무쪽을 엮어서 책을 만들면 이것은 목독(木牘)이라고 했습니다.

　예순한 번째 이야기에 나오는, 공자의 집에서 발견된 경전(經典)들이 죽간(竹簡)에 옻칠을 하여 만들어진 서책이었다고 말씀드린 것을 기억하시겠는지요? 오늘날에도 가장 흔하게 발견되는 것은 대나무쪽으로 만들어진 죽간(竹簡)입니다. 그래서 채륜이 종이를 발명하고 사용하기 이전에 가장 보편적으로 쓰였던 필기 재료는 대나무, 즉 죽간(竹簡)이라고 할 수 있겠습니다.

牋 편지 전	牒 편지 첩	簡 대쪽 간	要 중요할 요
顧 돌아볼 고	答 대답 답	審 살필 심	詳 자세할 상

마음을 바로 닦다

해 구 상 욕   집 열 원 랑
骸垢想浴하고 執熱願凉이라.

"몸에 때가 끼면 목욕하고 싶고, 뜨거운 것을 잡으면 시원한 것을 원한다."

　　해 구 상 욕
'骸垢想浴', '몸에 때가 끼면 목욕하고 싶다'는 말은, 마음
을 깨끗하게 하고 싶은 군자의 꿈을 육신(肉身)에 낀 더러운 때
를 깨끗하게 씻고 싶다는 바람으로 비유하여 표현한 것입니다. 또
집 열 원 랑
'執熱願凉', '뜨거운 것을 잡으면 시원한 것을 원한다'는 말은, 악
(惡)을 보면 자연스럽게 선(善)을 찾는 인간의 본능을 뜨거운 것을
잡으면 시원한 것을 원한다는 것으로 비유한 것입니다. 그래서 이 문
장은 인간의 착한 본성과 함께 자신을 닦아 마음을 바르게 하고자
하는 군자의 소망을 담고 있다고 할 수 있겠습니다.

　　공자의 제자 중 10대 제자에는 들지 못했지만, 효(孝)로 크게 이
름을 얻은 사람이 있습니다. 훗날 공자의 손자인 자사(子思)의 스승
이 되어 유가(儒家)의 정통 계보를 잇게 한 증자(曾子)라는 인물입니

다. 이 증자가 자신의 제자들과 함께 남긴 저서에 『대학(大學)』이라는 것이 있습니다. 본래 『예기(禮記)』에 속해 있었으나 훗날 남송 성리학의 태두인 주희(朱熹, 주자)가 따로 뽑아내어 사서(四書) 중 하나로 삼은 책입니다. 이 책은 군자가 되는 길을 구체적으로 제시하고 있는데 군자의 길이란 다름 아닌 '수신제가치국평천하(修身齊家治國平天下)'입니다.

여기에 '자신의 몸을 닦는 도리와 이치' 즉 수신(修身)에 대한 이야기가 있습니다. 그곳에서 증자는 수신(修身, 자신의 몸을 닦는다는 것)이란 마음을 바르게 하기 위한 것이라고 말합니다. 몸을 거느리고 있는 것이 마음이기 때문이라는 것입니다. 그 예로 마음을 두지 않으면 어떤 사물을 보아도 보지 않는 것과 같고, 소리를 들어도 듣지 않는 것과 같고, 음식을 먹어도 먹지 않는 것과 같다고 했습니다. 마음이 있어야 사물이든 소리든 음식이든 참의미와 맛을 느낄 수 있다는 이야기겠지요. 마음을 바르게 닦는 것이야말로 몸을 바르게 세우는 길이라고 본 것입니다. 그리고 공자나 증자 그리고 맹자와 같은 유가(儒家)들은 마음을 바르게 닦는 것은 누가 시켜서 되는 일이 아니라 마치 몸에 때가 끼면 목욕하고 싶고 악(惡)을 보면 선(善)을 생각하듯이, 인간의 본성(本性)에서 나오는 것이라고 생각했습니다.

骸 뼈 해	垢 때 구	想 생각할 상	浴 목욕할 욕
執 잡을 집	熱 더울 열	願 원할 원	凉 서늘할 량

백성의 부富는 가축의 수로 판단한다

여   라   독   특   해   약   초   양
驢騾犢特이 駭躍超驤이라.

"나귀와 노새 그리고 송아지와 소가, 놀라 날뛰고 뛰어 달린다."

'여라(驢騾)'는 나귀와 노새를, '독특(犢特)'은 송아지와 소를 말합니다. 이 네 동물은 모두 고대 중국인들의 삶과 생활에 매우 밀접한 관계가 있습니다. 이 네 동물이 번성하면 백성의 삶이 편안하고 생활이 부유하여 천하가 태평하다고 여겼기 때문입니다. 『예기(禮記)』에 보면 임금과 대부와 선비와 일반 백성의 부유함을 어떻게 판가름하는지에 대한 재미있는 일화가 나옵니다.

임금의 부(富)는 토지와 산과 연못에서 나오는 수확량을 가지고 판단하고, 대부의 부(富)는 식읍(食邑)과 집사(執事) 그리고 식읍의 백성이 부담하는 세금을 가지고 판단하고, 선비의 부(富)는 수레의 수로 판단합니다. 그리고 마지막으로 일반 백성의 부(富)는 가축의 수를 가지고 판단한다고 했습니다. 이때 이 네 동물을 모두 중요한 가

축(家畜)으로 여기고 나라와 백성의 부유함과 태평함을 판단하는 척도로 여겼습니다. 하지만 각각의 동물에 대한 대접은 하늘과 땅 만큼이나 차이가 있었습니다.

고대 중국에서는 나귀나 노새는 북방의 유목 민족이나 기르는 하찮고 이상한 동물로 취급했으며, 심지어 쓸모없는 인간 무리를 일컬어 '여라(驢騾)'라고까지 불렀습니다. 반면 송아지나 소는 농경사회에서는 없어서는 안 되는 중요한 동물이었습니다. 또한 하늘의 신인 상제(上帝)와 땅의 신인 후직(后稷)에게 올리는 제사인 교제(郊祭)에 희생물로 사용한 동물 역시 송아지나 소였습니다. 그리고 천자(天子)가 천하를 순행할 때 방문한 제후국의 제후는 반드시 송아지를 잡아서 천자를 대접해야 했습니다. 그 이유는 소의 귀중함과 함께 송아지의 순수함을 숭상했기 때문이라고 합니다.

따라서 노새와 나귀는 있어도 그만 없어도 그만인 가축이지만, 송아지나 소는 농사를 위해서도 꼭 있어야 하는 가축이었을 뿐만 아니라 국가나 가문의 제례나 행사를 치르기 위해서는 반드시 소유하고 있어야 하는 동물이었습니다. 이렇게 보면 각각의 동물에 대한 대접이 달랐던 것은 너무나 당연한 일이 아니었겠습니까?

驢 나귀 려	騾 노새 라	犢 송아지 독	特 소 특
駭 놀랄 해	躍 뛸 약	超 넘을 초	驤 달릴 양

제11강 고대 중국인들의 일상생활

'음독(音讀)', 즉 소리 내어 읽는 것은 오래 전부터 내려온 최고의 고전 읽기법입니다.
천자문을 소리 내어 읽으며 그 뜻과 의미를 다시 한 번 되새겨보시기 바랍니다.

친 척 고 구　　　　노 소 이 량

親戚故舊는 老小異糧이라.

"친척들과 어릴 적 친구는, 늙고 젊음에 따라 음식을 다르게 한다."

첩 어 적 방　　　　시 건 유 방

妾御績紡하고 侍巾帷房이라.

"아내와 첩은 길쌈을 하고, 장막 친 안방에서 수건 들고 시중든다."

환 선 원 결　　　　은 촉 위 황

紈扇圓潔하고 銀燭煒煌이라.

"흰 비단 부채는 둥글고 깨끗하며, 은빛 나는 촛불은 환하게 빛난다."

주 면 석 매　　　　남 순 상 상

晝眠夕寐하니 藍筍象床이라.

"낮에 졸고 밤에 자니, 대나무 침상과 상아로 장식한 긴 의자이다."

현 가 주 연　　　　접 배 거 상

絃歌酒讌하고 接杯擧觴이라.

"거문고를 타서 노래하고 술로 잔치하고,
잔을 공손히 쥐고 두 손으로 들어 권한다."

^{교 수 돈 족} ^{열 예 차 강}
矯手頓足하니 悅豫且康이라.

"손을 들고 발을 구르며 춤을 추니, 기쁘고 즐겁고 또한 걱정이 없다."

^{적 후 사 속} ^{제 사 증 상}
嫡後嗣續하여 祭祀蒸嘗이라.

"맏아들로 대를 잇고, 증제(蒸祭)와 상제(嘗祭)의 제사를 지낸다."

^{계 상 재 배} ^{송 구 공 황}
稽顙再拜하고 悚懼恐惶이라.

"이마를 땅에 조아리며 두 번 절하고, 두렵고 두려워서 거듭 공경한다."

^{전 첩 간 요} ^{고 답 심 상}
牋牒簡要하고 顧答審詳이라.

"편지는 간략하게 요점만 적고, 묻거나 답하는 일은 자세하게 살펴야 한다."

^{해 구 상 욕} ^{집 열 원 량}
骸垢想浴하고 執熱願凉이라.

"몸에 때가 끼면 목욕하고 싶고, 뜨거운 것을 잡으면 시원한 것을 원한다."

^{여 라 독 특} ^{해 약 초 양}
驢騾犢特이 駭躍超驤이라.

"나귀와 노새 그리고 송아지외 소기, 놀라 날뛰고 뛰어 달리다."

오늘의 우리에게 들려주는 이야기

도둑에게도 도^道가 있다

誅斬賊盜하고 捕獲叛亡이라.

"도적을 죽이고 베며, 배반하고 도망하는 자는 사로잡아 들인다."

공자(孔子)는 춘추시대 노(魯)나라 출신입니다. 당시 노(魯)나라
에는 공자 못지않게 현인(賢人)으로 이름을 날린 사람이 있었는데 그
가 유하혜입니다. 그런데 유하혜에게는 유명한 도적으로서 천하를
휘젓고 다닌 도척(盜跖)이라는 동생이 있었습니다. 그는 9,000명에
이르는 도적 무리를 이끄는 두목이었으며, 각국 제후들의 영토를 제
집 드나들 듯 침범하여 재물과 부녀자를 훔치고 약탈했다고 합니다.
그가 이끄는 도적들의 위세가 어찌나 대단했던지, 그들이 지나갈 경
우 큰 규모의 제후국은 성을 지키고 맞섰지만 작은 규모의 제후국들
은 난리를 피하려고 성 안으로 몸을 숨겼다고 합니다.

도척은 흉폭하고 잔인한 짓을 일삼고 다닌 도둑임에는 틀림없지
만, 그에 관해 전해오는 이야기들을 보면 '평범한 도둑놈'은 아니었

던 듯합니다.

어느 날 도척이 이끄는 무리 중 한 도적이 그에게 '도둑에게도 지켜야 할 도(道)'가 있느냐고 물었던 모양입니다. 도둑의 도(道)를 물어 본 도둑도 이상한 놈이지만 더욱 흥미를 끄는 것은 도척의 답변입니다. 도척은 당시 노(魯)나라 지식인들 사이에서 유행하던 공자의 철학을 빗대어 도(道)가 존재하지 않는 곳이 있겠느냐면서, 남의 집 문 안에 있는 재물을 미리 헤아려 무엇을 훔쳐낼 수 있는지를 알아내는 일은 도둑의 성(聖, 도리·이치)이고, 남보다 먼저 도둑질할 집에 들어가는 일은 도둑의 용(勇, 용기)이며, 도둑질을 다하고 도망칠 때 맨 뒤에 서는 일은 도둑의 의(義, 의리)이며, 도둑질을 할 알맞은 때를 아는 일은 도둑의 지(智, 지혜)이고, 도둑질한 재물을 공평하게 나누는 일은 도둑의 인(仁, 어짊·사랑)이라고 했습니다. 그러면서 이 다섯 가지를 모두 지녀야 천하에 이름을 알리는 도둑이 될 수 있다고 했습니다.

한마디로 도척은 철학을 갖고 있던 도적이었던 것입니다. 요즘 식으로 표현하자면, 대도(大盜)라고 할 만한 인물이었습니다. 아마도 짐작해보건대, 도척의 무리들은 일반 백성의 집이나 재물을 탐낸 좀도둑이 아니라, 왕후장상이나 고관대작과 같은 당시 지배 계급의 재물을 훔치고 약탈한 것으로 보입니다. 이렇게 보면, 우리나라 조신시대의 임꺽정이나 장길산과 같은 의적(義賊)으로도 볼 수 있지 않을까 싶습니다.

도척과 공자, 두 사람에 얽힌 일화는 여든여덟 번째 이야기에서 언급했던 적이 있습니다. 자신을 설득하러 나선 공자를 위선자라고 꾸짖고 위협해 내쫓은 것만 보더라도, 도척은 단순한 도둑이 아니라는 것을 짐작해볼 수 있습니다.

어쨌든 도척은 명예롭게 이름을 남기지는 못했습니다. '도척(盜蹠) 같은 놈'이라는 말은, 욕심 많고 흉폭하며 잔인한 사람을 상징하는 말로써 오늘날까지 전해지고 있기 때문입니다.

誅 벨 주	斬 벨 참	賊 도적 적	盜 도적 도
捕 잡을 포	獲 얻을 획	叛 배반할 반	亡 도망 망

다재다능한 영웅들의 이야기

포　사　료　환　　　　혜　금　완　소

布射僚丸하며 嵇琴阮嘯라.

"여포는 활을 잘 쏘았고 웅의료는 공을 잘 놀렸으며,
혜강은 거문고를 잘 타고 완적은 휘파람을 잘 불었다."

느닷없이 웬 여포(呂布)냐고 하시는 독자들도 계시겠지요? 『천자
문』을 지은 주흥사는 남북조시대(420~589년)의 말기에 해당하는 양
(梁)나라 무제(武帝) 때 사람입니다. 따라서 후한(後漢) 말기의 인물
인 여포보다는 무려 300여 년 후에 활동한 사람입니다. 따라서 『천
자문』에 활을 잘 쏜 용장(勇將)의 대명사로 여포를 언급한 것은 지극
히 자연스러운 일이라고 할 수 있습니다.

어쨌든 여포야 긴 설명이 필요 없는 인물이니까, 여포와 나란히
비교되고 있는 웅의료(熊宜僚)라는 사람에 대해서 알아보도록 하죠.
웅의료는 춘추시대 초(楚)나라 제29대 제후인 혜왕(惠王) 때 사람으
로, 그 힘이 천하장사여서 홀로 500명을 상대해도 이겨낼 정도였다
고 합니다. 그러나 힘 못지않게 의기(義氣) 또한 남달라, 당시 세력가

인 백공승(白公勝)이라는 사람이 권력 장악을 목적으로 초나라의 재상인 영윤(令尹)을 살해하기 위해 그를 찾아가 부탁을 하자 '어진 사람을 죽일 수 없다'면서 거절했다고 합니다. 특히 그는 공을 가지고 노는 재주가 탁월했는데 공을 가지고 놀면 항상 여덟 개의 공은 공중에 떠 있고 한 개의 공만 그의 손 안에 있었습니다. 그는 현란한 공놀이 솜씨로 훗날 초나라가 송(宋)나라와 전쟁을 벌일 때, 큰 공적을 세우기도 했습니다. 송나라의 군사들이 웅의료의 현란한 공놀이 재주에 넋을 빼앗기고 구경하는 틈을 노려 초나라 군대가 송나라 군대를 공격해 크게 승리했기 때문입니다.

혜강(嵇康)은 후한(後漢)이 멸망한 후 시작되는 삼국시대 중 조조가 세운 위(魏)나라의 문인이자 사상가였습니다. 그는 유교의 전통사상과 인생관을 비판하고 자유분방한 노장(老莊) 사상을 제창하고 다녔습니다. 혜강은 위(魏)나라에서 진(晉)나라로 왕조가 교체되는 시기에 세속의 권력과 욕망을 비판하며 죽림(竹林)에 모여 거문고와 술을 즐기며 청담(淸談)으로 세월을 보낸 일곱 명의 선비를 일컬었던 '죽림칠현(竹林七賢)' 가운데 한 사람입니다. 특히 거문고 연주에 뛰어난 재주를 갖고 있었다고 합니다. 훗날 혜강은 반유교적 사상과 청렴결백한 성품 때문에 당시 권력층의 미움을 사, 친구가 일으킨 사건에 연루되어 결국 처형당하고 맙니다.

완적(阮籍) 역시 위나라 때의 문인이자 사상가로, 혜강과 같은 시대를 산 인물입니다. 그는 한때 위나라를 무너뜨리고 진(晉)나라를 세운 사마씨(司馬氏) 밑에서 벼슬을 살기도 했으나, 권력과 출세를 근본적으로 싫어해 술과 기행(奇行)을 일삼으며 자신을 위장하고 살았습니다. 또한 유학자들의 교조적인 철학에 반기를 들고 노장(老莊) 사상을 연구하는 데 몰두했습니다. 혜강과 함께 죽림칠현의 중심을 이루었던 사람으로, 휘파람을 빼어나게 잘 불었다고 전해집니다.

布 베포	射 쏠사	僚 벗료	丸 알환
嵆 성혜	琴 거문고금	阮 성완	嘯 휘파람소

세상을 놀라게 한 발명가들

염 필 륜 지 　　 균 교 임 조
恬筆倫紙하고 **鈞巧任釣**라.

"몽염은 붓을 만들었고 채륜은 종이를 만들었으며,
마균은 기술이 뛰어났고 임공자는 낚싯대를 만들었다."

몽염(蒙恬)은 전국시대 말기 진(秦)나라의 명장으로, 진시황이 6국
(六國)을 멸망시키고 천하 통일을 이루는 데 일등 공신 역할을 한 사
람입니다. 일흔다섯 번째 이야기에서 진시황의 천하 통일을 도운 수
많은 장군 가운데 왕전의 왕씨 가문과 몽염의 몽씨 가문이 가장 탁
월한 업적을 세웠다고 말씀드렸습니다.

진시황의 천하 통일 후, 몽염은 30만 대군을 이끌고 북방의 유목
민족인 흉노족을 내쫓는 한편 '만리장성(萬里長城) 축조'라는 대사업
을 진두지휘했습니다. 만리장성의 완성은 그의 노력으로 이룬 작품
이라고 해도 과언이 아닙니다. 그러나 몽염은 뛰어난 용병술과 탁월
한 리더십 때문에 진나라 황실로부터 끊임없는 감시와 견제를 당해
야 했습니다. 결국 진시황이 죽은 후, 제2대 호해 황제와 환관 조고

가 황태자인 부소의 황제 등극을 막기 위해 거짓 조서를 꾸미고 몽염을 투옥해 제거하려 하자 자살로 생을 마감했습니다.

'염필(恬筆)' 즉 몽염이 붓을 만들었다는 것은, 그가 대나무 대롱에 토끼털을 매어 붓을 만들고 또 소나무 그을음으로 먹을 만들어 글씨를 썼다고 전해지기 때문입니다. 이 붓을 토호죽관(兔毫竹管)이라고 하는데 몽염이 처음 만들어 사용했다고 합니다.

채륜(蔡倫)은 후한(後漢)시대 중기 때 사람으로 궁궐에서 황제를 모시던 환관(宦官)이었습니다. 그러나 학문과 재주가 매우 뛰어나 중상시(中常侍)라는 관직을 거쳐 용정후(龍亭侯)에까지 봉해지는 영화를 누렸습니다. 그는 서기 105년에 종이 제조법을 발명하여 크게 이름을 알렸고, 그 공적을 기리기 위해 그때부터 그가 발명한 종이 제조법에 따라 만들어진 종이에 대해서는 채후지(蔡侯紙)라고 불리는 영광을 얻었습니다. 그 후 채륜은 '륜지(倫紙)', 즉 종이를 만들어낸 '종이의 발명자'로 알려져왔지만 최근 들어 그가 종이를 최초로 발명한 것은 아니고 이전부터 전해 내려오던 여러 종이 제조기술을 종합하여 새로운 종이 제작법을 개발했다는 사실이 밝혀지고 있습니다. 그러나 채륜이 개발한 새로운 종이 제작법에 따라 구하기 쉬운 재료를 사용하여 손쉽게 기록할 수 있는 양질의 종이를 대량으로 생산할 수 있었기 때문에 중국은 물론 동아시아 문명의 발전에 기여한 그의 공적은 대단한 것이었습니다.

'균교(鈞巧)', 즉 기술이 뛰어났던 마균(馬鈞)은 삼국시대 위(魏)나

라의 기술자이자 발명가였습니다. 그는 집안이 매우 가난해 학문을
배우지는 못했으나, 뛰어난 손재주와 창의적인 발상으로 수많은 기
술 혁신을 이끌고 다양한 발명품을 만들어냈다고 합니다. 예를 들어
4~5배나 작업 능률을 높인 비단 직조기, 재래식으로 물을 푸는 기
계를 개조한 용골수차(龍骨水車), 나무 인형을 수레에 태워 조정하면
수레가 반드시 남쪽을 향하도록 만든 지남거(指南車), 성을 공격할
때 바퀴가 도는 원리를 이용하여 더 멀리 돌을 던질 수 있게 한 기계
인 포석거(抛石車) 등이 그가 개량하거나 발명한 작품들이었다고 합
니다.

'임조(任釣)'의 임공자(任公子)는 전국시대에 존재했던 임(任)나라
의 공자(公子)을 말합니다. 공자(公子)라는 말에서 임(任)나라 제후의
아들이라는 것을 알 수 있을 뿐, 그가 누구인지에 대한 구체적인 기
록은 없습니다. 다만 무게가 3천 근이나 되는 갈고리를 만들어 동해
(東海)에 낚싯대를 드리워 거대한 고기를 낚았다는 기록이 전해져오
고 있습니다.

恬 편안할념	筆 붓필	倫 인륜륜	紙 종이지
鈞 서른근균	巧 공교할교	任 맡길임	釣 낚시조

신화와 역사, 문명을 만든 사람들

석 분 리 속   병 개 가 묘
釋紛利俗하니 *並皆佳妙*라.

"어지러운 것을 풀고 세상을 이롭게 하니, 모두가 아름답고 기묘한 것들이다."

이 문장은 백열다섯 번째와 백열여섯 번째 이야기에 나오는 여덟 사람, 즉 여포(呂布)·웅의료(熊宜僚)·혜강(嵇康)·완적(阮籍)과 몽염(蒙恬)·채륜(蔡倫)·마균(馬鈞)·임공자(任公子) 등이 지닌 재주와 기술이 모두 세상의 어지러움을 풀고 사람들을 이롭게 한 아름답고 기묘한 것들이라는 뜻으로 읽으면 되겠습니다.

지금까지 등장했던 대부분의 사람은 좁게는 한 나라와 한 시대를, 넓게는 중국 대륙과 동아시아 그리고 고금(古今)을 통해 사람들의 삶과 생활을 이롭고 윤택하게 한 사람들이라고 할 것입니다. 물론 너러는 사람들에게 해익을 끼치고 고통을 준 인물들도 있었지만요.

어쨌든 그들은 긍정적이든 부정적이든, 진보든 보수든 중국과 동아시아의 신화와 문명 그리고 역사를 만드는 데 나름의 역할을 한

사람들입니다. 역사와 문명이 선한 의도를 갖고 또 훌륭한 업적을 남긴 위대한 인물들에 의해서만 만들어지지 않았다는 것을 인정한다면, 수천 년을 이어져온 중국과 동아시아의 역사와 문명은 신과 인간, 제왕과 백성, 선인(善人)과 악인(惡人), 군자와 소인 등이 한데 어우러져 만든 합작품(合作品)이라고 할 수 있지 않을까요? 신화·문명·역사의 대서사시라고 할 수 있는 『천자문(千字文)』을 읽는 이유도, 신과 인간이 빚어낸 그 합작품의 다양한 아름다움과 기묘함을 감상하는 것이라고 한다면 지나친 비약인가요?

釋 풀 석	紛 어지러울 분	利 이로울 리	俗 세상 속
並 아우를 병	皆 모두 개	佳 아름다울 가	妙 묘할 묘

나라를 기울게 한 아름다움

모 시 숙 자　　공 빈 연 소
毛施淑姿하여 工嚬妍笑라.

"모장과 서시는 자태가 아름다워, 찡그리고 웃는 모습이 고왔다."

　　모장(毛嬙)과 서시(西施)는 고대 중국을 대표하는 미녀들입니다. 고대 중국의 역사를 보면 절세 미녀들이 여럿 등장합니다. 그런데 이들은 대부분 좋은 역할로 등장하지 않습니다. 하(夏)나라의 마지막 왕인 폭군 걸왕(桀王)은 말희(末姬)라는 미녀와 주지육림(酒池肉林)의 늪에 빠져 지내다 나라를 잃었고, 상(商)나라의 마지막 왕인 폭군 주왕(紂王)은 달기(妲己)와 엽기적인 성 행각을 일삼다가 나라와 목숨을 잃었습니다. 그리고 주(周)나라의 유왕(幽王)은 포사(褒姒) 때문에 유목 민족인 견융(犬戎)에 쫓겨 살해당하는 비운을 겪었습니다.

　　그 외에도 춘추시대 진(晋)나라의 여희(驪姬)나 진(陳)나라의 하희(夏姬)는 모두 그 미색 때문에 제후들을 망하게 했습니다. 그래서 고대 중국인들은 절세 미녀들을 일컬어 '나라를 기울게 할 정도의 아름다움'이라고 하여 경국지색(傾國之色)이라고 했습니다.

'毛施淑姿하여 工顰妍笑라', 즉 '모장과 서시는 자태가 아름
다워, 찡그리고 웃는 모습이 고왔다'는 문장은, 모장과 서시라는 두
미녀의 행동이 정숙하고 용모가 반듯하다고 칭찬합니다. 앞서 소개
한 절세 미녀들과는 다른 이미지라고 하겠습니다. 그렇다면 과연 모
장과 서시는 그들과는 다른 삶과 생활을 보였던 것일까요? 글쎄요.

모장은 춘추시대 오(吳)나라 출신으로, 오나라의 일색(一色)이라
고 불릴 만큼 아름다운 용모와 자태를 뽐냈습니다. 훗날 월나라 왕
구천(句踐)의 애첩이 되었다고 합니다. 서시는 오나라와 이웃한 월
(越)나라 출신으로, 월나라의 일색(一色)이라고 불렸다고 합니다. 모
장과는 거의 같은 시대를 살았던 것으로 보입니다. 그녀는 월나라 왕
구천이 오나라 왕 부차(夫差)에게 패한 후, 부차가 여색을 밝히는 것
을 이용해 복수를 하려는 구천에 의해 오나라로 넘어간 첩자였습니
다. 서시의 아름다운 용모와 자태에 한눈에 빠져버린 부차는 그때부
터 나라의 정사(政事)를 전혀 돌보지 않았고, 결국 시간을 벌어 국력
을 재정비한 구천에게 패해 도망치다 자살하게 되었습니다. 오나라
는 멸망하게 되었지요. 이렇게 보면, 서시는 나라를 기울게 한 아름
다움을 지닌 여인의 범주에 든다고 해야 하겠습니다.

毛 털모	施 베풀시	淑 맑을숙	姿 모양자
工 장인공	顰 찡그릴빈	妍 고울연	笑 웃을소

태양을 살펴 앞날을 점치다

<ruby>年<rt>연</rt></ruby> <ruby>矢<rt>시</rt></ruby> <ruby>每<rt>매</rt></ruby> <ruby>催<rt>최</rt></ruby> 하고 <ruby>羲<rt>희</rt></ruby> <ruby>暉<rt>휘</rt></ruby> <ruby>朗<rt>랑</rt></ruby> <ruby>曜<rt>요</rt></ruby> 라.

年矢每催하고 **羲暉朗曜**라.

"세월은 화살처럼 매양 재촉하고, 태양은 밝게 빛난다."

하루, 한 달, 한 해의 흐름을 생각할 때 가장 먼저 떠오르는 자연 현상은 무엇일까요? 아마도 떠오르는 아침 태양과 붉은 노을을 뒤로 한 채 사라져가는 해 질 녘의 태양일 것입니다. 세월은 화살처럼 빠르게 지나가지만 태양은 변함없이 떠올라 밝게 빛을 발합니다.

고대 중국인들은 태양을 생명의 상징이라 생각했습니다. 그래서 태양이 떠오르는 동쪽을 만물이 소생하는 곳이라 여겼지요. 태양을 뜻하는 '羲(희)'자는 '복희 희'로 읽는데 중국 신화에 따르면 복희(伏羲)는 태양이 떠오르는 동쪽을 주관하는 '동방의 신'입니다. 고대 중국의 일부 지방에서 복희는 태양을 대우는 수레의 마부로 등장합니다.

이 책의 두 번째 이야기에 나오는 태양의 여신(女神), 희화(羲和) 역시 태양을 상징하는 한자인 '희(羲)'가 이름에 나타납니다. 희화는 자신이 낳은 열 명의 아들과 함께 동쪽의 양곡이라는 곳에서 살면서, 매일 아침마다 정해진 순서대로 열 명의 아들(태양)이 떠오르게 했습니다. 이 규칙을 어기고 아들들이 한꺼번에 떠올라 인간 세상이 혼란에 빠지자, 제준(帝俊)의 부탁을 받은 천하 명궁(名弓) 예(羿)가 아홉 개의 태양을 쏘아 떨어뜨린 사건에 대해서는 이미 말씀드렸지요?

'희화(羲和)'는 벼슬 이름으로도 사용되었습니다. 요순시대에, 천문(天文)과 역법(曆法)을 다스리고 주관하던 관직의 이름이 '희화(羲和)'였습니다. 천문과 역법은 고대 중국 왕조에서 두 가지 이유 때문에 대단히 중요했습니다. 당시 사회는 농업을 정치와 경제의 근본으로 삼고 있었기 때문에 곡식과 열매를 뿌리고 거두는 시기나 계절마다 달라지는 날씨 등을 정확하게 살펴야 했기 때문이었습니다.

더 나아가 고대 중국인들은 한 해 농사의 결과와 자연현상을 통해 왕조(王朝)와 제왕(帝王)의 흥망을 판단했습니다. 흉년이 들거나 가뭄이나 홍수가 져 백성들의 삶이 피폐해지면, 나라의 정치나 제왕의 행동거지가 잘못되어 하늘이 징벌을 내린 것으로 해석한 것입니다. 그래서인지 고대 중국에서 천문과 역법을 담당한 관리들은 해·달·별·별자리의 변화를 통해 국가와 왕조의 길흉(吉凶)을 예언하고 그에 대한 예방책과 정책을 제시하기도 했습니다.

年 해 년	矢 화살 시	每 매양 매	催 재촉할 최
羲 복희 희	暉 햇빛 휘	朗 밝을 랑	曜 빛날 요

고대 중국인들의 우주관

선 기 현 알   회 백 환 조
璇璣懸斡하고 晦魄環照라.

"선기옥형은 매달려 있는 채로 돌고,
어두워지고 밝아지기를 순환하면서 비춘다."

　'선기(璇璣)'란 본래 북두칠성 가운데 첫 번째 별에서 네 번째 별까지, 다시 말해 국자 모양에서 자루에 해당하는 네 개의 별을 가리키는 말이었습니다. 또한 고대 중국인들은 천문을 관측하기 위해 만들어진 천체 모형 역시 '선기(璇璣)'라고 했습니다. '선기'는 보통 옥(玉)으로 장식했기 때문에 '선기옥형(璇璣玉衡)'이라고 불렸습니다. 따라서 이 문장의 '선기'는 천문을 관측하는 기구인 천체 모형을 말하는 것으로 이해하면 되겠습니다.

　고대 중국인들이 사용한 이 천체 모형을 후한(後漢)시대 문인이자 과학자인 장형(張衡)이 개량하여 더욱 발전시켰는데 그것이 바로 혼천의(渾天儀)입니다. 혼천의는 주(周)나라 시대의 우주관이라고 할 수 있는 개천설(蓋天說)을 대체한 혼천설(渾天說)에 따라 만들어진 천체 모형으로, 천체의 운행과 그 위치를 측정한 천문시계라고 할 수 있습니다. 혼천의가 기반으로 하고 있는 우주관인 혼천설은 장형의 저서인 『혼천의주(渾天儀註)』에서 비롯된 것으로, 달걀의 껍질이 노른자를 둘러싸고 있는 것처럼 우주 역시 하늘이 땅을 둘러싼 모습으로 되어 있다는 주장입니다. 하늘은 그 모습이 둥글고 끝없이 일주운동(日周運動)을 한다고 해서 혼천(渾天)이라고 했다 합니다.

'회백(晦魄)'은 매월 달이 찼다 이지러지는 자연현상이 반복적으로 순환되는 것을 말합니다. 즉 초승달부터 그믐달까지 달이 변화하는 모습을 나타낸 것입니다.

'璇璣懸斡하고 晦魄環照라', 즉 '선기옥형은 매달려 있는 채로 돌고, 어두워지고 밝아지기를 순환하면서 비춘다'는 고대 중국인들이 생각한 하늘 세계의 운동과 그 운동을 관찰하는 인간의 관계를 말하고자 한 것임을 알 수 있습니다.

璇 구슬선	璣 구슬기	懸 매달현	斡 돌알
晦 그믐회	魄 어두울백	環 고리환	照 비칠조

복福과 화禍는 사라지지 않는다

指^지薪^신修^수祐^우하니 永^영綏^수吉^길邵^소라.

"손가락으로 나무 섶을 지피는 것은 복을 닦는 것과 같으니,
영원히 편안하고 상서로움이 높아진다."

사람이 선행(善行)을 쌓아 복(福)을 닦는 것은 손가락으로 나무
섶을 지피는 것에 비유할 수 있습니다. 왜냐고요? 나무 섶이 다 타고
남은 불씨처럼 그 복이 영원히 자손에게 전해질 것이기 때문입니다.
고대 중국인들은 자신이 쌓은 복(福)과 화(禍)는 당대에 나타날 수도
있고, 다음 대 혹은 그다음 대 또 그다음 대에 나타날 수도 있다고 여
겼습니다. 그래서 선행(善行)을 쌓는 사람은 비록 그로 인해 복을 누
리지 못한다 하더라도 후손들에게 그 복이 돌아갈 것이라고 생각했
고, 악행(惡行)을 쌓는 사람은 비록 자신은 부귀영화와 권력을 누린
다 하더라도 후손들에게 그 화가 미칠 것이라고 굳게 믿었습니다.

그 때문에 현명한 선비들은 사람을 사귈 때, 그 사람이 지니고 있
는 부귀와 권력을 보지 않고 그가 쌓은 선행(善行)과 악행(惡行)을 본

다고 했습니다. 그 대표적인 인물이 전국시대 진(秦)나라의 개혁을 지휘해 부국강병을 이룩한 상앙(商鞅)에게 충고한 재야의 선비 조량(趙良)입니다. 당시 상앙은 진(秦)나라의 권력을 한 손에 쥐고 있던 재상(宰相)이었고, 조량은 이름 없는 선비에 불과했습니다. 그러나 상앙은 조량의 현명함을 높이 사, 그와 친분을 나누고자 했습니다.

당시 부귀영화와 권력을 지닌 상앙과 사귄다는 것은 곧 진(秦)나라 최고의 권력층이 될 수 있는 보증수표나 다름없었습니다. 그런데 조량은 상앙의 제안을 거절합니다. 왜였을까요? 이유는 간단했습니다. 조량은 상앙처럼, 가혹한 법(法)과 잔혹한 형벌만으로 사람을 대하고 일을 처리하는 것은 수많은 사람으로부터 원한을 사 재앙을 쌓은 일과 같다고 여겼습니다. 조량의 눈에는 상앙이 가지고 있는 부귀영화와 권력이 아니라, 그가 쌓고 있는 원한으로 인해 훗날 당할 재앙만이 보였던 것입니다.

그래서 조량은 상앙에게 부귀영화와 권력을 모두 던져버리고 은퇴하여 인(仁)과 덕(德)으로 선행(善行)을 쌓으라고 권유합니다. 그것만이 상앙의 목숨을 지켜줄 것이라는 충고도 잊지 않았습니다. 그때 조량이 상앙에게 던진 말 가운데 걸작 중의 걸작이 있습니다. 조량은 상앙에게 "인간에게 피해만 주는 쥐새끼도 눈·코·입·귀 등 갖출 것은 모두 갖추고 있는데 사람으로서 마땅히 갖추어야 할 예의도 갖고 있지 않으면서 어떻게 상서로움을 바랄 수 있느냐?"라고 한 것입니다.

상앙은 당시 조량의 충고를 무시했습니다. 아마도 상앙은 자신이 지닌 부귀와 권력을 우습게 보는 조량을 비웃었을 것입니다. 그러나 상앙은 조량을 만난 지 5개월 후에, 정치적 후견인이었던 진나라의 제후 효공(孝公)이 갑작스럽게 죽고 새로 즉위한 혜문왕(惠文王)에 의해 죽임을 당하고 집안은 멸망하게 됩니다. 상앙에게 원한을 품고 있던 진나라 사람들의 모함에 의해 역적의 죄를 뒤집어썼기 때문입니다.

　　상앙은 '指薪修祜하니 永綏吉邵라', 즉 '손가락으로 나무 섶을 지피는 것은 복을 닦는 것과 같으니, 영원히 편안하고 상서로움이 높아진다'는 말과는 정반대로 행동했기 때문에 자신과 온 집안이 멸망하는 큰 재앙을 불러들였다고 할 수 있겠습니다.

指 손가락 지	薪 섶나무 신	修 닦을 수	祜 복 우
永 길 영	綏 편안할 수	吉 길할 길	邵 높을 소

정사政事에 신중을 기하라

^{구 보 인 령}   ^{부 앙 랑 묘}

矩步引領하고 俯仰廊廟라.

"자로 잰 듯 걸음을 바르게 하며 옷차림을 단정히 하고,
조정의 일을 깊이 생각해 처리한다."

이번 이야기는 고대 중국에서 벼슬아치가 조정(朝廷)에서 정사
(政事)를 돌볼 때, 반드시 갖추어야 할 몸가짐과 행동거지에 대한 내
용입니다. 당시 벼슬아치는 철저하게 예법(禮法)에 따라 행동해야 했
고, 만약 예법에 어긋나는 행동을 했을 경우에는 관직을 잃는 것은
물론 선비 혹은 지식인으로서 지켜야 할 관습법을 어겼다고 하여 큰
모멸과 망신을 당했습니다. 이 예법은 유가(儒家) 이론의 종합백과사
전인 『예기(禮記)』에 기록되어 있습니다.

먼저 조정에 들어가기 전날 밤, 벼슬아치는 목욕재계하고 아내나
첩과 침실을 같이해서는 안 됩니다. 그리고 조정에 들어가 임금에게
고할 말, 임금의 물음에 답할 말, 이미 임금이 명령한 말들을 기록하
고 확인합니다. 다음 날 조정에 들어갈 때는 반드시 예복(禮服)을 갖

추어 입고 임금을 대할 때의 용모나 몸가짐, 패옥(佩玉)을 울리는 소리 등을 연습합니다. 이때 벼슬아치가 지닌 앞과 뒤가 둥근 홀(笏)은, 임금을 섬김에 있어 한없이 겸손하다는 것을 상징하는 물건입니다.

조정에 나아가 임금을 모실 때에는 항상 임금은 북쪽을 등 뒤로 하여 남쪽을 바라보게 되고 벼슬아치는 임금의 좌우로 서게 됩니다. 보통 왼쪽에는 문관(文冠)이, 오른쪽에는 무관(武冠)이 자리하게 됩니다. 임금과 함께 자리를 하여 앉게 되었을 때는, 반드시 물러나 별도로 마련된 자리에 앉아야 합니다. 또한 임금에게 자신의 의견을 알리거나 임금의 물음에 답변할 때에는 반드시 자신을 '폐(陛)나 전(殿) 아래에서 임금을 모시는 아랫사람'이라는 뜻으로 낮추어 부른 '폐하'나 '전하'라는 용어를 사용해야 했습니다.

고대 중국에서는 정사(政事)를 처리할 때, 반드시 선왕(先王)을 모신 사당인 종묘(宗廟)에서 이를 시행했습니다. 그것은 선왕과 조상들이 지켜보는 자리인 만큼 정사에 신중에 신중을 기하라는 경계의 뜻을 담고 있었습니다. '낭묘(廊廟)'에 나오는 낭(廊)은 종묘에 있는 행랑(行廊)입니다. 따라서 낭묘는 곧 선왕들을 모신 종묘를 뜻합니다. 또 종묘에서 나랏일을 행했다고 하여 고대 중국인들은 조정(朝廷)을 낭묘(廊廟)라고도 불렀습니다.

矩 법구	步 걸음보	引 이끌인	領 옷깃 령
俯 구부릴부	仰 우러를앙	廊 행랑랑	廟 사당묘

신분과 직업을 보여주는 옷차림

^{속 대 긍 장} ^{배 회 첨 조}
束帶矜莊 하고 徘徊瞻眺라.

"예복을 갖춰 떳떳하고 웅장한 몸가짐을 하고,
돌아다니니 사람들이 우러러본다."

고대 중국인들에게 예복(禮服)은 신분 질서와 계급을 상징하는
도구였던 만큼 엄청나게 중요한 물건이었습니다. 어떤 사람이 어떤
의복을 입고 있는가는 곧 그가 어떤 신분과 직업의 사람인지를 나타
내주는 최초의 상징이었습니다. 천자(天子)의 옷은 용을 그린 곤의(袞
衣)이고, 제후(諸侯)의 옷은 자루가 없는 도끼 무늬를 흰색과 검은색
으로 수놓은 보(黼)이며, 대부(大夫)의 옷은 검은색과 푸른색으로 활
모양을 대칭으로 그려놓은 불(黻)이고, 사(士)의 옷은 검은색 상의와
붉은색 하의로 되어 있어 현의훈상(玄衣纁裳)이라고 했습니다.

의복은 자신의 신분과 직업을 나타내기도 했지만, 관혼상제 등
각종 의식이나 행사에서 갖추어야 할 법도(法道)였습니다. 예를 들어
천자는 각각의 계절과 행사에 걸맞은 예복을 갖추어야 했습니다. 음

력 2월에는 푸른색 의복과 푸른색 깃발과 푸른색 옥(玉)을 착용했지만, 음력 5월에는 붉은색 의복과 붉은색 깃발과 붉은색 옥(玉)을 착용했고, 음력 8월에는 흰색 의복과 흰색 깃발과 흰색 옥(玉)을 착용해야 했습니다. 또 행사에 따라서도 예복(禮服)을 다르게 갖추었는데 매일 보는 정사(政事)에는 피변복(皮弁服)을 입고, 제사(祭祀)를 지낼 때는 열두 가닥 옥구슬로 장식한 면류관을 쓰고 곤룡포를 입습니다.

각 제후국을 다스린 제후들의 경우는 어땠을까요? 제후는 제사를 모실 때는 현면(玄冕, 검은색 의복) 차림이고, 천자의 조정(朝廷)에 나갈 때는 비면(裨冕)이라는 관복을 입어야 했고, 종묘(宗廟)에서 정사(政事)를 들을 때는 피변복(皮弁服)을 입고, 매일 있는 조정(朝廷)의 정사에는 조복(朝服) 차림을 했습니다.

머리에 쓰는 관(冠)과 허리에 두르는 띠[帶, 대] 역시 신분과 계급에 따라 차별이 분명했습니다. 먼저 천자의 관(冠)은 붉은색과 녹색의 두 가지 실로 된 열두 가닥 끈으로 장식했고, 상대부(上大夫)는 일곱 가닥, 하대부(下大夫)는 다섯 가닥, 사(士)는 세 가닥으로 장식해야 했습니다. 천자가 허리에 두르는 띠는 흰색에 붉은색으로 안을 대고 끝에 단을 둘렀고, 제후는 흰색 띠에 흰색으로 안을 대고 끝에 단을 둘렀습니다. 또 대부는 흰색 띠에 늘어진 곳만 단을 둘렀고, 사(士)는 홑 띠에 아래에만 단을 둘렀습니다. 거사(居士, 벼슬하지 않는 선비)는 비단 띠를 매고, 그 제자(弟子)들은 흰색 명주로 된 소박한 띠를 매었습니다.

이렇듯 신분과 직분에 맞는 예복(禮服)을 갖추고 거리나 조정에 나서면, 그 몸가짐이 떳떳하고 웅장하여 모든 사람이 우러러본다는 것이, 이 문장이 나타내고자 하는 것이라고 하겠습니다.

| 束 묶을 속 | 帶 띠 대 | 矜 자랑할 긍 | 莊 씩씩할 장 |
| 徘 배회할 배 | 徊 배회할 회 | 瞻 볼 첨 | 眺 바라볼 조 |

50세가 되어야 세상을 경영할 수 있다

_{고 루 과 문} _{우 몽 등 초}
孤陋寡聞하면 愚蒙等誚라.

"학식이 고루하고 견문이 좁으면, 어리석고 어두운 사람과 같이 꾸짖는다."

고대 중국의 지식인이나 학자들이 가장 듣기 싫어했던 말은 무엇이었을까요? 아마도 학식이 천박하여 쓸모가 없다는 '고루(孤陋)'와 보고 들은 것이 좁아 배울 것이 없다는 '과문(寡聞)'과, 배워도 여전히 어리석고 유치하다는 뜻의 '우몽(愚蒙)'이 아니었을까요?

여기에서는 고루(孤陋), 과문(寡聞), 우몽(愚蒙)이라는 단어 모두를, 뚜렷한 스승이나 학문의 벗도 없이 독불장군처럼 공부한 '독학자(獨學者)'를 두고 사용하였습니다. 물론 독학자라고 해서 모두 고루하거나 과문하거나 우몽하지는 않을 것입니다. 맹자(孟子)는 공자(孔子)에게 직접 가르침을 받은 것이 아니라 사숙(私淑, 간접적으로 학문을 배우다)하여, 즉 독학을 하여 공자 못지않은 대사상가가 되었습니다. 전국시대 말기 법가 사상을 집대성한 한비자(韓非子) 역시 마찬가지라고 할 수 있습니다. 다만 세상과 주변으로부터 보고 듣고 사색하는 노력을 하지 않고 오직 자신이 보고 알고 있는 서적과 문헌, 기록만으로 세상을 보고 재단(裁斷)하는 독학자들은 고루하거나 과문하거나 우몽하다는 멸시와 조롱을 받을 만하다고 하겠습니다.

오늘날까지 남아 있는 기록만 보아도, 고대 중국의 지식인들이 높은 식견과 넓은 견문을 얼마나 중요하게 여겼는지를 어렵지 않게 알 수 있습니다.

공자는 자신이 40세가 되어서야 사물의 이치와 도리를 깨달아 의혹이 없어졌다고 했으며, 50세가 되어서야 하늘의 뜻[天命, 천명]을 깨달아 나라와 백성을 비로소 다스릴 수 있었다고 했습니다. 또 유가 사상의 종합백과사전인 『예기(禮記)』에서는 40세가 되어야 벼슬에 나아갈 수가 있고, 50세가 되어야 비로소 나라의 정사(政事)를 맡아 다스릴 수 있다고 했습니다. 50세 이전에는 하늘의 뜻을 받들어 나라와 백성을 평안하게 다스릴 수 있는 학식과 경험이 아직 모자라다고 본 것입니다. 따라서 고대 중국의 지식인과 학자들은 50세 이전에는 자신이 뜻을 두고 있는 학파의 학문은 물론이고 여러 학파의 학문에 대한 지식을 두루 갖추어야 하고, 또한 세상을 두루 살펴 천하 만물의 생태와 일반 백성의 삶에 대한 충분한 견문과 경험을 배워야 한다고 생각한 듯싶습니다.

그들은 설익은 학문과 세상 경험을 밑천 삼아 부귀영화와 권력을 좇는 무리야말로 가장 경멸해야 할 대상으로 여겼습니다. 이 문장은 그러한 무리의 한 예로, 홀로 공부한 얕은 지식과 견문을 갖고 아집(我執)에 사로잡혀 있는 시각으로 세상을 재단(裁斷)하는 독학자(獨學者)들을 비판한 것입니다.

| 孤 외로울 고 | 陋 더러울 루 | 寡 적을 과 | 聞 들을 문 |
| 愚 어리석을 우 | 蒙 어릴 몽 | 等 같을 등 | 誚 꾸짖을 초 |

『천자문』은 어떻게 완성되었나

위 어 조 자　　　언 재 호 야
謂語助者는 焉哉乎也라.

"어조사라고 일컫는 것은, 언(焉) 재(哉) 호(乎) 야(也)이다."

이 마지막 백스물다섯 번째 문장의 여덟 자(字)는 『천자문』의 탄생과 관련된 재미있는 이야기를 담고 있습니다.

『천자문』은 중국 위진남북조시대 양(梁)나라의 황제였던 무제(武帝)가 신하인 주흥사(周興嗣)를 시켜 만든 서책입니다. 무제는 양나라의 초대 황제로서 시문(詩文)에 아주 뛰어났습니다. 어느 날 무제는 주흥사에게, 동진(東晉) 때의 유명한 서예가이자 학자인 왕희지(王羲之)의 행서(行書) 중 1,000개의 한자를 중복되지 않도록 가려내게 한 뒤, 4글자씩을 한 구절로 묶어 모두 125개의 문장을 완성하도록 명령했습니다. 그 당시 주흥사는 무제의 노여움을 사 감옥에 갇혀 죽음의 형벌을 기다리는 신세였다고 합니다. 그러나 주흥사의 학문을 아까워한 무제가 만약 하룻밤 동안에 '천자문'을 완성하면 죄를

용서해주겠다고 하자, 머리가 새하얗게 변하도록 죽을힘을 다해 문장을 지었던 모양입니다. 이 일화 때문에 후세 사람들은 『천자문』을 '백수문(白首文)' 혹은 '백두문(白頭文)'이라고도 부르게 되었습니다.

　어쨌든 주흥사는 1,000개의 한자 중 992개를 가지고 어렵지 않게 문장을 만들어냈는데 마지막으로 남은 8개의 한자에 대해서는 어떻게 해야 할지를 몰라 전전긍긍했던가 봅니다. 그렇게 고민하다가 깜빡 잠이 들었는데 마침 꿈속에 나타난 한 도인이 "다른 글자를 돕는 글자 즉 어조사에는 언(焉)과 재(哉)와 호(乎)와 야(也)가 있다"라고 귀띔을 해주었습니다. 이렇게 해서 탄생한 것이 『천자문』의 마지막 문장인 '謂語助者는 焉哉乎也라', 즉 '어조사라고 일컫는 것은, 언(焉) 재(哉) 호(乎) 야(也)이다'라고 합니다. 주흥사는 꿈속 도인의 도움으로 비로소 『천자문』을 완성할 수 있었던 것입니다. 『천자문』을 완성한 주흥사의 운명이 그 후 어떻게 바뀌었는지에 대해서는 독자들의 상상에 맡겨보겠습니다.

謂 이를 위	語 말씀 어	助 도울 조	者 놈 자
焉 어조사 언	哉 어조사 재	乎 어조사 호	也 어조사 야

제12강 오늘의 우리에게 들려주는 이야기

'음독(音讀)', 즉 소리 내어 읽는 것은 오래 전부터 내려온 최고의 고전 읽기법입니다.
천자문을 소리 내어 읽으며 그 뜻과 의미를 다시 한 번 되새겨보시기 바랍니다.

주 참 적 도　　　포 획 반 망
誅斬賊盜하고 捕獲叛亡이라.

"도적을 죽이고 베며, 배반하고 도망하는 자는 사로잡아 들인다."

포 사 료 환　　　혜 금 완 소
布射僚丸하며 嵇琴阮嘯라.

"여포는 활을 잘 쏘았고 웅의료는 공을 잘 놀렸으며,
혜강은 거문고를 잘 타고 완적은 휘파람을 잘 불었다."

염 필 륜 지　　　균 교 임 조
恬筆倫紙하고 鈞巧任釣라.

"몽염은 붓을 만들었고 채륜은 종이를 만들었으며,
마균은 기술이 뛰어났고 임공자는 낚싯대를 만들었다."

석 분 리 속　　　병 개 가 묘
釋紛利俗하니 並皆佳妙라.

"어지러운 것을 풀고 세상을 이롭게 하니, 모두가 아름답고 기묘한 것들이다."

모 시 숙 자　　　공 빈 연 소
毛施淑姿하여 工嚬妍笑라.

"모장과 서시는 자태가 아름다워, 찡그리고 웃는 모습이 고왔다."

^{연 시 매 최} ^{희 휘 랑 요}
年矢每催하고 義暉朗曜라.

"세월은 화살처럼 매양 재촉하고, 태양은 밝게 빛난다."

^{선 기 현 알} ^{회 백 환 조}
璇璣懸斡하고 晦魄環照라.

"선기옥형은 매달려 있는 채로 돌고,
어두워지고 밝아지기를 순환하면서 비춘다."

^{지 신 수 우} ^{영 수 길 소}
指薪修祐하니 永綏吉邵라.

"손가락으로 나무 섶을 지피는 것은 복을 닦는 것과 같으니,
영원히 편안하고 상서로움이 높아진다."

^{구 보 인 령} ^{부 앙 랑 묘}
矩步引領하고 俯仰廊廟라.

"자로 잰 듯 걸음을 바르게 하며 옷차림을 단정히 하고,
조정의 일을 깊이 생각해 처리한다."

^{속 대 긍 장} ^{배 회 첨 조}
束帶矜莊하고 徘徊瞻眺라.

"예복을 갖춰 떳떳하고 웅장한 몸가짐을 하고,
돌아다니니 사람들이 우러러본다."

^{고 루 과 문} ^{우 몽 등 초}
孤陋寡聞하면 愚蒙等誚라.

"학식이 고루하고 견문이 좁으면, 어리석고 어두운 사람과 같이 꾸짖는다."

^{위 어 조 자} ^{언 재 호 야}
謂語助者는 焉哉乎也라.

"어조사라고 일컫는 것은, 언(焉) 재(哉) 호(乎) 야(也)이다."

天 하늘 천	地 땅 지	玄 검을 현	黃 누를 황	宇 집 우	宙 집 주	洪 넓을 홍	荒 거칠 황
日 날 일	月 달 월	盈 찰 영	昃 기울 측	辰 별 진	宿 별자리 수	列 벌일 렬	張 베풀 장
寒 찰 한	來 올 래	暑 더울 서	往 갈 왕	秋 가을 추	收 거둘 수	冬 겨울 동	藏 감출 장
閏 윤달 윤	餘 남을 여	成 이룰 성	歲 해 세	律 가락 률	呂 음률 려	調 고를 조	陽 볕 양
雲 구름 운	騰 오를 등	致 이를 치	雨 비 우	露 이슬 로	結 맺을 결	爲 할 위	霜 서리 상
金 쇠 금	生 날 생	麗 고울 려	水 물 수	玉 구슬 옥	出 날 출	崑 뫼 곤	岡 뫼 강
劍 칼 검	號 이름 호	巨 클 거	闕 대궐 궐	珠 구슬 주	稱 일컬을 칭	夜 밤 야	光 빛 광
果 과실 과	珍 보배 진	李 오얏 리	奈 능금 내	菜 나물 채	重 무거울 중	芥 겨자 개	薑 생강 강
海 바다 해	鹹 짤 함	河 물 하	淡 맑을 담	鱗 비늘 린	潛 잠길 잠	羽 깃 우	翔 날 상
龍 용 룡	師 스승 사	火 불 화	帝 임금 제	鳥 새 조	官 벼슬 관	人 사람 인	皇 임금 황
始 비로소 시	制 지을 제	文 글월 문	字 글자 자	乃 이에 내	服 입을 복	衣 옷 의	裳 치마 상
推 밀 퇴	位 자리 위	讓 사양할 양	國 나라 국	有 있을 유	虞 나라 우	陶 질그릇 도	唐 당나라 당
弔 불쌍히 여길 조	民 백성 민	伐 칠 벌	罪 허물 죄	周 주나라 주	發 필 발	殷 은나라 은	湯 끓을 탕

坐	朝	問	道	垂	拱	平	章
앉을 좌	아침 조	물을 문	길 도	드리울 수	팔짱낄 공	평평할 평	밝을 장
愛	育	黎	首	臣	伏	戎	羌
사랑 애	기를 육	검을 려	머리 수	신하 신	엎드릴 복	오랑캐 융	오랑캐 강
遐	邇	壹	體	率	賓	歸	王
멀 하	가까울 이	한 일	몸 체	거느릴 솔	손 빈	돌아갈 귀	임금 왕
鳴	鳳	在	樹	白	駒	食	場
울 명	봉황새 봉	있을 재	나무 수	흰 백	망아지 구	밥 식	마당 장
化	被	草	木	賴	及	萬	方
될 화	입을 피	풀 초	나무 목	힘입을 뢰	미칠 급	일만 만	모 방
蓋	此	身	髮	四	大	五	常
덮을 개	이 차	몸 신	터럭 발	넉 사	큰 대	다섯 오	항상 상
恭	惟	鞠	養	豈	敢	毀	傷
공손할 공	오직 유	기를 국	기를 양	어찌 기	감히 감	헐 훼	상할 상
女	慕	貞	烈	男	效	才	良
계집 녀	사모할 모	곧을 정	매울 렬	사내 남	본받을 효	재주 재	어질 량
知	過	必	改	得	能	莫	忘
알 지	허물 과	반드시 필	고칠 개	얻을 득	능할 능	말 막	잊을 망
罔	談	彼	短	靡	恃	己	長
없을 망	말씀 담	저 피	짧을 단	아닐 미	믿을 시	몸 기	길 장
信	使	可	覆	器	欲	難	量
믿을 신	하여금 사	옳을 가	뒤집힐 복	그릇 기	하고자 할 욕	어려울 난	헤아릴 량
墨	悲	絲	染	詩	讚	羔	羊
먹 묵	슬플 비	실 사	물들일 염	글 시	기릴 찬	염소 고	양 양
景	行	維	賢	克	念	作	聖
클 경	다닐 행	벼리 유	어질 현	이길 극	생각할 념	지을 작	성인 성

383

德 덕 덕	建 세울 건	名 이름 명	立 설 립	形 형상 형	端 단정할 단	表 겉 표	正 바를 정
空 빌 공	谷 골 곡	傳 전할 전	聲 소리 성	虛 빌 허	堂 집 당	習 익힐 습	聽 들을 청
禍 재앙 화	因 인할 인	惡 악할 악	積 쌓을 적	福 복 복	緣 인연 연	善 착할 선	慶 경사 경
尺 자 척	璧 구슬 벽	非 아닐 비	寶 보배 보	寸 마디 촌	陰 그늘 음	是 이 시	競 다툴 경
資 밑천 자	父 아비 부	事 섬길 사	君 임금 군	曰 가로 왈	嚴 엄할 엄	與 더불 여	敬 공경 경
孝 효도 효	當 마땅 당	竭 다할 갈	力 힘 력	忠 충성 충	則 곧 즉	盡 다할 진	命 목숨 명
臨 임할 림	深 깊을 심	履 밟을 리	薄 얇을 박	夙 이를 숙	興 일어날 흥	溫 따뜻할 온	淸 서늘할 정
似 같을 사	蘭 난초 란	斯 이 사	馨 향기 형	如 같을 여	松 소나무 송	之 갈 지	盛 성할 성
川 내 천	流 흐를 류	不 아니 불	息 쉴 식	淵 못 연	澄 맑을 징	取 취할 취	暎 비칠 영
容 얼굴 용	止 그칠 지	若 같을 약	思 생각 사	言 말씀 언	辭 말씀 사	安 편안할 안	定 정할 정
篤 도타울 독	初 처음 초	誠 정성 성	美 아름다울 미	愼 삼갈 신	終 마칠 종	宜 마땅 의	令 하여금 령
榮 영화 영	業 업 업	所 바 소	基 터 기	籍 문서 적	甚 심할 심	無 없을 무	竟 마칠 경
學 배울 학	優 넉넉할 우	登 오를 등	仕 벼슬 사	攝 잡을 섭	職 벼슬 직	從 좇을 종	政 정사 정

存	以	甘	棠	去	而	益	詠
있을 존	써 이	달 감	해당화 당	갈 거	말이을 이	더할 익	읊을 영
樂	殊	貴	賤	禮	別	尊	卑
즐거울 락	다를 수	귀할 귀	천할 천	예도 례	다를 별	높을 존	낮을 비
上	和	下	睦	夫	唱	婦	隨
위 상	화할 화	아래 하	화목할 목	지아비 부	부를 창	지어미 부	따를 수
外	受	傅	訓	入	奉	母	儀
바깥 외	받을 수	스승 부	가르칠 훈	들 입	받들 봉	어미 모	거동 의
諸	姑	伯	叔	猶	子	比	兒
모두 제	시어미 고	맏 백	아재비 숙	같을 유	아들 자	견줄 비	아이 아
孔	懷	兄	弟	同	氣	連	枝
구멍 공	품을 회	맏 형	아우 제	한가지 동	기운 기	이을 련	가지 지
交	友	投	分	切	磨	箴	規
사귈 교	벗 우	던질 투	나눌 분	끊을 절	갈 마	경계 잠	법 규
仁	慈	隱	惻	造	次	弗	離
어질 인	사랑할 자	숨을 은	슬플 측	지을 조	버금 차	아닐 불	떠날 리
節	義	廉	退	顚	沛	匪	虧
마디 절	옳을 의	청렴 렴	물러갈 퇴	엎드러질 전	자빠질 패	아닐 비	이지러질 휴
性	靜	情	逸	心	動	神	疲
성품 성	고요할 정	뜻 정	편안할 일	마음 심	움직일 동	귀신 신	피곤할 피
守	眞	志	滿	逐	物	意	移
지킬 수	참 진	뜻 지	찰 만	쫓을 축	만물 물	뜻 의	옮길 이
堅	持	雅	操	好	爵	自	縻
굳을 견	가질 지	바를 아	잡을 조	좋을 호	벼슬 작	스스로 자	얽어맬 미
都	邑	華	夏	東	西	二	京
도읍 도	고을 읍	빛날 화	여름 하	동녘 동	서녘 서	두 이	서울 경

背 등 배	邙 뫼 망	面 낯 면	洛 낙수 락	浮 뜰 부	渭 위수 위	據 의지할 거	涇 경수 경
宮 집 궁	殿 전각 전	盤 서릴 반	鬱 울창할 울	樓 다락 루	觀 볼 관	飛 날 비	驚 놀랄 경
圖 그림 도	寫 그릴 사	禽 새 금	獸 짐승 수	畫 그림 화	綵 채색 채	仙 신선 선	靈 신령 령
丙 남녘 병	舍 집 사	傍 곁 방	啓 열 계	甲 갑옷 갑	帳 장막 장	對 대할 대	楹 기둥 영
肆 베풀 사	筵 자리 연	設 베풀 설	席 자리 석	鼓 북 고	瑟 비파 슬	吹 불 취	笙 생황 생
陞 오를 승	階 섬돌 계	納 들일 납	陛 섬돌 폐	弁 고깔 변	轉 구를 전	疑 의심할 의	星 별 성
右 오른 우	通 통할 통	廣 넓을 광	內 안 내	左 왼 좌	達 통달할 달	承 이을 승	明 밝을 명
旣 이미 기	集 모을 집	墳 무덤 분	典 법 전	亦 또 역	聚 모을 취	群 무리 군	英 꽃부리 영
杜 막을 두	稿 짚 고	鍾 쇠북 종	隸 글씨 례	漆 옻 칠	書 글 서	壁 벽 벽	經 글 경
府 마을 부	羅 벌릴 라	將 장수 장	相 서로 상	路 길 로	夾 낄 협	槐 회화나무 괴	卿 벼슬 경
戶 지게 호	封 봉할 봉	八 여덟 팔	縣 고을 현	家 집 가	給 줄 급	千 일천 천	兵 군사 병
高 높을 고	冠 갓 관	陪 모실 배	輦 수레 련	驅 몰 구	轂 바퀴통 곡	振 떨친 진	纓 갓끈 영
世 세상 세	祿 녹 록	侈 사치할 치	富 부자 부	車 수레 거	駕 멍에할 가	肥 살찔 비	輕 가벼울 경

策 꾀 책	功 공 공	茂 무성할 무	實 열매 실	勒 새길 륵	碑 비석 비	刻 새길 각	銘 새길 명
磻 돌 반	溪 시내 계	伊 저 이	尹 맏 윤	佐 도울 좌	時 때 시	阿 언덕 아	衡 저울대 형
奄 문득 엄	宅 집 택	曲 굽을 곡	阜 언덕 부	微 작을 미	旦 아침 단	孰 누구 숙	營 경영할 영
桓 굳셀 환	公 귀인 공	匡 바를 광	合 모을 합	濟 건널 제	弱 약할 약	扶 붙들 부	傾 기울어질 경
綺 비단 기	回 돌아올 회	漢 한수 한	惠 은혜 혜	說 기쁠 열	感 느낄 감	武 호반 무	丁 고무래 정
俊 준걸 준	乂 어질 예	密 빽빽할 밀	勿 말 물	多 많을 다	士 선비 사	寔 이 식	寧 편안할 녕
晉 나라 진	楚 나라 초	更 번가를 경	霸 으뜸 패	趙 나라 조	魏 나라 위	困 곤할 곤	橫 가로 횡
假 빌릴 가	途 길 도	滅 멸할 멸	虢 나라 괵	踐 밟을 천	土 흙 토	會 모일 회	盟 맹세 맹
何 어찌 하	遵 좇을 준	約 요약할 약	法 법 법	韓 나라 한	弊 해질 폐	煩 번거로울 번	刑 형벌 형
起 일어날 기	翦 자를 전	頗 자못 파	牧 칠 목	用 쓸 용	軍 군사 군	最 가장 최	精 정할 정
宣 베풀 선	威 위엄 위	沙 모래 사	漠 아득할 막	馳 달릴 치	譽 기릴 예	丹 붉을 단	靑 푸를 청
九 아홉 구	州 고을 주	禹 임금 우	跡 자취 적	百 일백 백	郡 고을 군	秦 나라 진	幷 아우를 병
嶽 산마루 악	宗 마루 종	恒 항상 항	岱 뫼 대	禪 터 닦을 선	主 주인 주	云 이를 운	亭 정자 정

387

雁 기러기 안	門 문 문	紫 붉을 자	塞 변방 새	鷄 닭 계	田 밭 전	赤 붉을 적	城 성 성
昆 맏 곤	池 못 지	碣 돌 갈	石 돌 석	鉅 클 거	野 들 야	洞 골 동	庭 뜰 정
曠 빌 광	遠 멀 원	綿 이을 면	邈 멀 막	巖 바위 암	岫 묏부리 수	杳 아득할 묘	冥 어두울 명
治 다스릴 치	本 근본 본	於 어조사 어	農 농사 농	務 힘쓸 무	玆 이 자	稼 심을 가	穡 거둘 색
俶 비로소 숙	載 실을 재	南 남녘 남	畝 이랑 무	我 나 아	藝 심을 예	黍 기장 서	稷 피 직
稅 거둘 세	熟 익을 숙	貢 바칠 공	新 새 신	勸 권할 권	賞 상줄 상	黜 물리칠 출	陟 오를 척
孟 맏 맹	軻 수레 가	敦 도타울 돈	素 흴 소	史 역사 사	魚 물고기 어	秉 잡을 병	直 곧을 직
庶 무리 서	幾 거의 기	中 가운데 중	庸 떳떳할 용	勞 힘쓸 로	謙 겸손할 겸	謹 삼갈 근	勅 경계할 칙
聆 들을 령	音 소리 음	察 살필 찰	理 이치 리	鑑 거울 감	貌 모양 모	辨 분별할 변	色 빛 색
貽 줄 이	厥 그 궐	嘉 아름다울 가	猷 꾀 유	勉 힘쓸 면	其 그 기	祗 공경 지	植 심을 식
省 살필 성	躬 몸 궁	譏 나무랄 기	誡 경계할 계	寵 고일 총	增 더할 증	抗 겨룰 항	極 다할 극
殆 위태할 태	辱 욕될 욕	近 가까울 근	恥 부끄러울 치	林 수풀 림	皐 언덕 고	幸 다행 행	卽 나아갈 즉
兩 두 량	疏 성 소	見 볼 견	機 시기 기	解 풀 해	組 끈 조	誰 누구 수	逼 핍박할 핍

388

索 한가로울 삭	居 살 거	閒 한가할 한	處 곳 처	沈 잠길 침	黙 잠잠할 묵	寂 고요할 적	寥 고요할 요
求 구할 구	古 옛 고	尋 찾을 심	論 의논할 론	散 흩어질 산	慮 생각 려	逍 거닐 소	遙 노닐 요
欣 기쁠 흔	奏 아뢸 주	累 여러 루	遣 보낼 견	慼 슬플 척	謝 물러갈 사	歡 기쁠 환	招 부를 초
渠 개천 거	荷 연꽃 하	的 과녁 적	歷 지날 력	園 동산 원	莽 풀 망	抽 뽑을 추	條 가지 조
枇 비파나무 비	杷 비파나무 파	晚 늦을 만	翠 푸를 취	梧 오동나무 오	桐 오동나무 동	早 이를 조	凋 시들 조
陳 묵을 진	根 뿌리 근	委 맡길 위	翳 가릴 예	落 떨어질 락	葉 잎사귀 엽	飄 나부낄 표	颻 나부낄 요
游 놀 유	鵾 큰고기 곤	獨 홀로 독	運 옮길 운	凌 능멸할 릉	摩 만질 마	絳 붉을 강	霄 하늘 소
耽 즐길 탐	讀 읽을 독	翫 가지고놀 완	市 저자 시	寓 붙일 우	目 눈 목	囊 주머니 낭	箱 상자 상
易 쉬울 이	輶 가벼울 유	攸 바 유	畏 두려울 외	屬 붙일 속	耳 귀 이	垣 담 원	牆 담 장
具 갖출 구	膳 반찬 선	殮 밥 손	飯 밥 반	適 마침 적	口 입 구	充 채울 충	腸 창자 장
飽 배부를 포	飫 배부를 어	烹 삶을 팽	宰 재상 재	饑 주릴 기	厭 싫을 염	糟 술지게미 조	糠 겨 강
親 친할 친	戚 겨레 척	故 연고 고	舊 옛 구	老 늙을 로	小 젊을 소	異 다를 이	糧 양식 량
妾 첩 첩	御 모실 어	績 길쌈 적	紡 길쌈 방	侍 모실 시	巾 수건 건	帷 장막 유	房 방 방

紈 흰 비단 환	扇 부채 선	圓 둥글 원	潔 깨끗할 결	銀 은 은	燭 촛불 촉	煒 빛날 위	煌 빛날 황
晝 낮 주	眠 잘 면	夕 저녁 석	寐 잘 매	藍 쪽 람	筍 죽순 순	象 코끼리 상	牀 평상 상
絃 줄 현	歌 노래 가	酒 술 주	讌 잔치 연	接 접할 접	杯 잔 배	擧 들 거	觴 잔 상
矯 바로잡을 교	手 손 수	頓 두드릴 돈	足 발 족	悅 기쁠 열	豫 미리 예	且 또 차	康 편안할 강
嫡 정실 적	後 뒤 후	嗣 이을 사	續 이을 속	祭 제사 제	祀 제사 사	蒸 찔 증	嘗 맛볼 상
稽 조아릴 계	顙 이마 상	再 다시 재	拜 절 배	悚 두려울 송	懼 두려울 구	恐 두려울 공	惶 두려울 황
牋 편지 전	牒 편지 첩	簡 대쪽 간	要 중요할 요	顧 돌아볼 고	答 대답 답	審 살필 심	詳 자세할 상
骸 뼈 해	垢 때 구	想 생각할 상	浴 목욕할 욕	執 잡을 집	熱 더울 열	願 원할 원	涼 서늘할 량
驢 나귀 려	騾 노새 라	犢 송아지 독	特 소 특	駭 놀랄 해	躍 뛸 약	超 넘을 초	驤 달릴 양
誅 벨 주	斬 벨 참	賊 도적 적	盜 도적 도	捕 잡을 포	獲 얻을 획	叛 배반할 반	亡 도망 망
布 베 포	射 쏠 사	僚 벗 료	丸 알 환	嵇 성 혜	琴 거문고 금	阮 성 완	嘯 휘파람 소
恬 편안할 념	筆 붓 필	倫 인륜 륜	紙 종이 지	鈞 서른 근 균	巧 공교할 교	任 맡길 임	釣 낚시 조
釋 풀 석	紛 어지러울 분	利 이로울 리	俗 세상 속	竝 아우를 병	皆 모두 개	佳 아름다울 가	妙 묘할 묘

毛 털 모	施 베풀 시	淑 맑을 숙	姿 모양 자	工 장인 공	嚬 찡그릴 빈	姸 고울 연	笑 웃을 소
年 해 년	矢 화살 시	每 매양 매	催 재촉할 최	羲 복희 희	暉 햇빛 휘	朗 밝을 랑	曜 빛날 요
璇 구슬 선	璣 구슬 기	懸 매달 현	斡 돌 알	晦 그믐 회	魄 어두울 백	環 고리 환	照 비칠 조
指 손가락 지	薪 섶나무 신	修 닦을 수	祐 복 우	永 길 영	綏 편안할 수	吉 길할 길	邵 높을 소
矩 법 구	步 걸음 보	引 이끌 인	領 옷깃 령	俯 구부릴 부	仰 우러를 앙	廊 행랑 랑	廟 사당 묘
束 묶을 속	帶 띠 대	矜 자랑할 긍	莊 씩씩할 장	徘 배회할 배	徊 배회할 회	瞻 볼 첨	眺 바라볼 조
孤 외로울 고	陋 더러울 루	寡 적을 과	聞 들을 문	愚 어리석을 우	蒙 어릴 몽	等 같을 등	誚 꾸짖을 초
謂 이를 위	語 말씀 어	助 도울 조	者 놈 자	焉 어조사 언	哉 어조사 재	乎 어조사 호	也 어조사 야

391

천자문 인문학

초판 1쇄 발행 2016년 2월 3일
초판 6쇄 발행 2021년 8월 3일

지은이 한정주
펴낸이 김선식

경영총괄 김은영
사업총괄 최창규
책임편집 최수아 **크로스교정** 임보윤 **책임마케터** 이상혁
콘텐츠개발8팀 김상영, 최형욱, 김지원
마케팅본부 이주화, 정명찬, 이상혁, 최혜령, 양정길, 박진아, 이소연, 김선욱, 이승민
경영관리팀 송현주, 권송이, 윤이경, 임해랑
외부스태프 표지·본문디자인 디자인 잔

펴낸곳 다산북스 **출판등록** 2005년 12월 23일 제313-2005-00277호
주소 경기도 파주시 회동길 490 다산북스 파주사옥
전화 02-702-1724(기획편집) 02-6217-1726(마케팅) 02-704-1724(경영지원)
팩스 02-703-2219 **이메일** dasanbooks@dasanbooks.com
홈페이지 www.dasanbooks.com **블로그** blog.naver.com/dasan_books
종이 한솔피엔에스 **출력·제본** 갑우문화사

© 2016, 한정주

ISBN 979-11-306-0729-0 (03150)

다산북스(DASANBOOKS)는 독자 여러분의 책에 관한 아이디어와 원고 투고를 기쁜 마음으로 기다리고 있습니다.
책 출간을 원하는 아이디어가 있으신 분은 이메일 dasanbooks@dasanbooks.com 또는 다산북스 홈페이지 '투고원고'란으로
간단한 개요와 취지, 연락처 등을 보내주세요. 머뭇거리지 말고 문을 두드리세요.